BASIS AND UNDERSTANDING OF
EDUCATIONAL EVALUATION

교육평가의
기초와 이해

홍세희 · 노언경 · 정 송 · 조기현
이현정 · 이영리 공저

박영story

교육평가 하면 가장 먼저 시험을 떠올리게 된다. 학교에서 이루어진 평가를 통해 학생부가 결정되었고, 대학수학능력시험 결과를 가지고 대학입시를 치렀다. 과거에는 상급학교 진학을 위한 도구로 평가를 활용하였기에 서열이 중요시되었지만, 최근 평가의 목적이 점차 바뀌고 있다. 학습자 중심의 교육을 추구하면서 실제 학생의 학습향상에 도움이 되는 피드백을 주기 위한 수단으로 평가를 활용하게 된 것이다. 구체적으로 학생의 인지적 능력뿐만 아니라 정의적 요소에 주목하여 진단하고, 지식보다 역량과 능력에 중점을 둔 수행평가를 시행하는 등 평가의 영역이 이전보다 확장되고 있다. 이렇듯 평가의 역할과 기능이 변화하는 가운데, 실제 교육현장에서 평가를 어떻게 정의하고 활용할 수 있을까 하는 고민에서 이 책의 집필이 시작되었다.

이 책은 교육평가를 처음 접하는 입문자들을 위한 교육평가 분야의 기본서로 저술되었다. 교육평가의 영역이 매우 방대하지만 가급적 기본적이고 핵심적인 이론 중심으로 구성하고, 관련 내용을 상세하고 구체적인 예시로 설명하고자 하였다. 통계적 분석이 필요한 경우 통계 프로그램(SPSS)에서 어떻게 분석을 실행하는지 단계별로 화면을 제시하여 활용 가능성을 넓혔다.

이 책은 크게 7개 영역으로 나눌 수 있으며 총 14장으로 구성되어 있다. 첫 번째는 교육평가의 소개로서 교육평가의 주요 개념과 관점을 정리하였다. 두 번째는 평가의 유형을 두 가지 관점으로 나누어 설명하였는데, 평가의 기능으로 구분한 진단형가, 형성평가, 총괄평가를 살펴보고, 결과해석에 따라 규준참조평가, 준거참조평가를 비교하였다. 세 번째는 인지적 및 정의적 특성을 측정하는 검사를 살펴보고 표준화 검사와 컴퓨터화 검사를 간략히 다루었다. 그리고 측정의 기본 개념과 척도의 종류를 소개하고, 자료의 전반적인 특성을 이해할 수 있는 기초통계를 정리하였다. 네 번째는 검사의 일관성과 적절성을 확인할 수 있는 신뢰도와 타당도를 살펴보았다. 다섯 번째는 선택형 및 서답형 문항의 종류를 알아보고 문항제작의 요건과 절차를 제시하였으며, 여섯 번째는 문항분석이론을 고전검사이론과 문항반응이론 관점에서 정리하였다. 마지막으로 평가의 활용적인 측면에서 검사결과를 어떻게 해석하고 보고해야 하는지 살펴보았으며, 최근 학교현장에서 강조되고 있는 수행평가의 개념 및 특징을 알아보고 수행평가의 다양한 유형과 관련 예시를 소개하였다.

마지막으로 원고를 검토해주신 고려대학교 교육학과 교육측정 및 통계 연구실 연구원들과 이 책이 발간되기까지 도움을 주신 박영스토리 관계자분들께 감사드린다.

2020년 2월, 봄을 기다리며
저자 일동

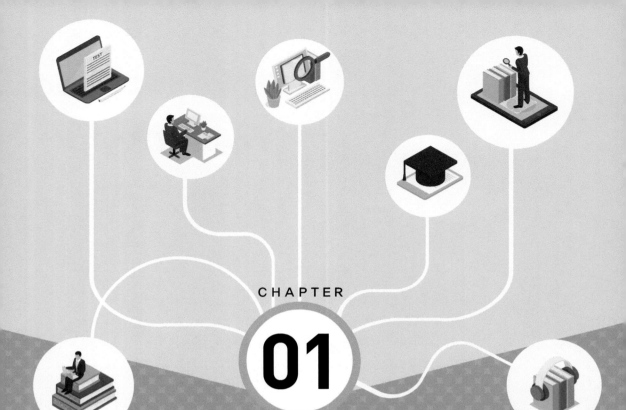

CHAPTER

01

교육평가의 개념

교육평가는 교육활동에 대한 가치를 판단하는 것으로 Tyler(1942)의 개념정의 이후 여러 학자들에 의해서 다양한 방식으로 정의되어 왔다. 교육평가는 다섯 가지 기본 가정을 바탕으로 하여 성취도평가 및 학습자진단, 학습촉진 및 동기유발, 교육효과성 확인, 선발 및 자격부여, 진로 및 생활지도 정보제공, 교육정책 수립 기여와 같은 목적과 기능을 수행한다. 이러한 평가를 위한 방법으로 양적과 질적 두 가지 접근법이 있으며, 평가대상에 따라서 학생평가, 교원평가, 교육과정 및 학교평가 등으로 구분할 수 있다. 1장에서는 교육평가의 정의, 기본 가정, 목적과 기능, 방법, 대상 및 절차에 대해서 차례대로 살펴보기로 한다.

교육평가의 개념

【학습목표】

-⟩ 좁은 의미와 넓은 의미에서 교육평가의 차이점 이해하기
-⟩ 교육평가의 다섯 가지 기본 가정 이해하기
-⟩ 교육평가의 구체적인 목적·기능 이해하기
-⟩ 양적 평가와 질적 평가의 기본 관점 비교하기
-⟩ 대상에 따른 교육평가의 특징 이해하기
-⟩ 교육평가의 절차와 과정 이해하기

01 교육평가의 정의

　　평가를 뜻하는 영어단어 evaluation은 밖으로의 뜻을 지닌 'e'와 가치를
나타내는 'value'의 합성어로, 이를 해석하면 '가치를 밖으로 드러냄' 또는
'가치를 매김'으로 이해할 수 있다. 따라서 교육평가(educational evaluation)는
'교육활동에 대한 가치를 판단하는 것'이라고 직관적으로 이해할 수 있다.
한편, 『교육학 용어사전』(1995)에서는 교육평가란 "교육목적의 달성도에 관
한 증거 및 교육목적의 달성에 영향을 미치는 변인에 관한 증거를 수집하고
그에 대해 교육적 의사결정을 내리는 과정"으로 정의하고 있다. 이러한 정
의에 비추어볼 때 교육평가는 교육의 목적을 달성하기 위한 관련 활동이나
제반 사항들에 대해 평가하는 과정이라고 할 수 있다.

　　학술적으로 교육평가(educational evaluation)라는 용어는 1930년대부터 사
용되기 시작해서 지금까지 여러 학자들에 의해서 계속적으로 재정의되고 있
으며, 기존의 학자들은 교육평가를 다음과 같이 정의하고 있다. 먼저 교육
평가 분야의 발전에 지대한 영향을 끼친 바 있는 Tyler(1942)에 따르면 평가
는 "본질적으로 교육과정 및 수업 프로그램에 의하여 교육목표가 실제로 어
느 정도 실현되었는지 밝히는 과정"으로 정의하고 있다. 교육평가에 대한
Tyler의 정의는 오랫동안 널리 사용되어 오고 있으며, 교육평가가 교육목표

의 달성 여부를 판단하는 것임을 분명히 말하고 있다. 특히 주목할 점은 평가의 전제로서 교육과정 및 수업 프로그램을 제시하고 있다는 점이다. 즉, 평가를 통한 가치 판단의 표적이나 귀착점은 학생이 아닌 교육과정과 수업 프로그램이 되어야 한다는 입장을 명확히 밝히고 있다. 그러나 Tyler의 정의는 평가를 교육이 끝난 후에 이루어지는 것으로 규정한 나머지 교육평가의 기능을 축소시키는 측면이 있으며, 평가는 단순히 교육목표의 달성도만을 확인하는 과정에서 그친다는 점에서 비판을 받고 있다(박도순·홍후조, 1998).

Tyler가 목표에 근거한 평가이론을 제시한 이후 Stufflebeam(1971)은 교육평가란 "프로그램의 상황, 투입, 과정, 산출에서의 의사결정을 위한 정보를 제공하는 일"로 정의하면서 평가자의 역할은 의사결정자에게 충분한 정보와 자료를 제공해 주는 것으로 보았다. 그리고 Nevo(1983)는 교육평가를 "교육대상에 대한 체계적 서술 혹은 교육대상의 가치와 장점에 대한 평가"로 정의하며 평가자의 일방적 판단이 아닌, 평가자와 평가대상 간의 대화의 중요성을 강조하였다. 한편 Eisner(1985)는 교육평가를 "교육 프로그램에 대한 전문적 감식과 비평"으로 정의하고 교육평가의 한 측면으로서 교육비평(educational criticism)이라는 분야를 제안하여 평가의 영역을 확대하는 데 기여했다는 평을 받고 있다. 한편, 성태제(2014)는 교육평가란 "교육과 관련된 모든 것의 양, 정도, 질, 가치, 장점 등을 체계적으로 측정하여 판단하는 주관적 행위로서 교육목적에 대한 가치를 판단하는 행위"로 정의한 바 있다.

학술적인 정의와는 별개로 교육평가에 대한 일반적인 인식은 학교에서의 학업성취도 평가나 수업 평가와 같은 좁은 의미로만 국한되어 이해되는 것이 사실이다. 하지만 좁은 의미로만 받아들이는 것은 교육평가의 개념을 충분히 반영하기에는 부족하다. 따라서 현실에서 교육평가의 개념이 보다 포괄적이고 넓은 의미로 사용될 수 있음을 이해할 필요가 있다. 좁은 의미에서 교육평가는 학생들의 학업성취 혹은 상태에 관해 질적인 판단을 내리는 과정을 의미하며, 넓은 의미에서 교육평가는 평가대상(프로그램, 조직, 수업, 프로젝트, 교육과정 등)의 가치, 질, 효과, 유용성을 판단하는 과정을 뜻한다(권대훈, 2016). 한편 교육평가는 학생의 교육성취평가와 동일시하기는 어려우며, 학생평가와 교육 프로그램 평가를 포함하는 활동으로 볼 수 있다(김성훈, 2008). 이처럼 교육평가의 대상은 학생은 물론 교사, 수업, 교육과정, 교육방법, 교육정책, 교육환경 등 교육활동과 관련된 다양한 것들이 포함될 수 있으며 최근에는 이러한 포괄적인 관점을 반영하여 교육평가를 넓은 의미에서 이해하려는 추세에 있다.

02 교육평가의 기본 가정

교육평가를 다양한 평가대상(학생의 성취나 상태, 교육 프로그램, 수업, 교육과정 등)의 가치, 질, 효과, 유용성을 판단하는 과정이라고 할 때, 유념해야 할 기본 가정은 다음과 같다.

첫째, 인간은 무한한 잠재능력을 지닌 존재이며 그 누구라도 미래에 보다 성장할 수 있는 가능성이 있다는 것이다. 만약 현재의 상태와 능력에만 초점을 두어 개인의 발전가능성을 부인한다면, 평가의 역할은 단지 평가대상을 분류하고 객관적인 순위에 따라 줄 세우는 정도에만 머물게 될 수 있다. 하지만 개인의 무한한 잠재 가능성에 대한 확고한 믿음을 바탕으로 교육평가의 역할을 강조하는 측면에서 보면, 교육평가의 기능을 극대화함으로써 교육이 지향하는 개인의 성장을 이루어 본래의 교육목적을 달성할 수 있을 것이다.

둘째, 교육활동과 직·간접적으로 관련된 모든 행위, 대상, 자료는 교육평가의 대상이 될 수 있다. 보통 교육평가라고 하면 학생의 학업성취 결과나 수행평가 과제물, 교사의 수업 등 교수학습활동과 직접적으로 관련 있는 것들만 생각하기 쉽다. 하지만 이외에도 학생의 평소 행동태도, 일기장, 학생들 간의 대화내용과 같은 사소한 것들도 간접적으로 교육평가의 자료로 활용될 수 있으며 이를 위해 교사는 관찰이나 면접과 같은 다양한 방법을 동원하여 평가를 위한 자료를 수집할 수 있다.

셋째, 교육평가는 일시적인 것이 아니며 지속적이고 연속적인 과정으로 보아야 한다. 일반적으로 평가의 장면을 떠올릴 때 학기말시험이나 수행평가 시간을 생각하기가 쉽다. 하지만 이처럼 평가를 교육활동이 이루어지고 난 후의 마지막 순간에만 행하는 일시적인 관점에서 그친다면 평가대상의 장기적인 변화와 성장을 도모하기 어려울 수 있다. 즉, 교육평가는 교육활동의 모든 장면과 상황에서 끊임없이 이루어져야 하며 수업 전과 도중, 그리고 이후에도 지속적으로 평가하는 과정을 통해 계속적으로 교육활동을 점검해야만 이를 통해 교육의 효과를 온전히 파악하는 것이 가능할 수 있다.

넷째, 교육평가는 다양한 측면에서 종합적으로 이루어져야 한다. 기존에는 평가에 대한 인식이 학습자의 인지능력이나 특정한 행동 특성에만 초점이 맞추어져 있어, 지필검사와 같은 평가방법에만 국한되어 있었다. 하지만 학습자의 인지능력뿐만 아니라 정서적 영역 및 학업태도, 생활태도, 신체발달 등의 전체적인 행동 특성을 종합적으로 다룰 수 있어야 한다. 따라서 관찰, 면접, 개인상담 및 수행평가와 같은 다양한 평가방법을 동원해 전체적인 관점에서 평가를 실시하여야 한다.

다섯째, 교육평가는 교육활동에 긍정적인 영향을 미칠 수 있어야 한다. 교육평가는 더 나은 교육활동의 효과를 이끌어내고 학습자의 성장을 돕기 위한 수단이라고 할 수 있다. 하지만 평가 그 자체가 목적이 되어 버리는 경우 평가대상의 성장과 발전을 돕기보다는, 평가를 위한 평가에 매몰되어 형식적이고 정형화된 역할에 그칠 수밖에 없다. 따라서 교육평가는 근본적으로 교육활동에 긍정적인 영향을 미치고 이를 바탕으로 교육의 이해당사자들이 합리적인 의사결정을 내리는 데 도움을 줄 수 있어야 한다.

교육평가의 기본 가정을 정리해보면, 교육평가는 교육활동과 관련된 모든 행위, 대상, 자료를 관찰, 면접, 수행평가 등의 다양한 방법을 동원해 종합적·지속적·연속적 과정으로 평가한다. 인간의 무한한 잠재능력과 개인의 발전가능성에 대한 믿음을 바탕으로 교육평가는 교육활동에 긍정적인 영향을 미치고 합리적 의사결정과정에 도움을 줄 수 있어야 한다.

교육평가의 목적·기능

교육평가의 정의와 기본 가정에 따라서 교육평가의 목적과 기능을 구체적으로 살펴보면 다음과 같다.

1) 성취도 평가 및 학습자 진단

학교 교육에서 교육평가의 역할을 구체화하면 우선, 학습자의 학업성취도를 평가하는 일이다(박도순·홍후조, 1998). 교육이 목표 지향적 활동이라고 할 때, 교육에 의해 목표가 어느 정도 달성되었는지는 학습자의 학업성취도를 확인함으로써 가능해진다. 목표의 성취란 결국 교육과정에서 명시한 목표가 학생의 행동으로 실현되는 상황을 의미한다. 따라서 교육목표의 달성도에 관한 증거를 수집하고 이를 통해 학습자의 상태를 진단하는 것이 교육평가의 중요한 기능이라고 할 수 있다. 또한 개개의 학습자 뿐 아니라 학급 전체가 직면하고 있는 문제를 진단하는 것도 중요하다. 교육평가를 통해 학습자들이 잘 이해하지 못하거나 어렵게 느끼는 수업내용이 무엇인지 구체적으로 확인하고, 이러한 학습 곤란의 원인을 파악하여 수업을 개선하는 데 도움이 될 수 있도록 해야 할 것이다.

2) 학습촉진 및 동기유발

시험이나 평가는 학습자에게 스트레스나 부담으로 작용하기도 하지만 한편으로는 학습을 촉진하고 동기를 유발하는 기능을 할 수도 있다. 보통 학생들은 시험기간이 다가오면 평소보다 더 열심히 공부를 하며, 시험에 대비하여 교육내용과 목표를 재확인하고 이를 중점적으로 학습하는 경향이 있다. 이처럼 교육평가는 학습자에게 교육목표를 분명하게 전달해주고 학습동기를 높이며 주의를 집중시키는 기능을 한다. 또한 평가의 결과를 통해서 학습자 본인이 정확하게 알고 있는 것이 무엇이며, 앞으로 어떤 점을 보완해야 하는지에 대한 정보를 제공하고 피드백을 줌으로써 학습을 촉진한다. 뿐만 아니라 학습자 스스로 자신의 장점과 단점을 파악하고 학습실패의 원인을 진단하여 이를 통해 새로운 학습동기가 유발될 수 있다.

3) 교육의 효과성 확인

교육평가의 결과는 학습자 본인 뿐 아니라 교사의 수업방법 및 교육활동의 효과를 평가할 수 있는 자료가 된다. 학생의 성취가 낮다면 그 이유가 무엇인지 다양한 정보를 활용하여 문제점에 대한 구체적인 원인을 파악해 교수학습방법을 개선하는 데 도움을 준다. 더 나아가서 교육과정, 학급 및 학교조직을 포함하는 전반적인 교육 프로그램의 효과성을 확인하기 위한 정보를 제공할 수 있다. 이처럼 교육평가의 기능은 교육의 효과성을 확인하여 교육의 질을 관리하는 역할을 수행한다.

4) 선발 및 자격부여

교육평가는 선발 및 자격부여를 위해 필요한 정보를 제공한다. 선발이란 학교나 회사에서 지원자의 합격 여부를 결정하는 것을 말하며, 교육평가는 입학시험이나 입사시험에서 합격자를 선발하는 데 있어 도움이 될 만한 정보를 제공하고 평가결과는 선발의 기준이 된다. 또한 선발 이후에는 학생이나 지원자를 특정 학급이나 부서, 프로그램에 분류·배치하는 결정을 하는 데 있어 도움을 준다. 예를 들어, 선행지식을 기준으로 학생들을 수준별 반 배치에 따라 분류하거나 회사에서 신입사원을 적합한 해당 부서에 배치하기 위해 평가결과를 활용할 수 있다. 한편 교육평가는 인증 및 자격부여에 필요한 정보를 제공하는데, 학생의 졸업 여부를 결정하거나 또는 특정한 자격증이나 면허를 부여할 때 평가결과가 판단의 기준이 될 수 있다.

5) 진로 및 생활지도에 관한 정보 제공

교육평가의 결과를 통해 학생들은 자신의 현재 상태를 객관적으로 파악할 수 있으며 지능검사, 적성검사, 성격검사 및 학업성취도검사 등을 통하여 본인의 능력이나 흥미에 대한 정보를 얻을 수 있다. 이를 통해 학생 스스로 본인의 특성을 이해하고 적성에 부합하는 진로와 직업을 선택하는 데 있어서 도움을 줄 수 있다. 한편 학교현장에서는 학생의 진로지도 이외에도 학생을 둘러싸고 있는 가정, 학급 등에서의 평가를 바탕으로 학급담임교사나 상담교사가 학생을 보다 잘 이해하고 생활지도를 하는 데 있어서 유용하게 이를 활용할 수 있다.

6) 교육정책 수립에 기여

교육평가는 학교, 지역 및 국가 수준에서 이루어지는 교육정책이나 의사결정을 위한 근거를 제공한다. 예컨대 전국 학업성취도 평가나 국가 간 학력 비교에서 특정 학교, 특정 지역, 특정 국가의 평가 결과가 상대적으로 낮게 나타나거나 이전 년도에 비해서 갑자기 변화의 폭이 심하다면 이러한 결과를 근거로, 교육정책의 방향을 재설정하고 새로운 계획을 수립할 수도 있다. 이러한 측면에서 볼 때 교육의 제반 문제를 이해하고 올바른 정책을 수립하는 데 있어서 교육평가는 중요한 기능을 수행하고 있다.

04 교육평가의 방법

교육평가는 수집하는 자료에 따라서 양적 평가와 질적 평가로 구분할 수 있다. 양적 평가의 관점은 실증주의적 입장에서 객관적 실재를 형성하는 인간의 특성과 본질이 존재한다고 가정한다. 따라서 가치중립적이고 객관적인 정보를 중요시하며 과학적이고 신뢰할 수 있는 측정과 검사를 통해 자료를 수집하고자 한다. 이러한 양적 평가는 과학적이고 체계적이며 신뢰성이 보장되는 장점이 있는 반면, 개별 평가대상을 심층적으로 이해하기는 어려울 수 있다는 단점이 있다.

반면 질적 평가의 관점은 후기실증주의적 입장에서 객관적 실재라고 일반화할 수 있는 인간의 속성은 없다고 가정한다. 따라서 객관적인 정보가 아닌 평가자의 주관적 판단을 중요시하며 관찰이나 참여를 통한 문화인류학적, 민족지 접근방법을 주로 사용하여 자료를 수집한다. 이러한 질적 평가는 평가대상에 대한 전반적인 판단을 용이하게 내릴 수 있으나 평가자의 주관이 개입될 수가 있어 논란의 소지가 있으며, 따라서 평가결과를 일반화하기 어렵다는 제한점이 있다. 따라서 양적 평가와 질적 평가를 상호 보완하는 방향으로 평가의 목적에 맞게 균형 있게 활용하여 평가의 효과를 극대화할 수 있도록 해야 한다.

05 교육평가의 대상 영역

일반적으로 교육평가의 대상이라 하면 학생과 학생평가를 생각하기 쉽지만, 교육평가 개념의 광범위한 정의와 기본 가정에 비추어 볼 때 교육평가의 대상은 학생을 비롯하여 교직원, 교육 프로그램, 교육과정 및 학교까지 포함해서 포괄적으로 생각할 수 있다.

1) 학생 평가

학생 평가는 전통적으로 교육평가의 가장 중요한 영역으로 여겨져 왔으며, 일반적으로 교육평가라 하면 시험을 출제해서 채점하고 성적을 매겨 학생을 평가하는 것으로 인식하는 경향이 있다. 학생 평가는 평가하려는 특성에 따라 인지적, 정의적, 심동적 평가로 구분할 수 있다. 인지적 평가 (cognitive evaluation)는 지식, 사고과정 및 인지능력을 대상으로 하는 평가를 말하는데 학교에서 실시되고 있는 시험을 비롯하여 지능검사, 적성검사 등이 여기에 해당한다. 현재 학교에서는 인지적 영역의 평가(학업성취도 평가)가 절대 우위를 차지하고 있으며 이로 인해 교육평가와 성취도평가가 동일시되는 경향이 있다. 한편 정의적 평가(affective evaluation)는 흥미, 태도, 동기와 같은 정의적 특성에 관한 평가를 말하며, 심동적 평가(psychomotor evaluation)는 운동기능이나 신체조작능력에 관한 평가를 의미한다. 예를 들면, 악기 연주능력, 외국어 능력과 같은 기능에 대한 평가가 심동적 평가라 할 수 있다.

2) 교원 평가

"교육의 질은 교사의 질을 능가할 수 없다"는 말이 있듯이 교사는 교육에서 매우 중추적인 역할을 수행한다. 교사는 교육을 담당하는 주체로서 학생을 직접적으로 지도하는 입장에 있기 때문에 교사의 자질과 전문성은 학생들에게 큰 영향을 미친다. 따라서 교사의 자질과 전문성에 대한 평가는 매우 중요하며 이를 위해 현재 교원근무평가, 교원능력개발평가를 시행하고 있다. 교사의 근무성적평정(100점 만점)은 자질 및 태도에 대한 평정과 근무실적 및 수행에 대한 평정으로 나뉜다. 자질 및 태도(20점)는 교육자로서의 품성과 공직자로서의 자세로 구분되며, 근무실적 및 수행능력(80점)은 학습지도, 생활지도, 교육연구 및 담당업무로 나뉘어 평가되고 있다. 한편, 교원능력개발평가는 현재 국·공·사립학교에 재직하는 모든 교원(교장, 교감, 교사)을 대상으로 하고 있으며 동료교원평가, 학생만족도, 학부모만족도 조사를 매년 1회 이상 실시하여 이를 바탕으로 공교육에 대한 신뢰를 높이고자 노력하고 있다.

3) 교육과정 평가

교육과정 평가(curriculum evaluation)는 교육과정의 일부 혹은 전체의 가치, 질, 장점을 체계적으로 판단하는 과정으로, 교육과정이 계획대로 운영되고 있는지를 점검하여 교육과정을 개선하기 위한 정보를 수집하려는 데 목적이 있다. 교육과정 평가는 교육과정 산출평가와 교육과정 프로그램평가로 구분된다(Alkin, 1990). 교육과정 산출평가는 교수요목, 강의요목, 교과서와 같은 산출물을 대상으로 하는 평가인 반면, 교육과정 프로그램평가는 운영 중인 프로그램에 관한 평가를 뜻한다. 한편 교육과정 평가는 여러 수준에서 이루어질 수 있다. 국가수준의 교육과정 평가는 교육과정의 질을 전반적으로 높이기 위한 교육정책을 수립하는 데 도움을 주고, 국가수준에서 운영되는 교육과정의 존속 혹은 폐지 여부를 결정하기 위한 근거를 제공한다. 반면 학교수준의 교육과정 평가는 교육목표, 교육과정 내용, 교수방법, 교육시설, 교직원 선발 및 교육 등 교육과정의 개선을 위한 정보를 제공하는 측면이 있다.

4) 학교 평가

학교 평가(school evaluation)는 학교 교육이 실제로 이루어지는 장(場)인 학교를 대상으로 하는 평가로, 교육의 질을 개선하기 위해 학교가 본연의 역할을 제대로 하고 있는지 판단하여 학교의 적합성을 평가한다. 현재 우리나라에서는 초·중등학교와 대학을 대상으로 학교평가를 실시하고 있다. 초·중등학교를 대상으로 하는 평가는 1997년에 개정된 「초·중등교육법」에 근거하여 실시하고 있으며, 최근에는 학교 구성원의 참여와 협력을 토대로 학교 스스로 교육 역량을 높여 나갈 수 있도록 책무성을 강화하는 방향으로 추진되고 있다. 이에 따라 평가 체제를 상대평가에서 절대평가로 전환하고 평가 결과의 공개, 컨설팅 강화, 우수 사례 발굴 및 확산을 통해 학교평가 결과가 학교 교육 개선을 위해 실질적으로 활용될 수 있게 하였다. 한편 대학평가는 1970년대 정부의 주도로 실시되었으며, 현재 교육부는 각 대학의 교육 여건 및 대학운영의 건전성, 수업 및 교육과정 운영, 학생 지원, 교육성과 및 대학의 개선 노력 등을 토대로 하는 '대학기본역량진단'을 실시하고 있다.

교육평가의 절차

교육평가의 절차나 과정이 획일적으로 정해진 것은 아니지만, 일반적으로 다음과 같은 절차에 따라서 평가의 과정을 구분해 볼 수 있다(김석우, 2015).

1) 교육목표의 확인

교육평가 절차의 첫 단계는 교육목표가 무엇인지 확인하고 이를 토대로 평가하고자 하는 바를 구체화하는 것이다. 교육목표를 확인함으로써 교육활동의 방향과 내용 및 적절한 학습방법을 선정할 수 있으며, 교육목표 달성 여부를 파악하여 교육활동의 결과를 평가하는데 하나의 기준으로 활용할 수 있다. 예를 들어, 21세기 창의적 융복합인재양성이 교육목표라고 한다면 전통적인 강의전달식 수업이 아닌 학생 중심의 자기주도적 수업방식을 적용하고, 단순한 지필고사나 객관식 시험을 넘어 관찰이나 포트폴리오 등 다양한 평가방식을 활용할 수 있어야 한다.

2) 평가장면의 선정

두 번째 단계는 평가장면의 선정으로, 즉 구체적으로 어떤 상황에서 어떤 방법을 통해 어떻게 평가할 것인지 결정해야 한다. 여기서 중요한 것은 기대된 행동의 학습 정도가 가장 잘 나타날 수 있는 상황을 설정하고 시행할 때 타당한 평가가 가능하다는 점이다. 이전에는 토익 등의 공인영어시험에서 문법, 듣기, 독해 영역만 포함되었지만 몇 년 전부터 말하기가 추가되어 이를 평가하는 영역이 새로 포함되었다. 이처럼 다양한 평가장면에서 타당한 결과를 얻기 위해서 지필검사, 질문지법, 관찰법, 면접법, 수행평가 등 여러 평가방법을 활용할 수 있다.

3) 평가도구의 제작 및 선정

평가장면을 선정한 후에는 실제로 평가에서 사용되는 도구를 선정하고 제작하는 단계이다. 평가목적에 따라 평가장면에서 자료를 수집하기 위한 방법(지필검사, 질문지법, 관찰법, 면접법, 수행평가 등)을 정하고 이를 바탕으로 구체적인 평가도구를 결정해야만 한다. 이때 기존의 평가도구가 적합하면 그대로 사용할 수도 있으며, 만약 평가도구가 마땅치 않으면 평가도구를 새로 제작할 수 있다. 중요한 것은 평가도구의 타당도, 신뢰도, 적합성, 실용성을 종합적으로 고려하여 가장 적절한 것으로 결정해야 한다는 점이다.

4) 평가실시 및 결과처리

평가의 실시단계에서 생각해 볼 점은 부정행위를 방지한다거나 공정성을 지나치게 강조하여 지나치게 경직된 분위기를 조장할 수 있다는 점이다. 물론 진지한 분위기에서 공정하게 시간을 엄수하면서 평가를 실시해야 하며, 성실한 태도로 최선을 다하도록 동기를 유발하고 평가에 임하게 주의를 환기해야 한다. 이와 더불어 학생들이 편안한 분위기에서 능력을 충분히 발휘하면서 본연의 행동을 발현할 수 있도록 상황을 조성하는 것 역시 평가의 실시에서 중요한 부분이라고 할 수 있다.

평가가 이루어진 후에는 결과를 채점하고, 점수를 기록해 평가의 기초 자료를 만들어야 한다. 수행평가나 서술형 평가와 같이 채점에 평가자가 개입하는 경우에는 편견이나 오류가 개입되지 않도록 유의해야 한다. 예를 들어, 서술형 답지의 경우 여러 명이 중복채점하여 평가의 일치성을 확인해 측정의 오차를 줄이고 검사의 객관성과 신뢰성을 높이기 위한 노력을 해야만 한다.

5) 평가결과의 활용

평가결과를 처리하는 과정 이후에는 최종적으로 교육적 의사결정에 필요한 정보를 제공하기 위해 교육평가의 결과가 활용되어야 한다. 평가결과의 활용은 무엇보다 평가를 실시하는 목적에 따라 결정된다. 예를 들어, 수업 중에 실시하여 교수·학습을 극대화하는 형성평가 목적으로 쪽지시험을 실시하였다면 결과는 성적에 포함되는 것이 아니라 학생들의 학습동기를 촉진하거나 학생의 이해도를 점검하는 데 활용할 수 있다. 이처럼 평가결과는 평가를 실시한 목적에 맞게 정당하게 사용되어야 한다.

- 교육평가는 교육의 목적을 달성하기 위한 관련 활동이나 제반 사항들에 대해 평가하는 과정이라고 할 수 있다.
- Tyler(1942)는 교육평가가 교육목표의 달성 여부를 판단하는 것임을 강조하고 있다.
- 교육평가의 대상은 교육활동과 관련된 다양한 것들이 포함될 수 있으며 최근에는 이러한 포괄적인 관점을 반영하는 추세에 있다.
- 교육평가는 인간의 무한한 잠재능력과 발전가능성을 가정하며, 다양하고 종합적인 방법을 활용하여 지속적이고 연속적인 평가가 이루어진다.
- 양적 평가는 가치중립적이고 객관적인 정보를 중요시하는 반면, 질적 평가는 평가자의 주관적 판단을 중요시한다.

- 교육평가에 대한 Tyler(1942)의 개념정의 중요성과 이에 대한 비판을 설명하시오.

- 교육평가의 다섯 가지 기본가정을 간략히 설명하시오.

- 교육평가가 어떻게 학습을 촉진하고 동기를 유발하는지 설명하시오.

- 양적 평가와 질적 평가의 장·단점을 각각 설명하시오.

- 학생평가에서의 세 가지 하위영역은 무엇인지 설명하시오.

- 교육평가의 절차에서 첫 번째와 마지막 단계는 각각 무엇인지 설명하시오.

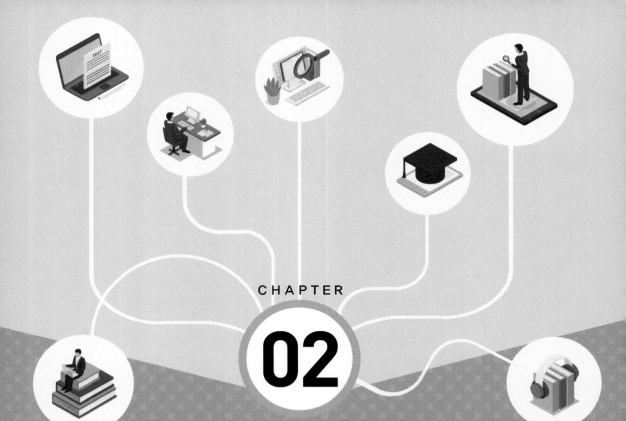

CHAPTER

02

교육평가의 주요 관점

교육평가를 접근하는 관점은 인간과 교육의 본질에 대해서 근본적으로 어떠한 관점과 태도를 가지고 접근하는가와 밀접한 관련이 있다. 즉, 교육의 핵심 주체이면서 대상인 인간을 어떻게 바라보는가에 따라서 교육평가의 방향과 구체적인 방법은 달라질 수밖에 없다. 교육평가의 의미와 필요성 및 목적은 무엇이며, 어떠한 방향으로 무슨 역할을 수행해야 하는지는 결국 교육을 바라보는 관점과 인간관에 따라서 차이를 보인다. 2장에서는 교육관을 바탕으로 하여 이와 관련된 측정관, 평가관, 총평관 각각의 특징을 살펴보고, 세 관점의 비교를 통해 교육평가관의 차이점을 알아볼 것이다.

교육평가의 주요 관점

【학습목표】

⇨ 선발적, 발달적, 인본주의적 교육관의 기본 입장 이해하기
⇨ 측정관, 평가관의 교육에 대한 관점 차이 이해하기
⇨ 측정관, 평가관, 총평관에서 환경을 보는 관점 비교하기
⇨ 평가관에 따른 검사의 강조점 파악하기

01 교육에 대한 기본 관점

교육의 본질을 무엇으로 보아야 할 것인지에 대해서는 여러 가지 상이한 견해가 있다. 교육을 보는 시각은 일반적으로 기능적 시각, 목적론적 시각, 그리고 조작적 시각으로 구분할 수가 있다(신세호 외, 1990: 박도순 외, 2007에서 재인용). 기능적 시각에서는 교육을 목적을 위한 수단으로 취급하여 국가발전, 경제발전과 같은 어떤 목적을 달성하기 위한 도구로서 교육을 보고 대학진학이나 입시교육과 같은 선발의 역할이 중요하게 여겨진다. 목적론적 시각에서는 교육을 통한 진리탐구, 민주시민의 계발과 같이 개인의 가치 추구 자체를 중요하게 생각하며 교육과정에서 추구하는 목표 자체에 초점이 맞추어진다. 한편 조작적 시각에서는 교육이념이나 목적과 같은 가치적인 요소를 갖고 있지 않는 현상 그 자체를 중요하게 여기며, 이러한 시각에서 보면 학생들이 얼마나 즐겁고 유쾌하게 지내느냐에 초점이 맞추어지는 학생 중심의 교육을 강조하게 된다. 이와 같은 교육의 본질에 대한 견해에 따라 선발적 교육관, 발달적 교육관, 인본주의적 교육관으로 구분해 볼 수 있다.

1) 선발적 교육관

교육부정설은 인간의 능력과 인성은 이미 선천적인 요인에 의해 결정되

어 있기 때문에 교육을 아무리 열심히 해도 그것을 변화시킬 수 있는 부분은 아주 미미하다고 주장한다. 쇼펜하우어(A. Schopenhauer, 1788~1860)와 같은 비관주의 철학자들은 인간의 능력을 유전적 요인에 의해 결정된다고 보아 교육의 효과를 과소평가했으며, 유전학적 결정론자들은 인간의 성장을 위한 교육을 의미 없는 것으로 보았다. 이러한 입장에 따르면 수업을 제대로 따라올 수 있는 학습자는 소수이며, 일부 학습자는 아무리 열심히 가르치고 공부를 해도 제대로 따라올 수 없다는 가정 하에서 교육의 성패에 대한 일차적인 책임이 학습자에게 있다고 본다.

선발적 교육관은 교육을 통하여 달성하고자 하는 교육목적이나 일정한 교육수준에 도달할 수 있는 사람은 일부이거나 소수라고 보는 입장이며, 따라서 우수한 학생들만 상급학교에 진학할 수 있도록 하는 피라미드식 교육제도를 강조한다. 이러한 관점에서는 엘리트 중심의 교육이 선호되며 지금까지 우리나라의 교육에서는 이러한 선발적 교육관이 매우 중요하게 여겨져 왔다. 이와 같은 선발적 관점에서는 주로 일정한 교육수준이나 교육목표에 도달할 가능성이 높은 우수한 학생을 선발하는 평가에 초점을 맞춘다. 따라서 효율적이고 객관적으로 학습자를 평가하고 선발하기 위한 검사를 중시하며 이는 '측정관'이나 '규준참조평가(상대평가)'의 관점과 밀접한 관계를 맺고 있다.

2) 발달적 교육관

교육가능설은 교육의 효과를 매우 낙관적으로 보는 입장이며, 인간의 성장과 발달은 선천적인 유전적 요인보다는 환경 또는 교육의 힘에 의해 결정된다고 본다. 로크(J. Locke, 1632~1704)는 갓 태어난 아기의 최초의 의식은 백지와 같고, 그 이후 얻어지는 모든 의식의 내용, 즉 지식, 사고, 표상은 경험으로부터 유래한다는 경험론 철학을 주장하였다. 이런 입장에서 본다면, 좋은 환경 속에서 좋은 교육을 받고 자란 사람은 반드시 도덕적이고 선한 인간이 되기 마련이다. 따라서 모든 학습자에게 각각 적절한 교수·학습방법만 제시될 수 있다면 누구나 의도하는 교육목표를 달성할 수 있을 것이라고 보고, 교육의 성패에 대한 일차적인 책임은 교사 또는 학습 환경에 있다고 본다.

발달적 교육관은 교육을 통한 인간행동 변화의 가능성에 대해 긍정적으로 바라보고 있으며 교육활동은 모든 사람에게 적절한 학습의 기회를 제공함으로써 가능한 모든 학습자가 의도하는 교육목표를 달성하도록 하는 것이 중요하다고 본다. 따라서 소수의 능력 있는 우수한 학생을 선발하는 엘리트적 관점보다는 교육의 기회균등과 개인의 발전가능성을 중요시하며, 근본적으로 대학입학도 적격자 선발이 아닌 대학 문호 개방에 강조점을 두어야 한다고 주장한다. 이러한 입장에서는 효율적인 선발이 아닌 교육목표의 달성 및 교육방법의 적절성을 중요시하며 이는 '평가관'이나 '준거참조평가(절대평가)'의 관점과 밀접한 관련이 있다.

3) 인본주의적 교육관

인본주의적 교육의 관점은 학습자의 인격적 성장, 통합, 자율성을 추구하고 건전한 태도를 형성해 가는 과정으로써의 교육을 중요시하며, 자아를 확장하고 스스로 배우는 자아실현의 가능성을 개발하는 것에 목표를 두고 있다. 따라서 인본주의 교육관에서는 모든 교육이 학습자가 스스로 희망하고 원해야 하며 자율적이고 적극적인 참여를 전제하고, 타율적이고 수동적인 교육은 비인간적인 것으로 간주한다. 이러한 인본주의 교육관에 따르면 현재 검사 및 평가의 역할이 주로 학습자들을 서열화하여 선발하거나 또는 성공군과 실패군으로 구분하는 데 초점을 두고 있기 때문에 이러한 검사에 대해서 부정적인 입장을 취하고 있다. 학습자의 성장을 이끌어내고 자아실현의 가능성을 제공해야 할 검사가 오히려 학습자에게 불안을 제공하고 개인의 한계를 규정해 버리는 부정적인 효과를 주고 있기 때문이다. 따라서 검사에 대한 관점 역시 '전인적'에 초점을 두어 인간행동 특성을 부분적으로 이해하기보다는 전체적으로 이해하려는 '총평관'의 관점과 관계를 맺고 있다.

측정관(measurement)은 Wundt, Galton, Binet 등 초기의 실험심리학자, 심리측정이론가로부터 출발하였으며 역사적으로 가장 오래된 평가관이라고 할 수 있다. 측정은 어떤 대상이나 사건에 대하여 규칙에 따라 체계적으로 숫자를 부여하는 것으로, 체중계를 이용하여 몸무게를 재거나 자를 이용하여 키를 재는 것 등을 측정의 사례로 볼 수 있다. 또한 물리적 특성 뿐 아니라 시험에서 정답의 수를 세거나 평균을 내는 것과 같은 수량적 기술(quantitative description)의 과정도 측정의 사례라고 할 수 있다. 이러한 측정관은 다음과 같은 특징을 가지고 있다.

첫째, 측정관은 그 대상이 되는 실재의 안정성(stability)을 가정한다. 세상의 실재는 인간의 주관적 인식과 독립적으로 존재하며, 마찬가지로 인간의 행동 특성 역시 우리의 의도나 시간, 장소 등에 관계없이 언제나 고정적이고 변하지 않는 객관적 실재(reality)라고 본다. 따라서 자연현상을 관찰하는 것과 마찬가지로 인간의 행동 특성도 안정성을 가지고 있기 때문에 어떤 방법을 통해서라도 정확하게 측정할 수 있다고 보고, 원래의 값(true value)에 가장 가깝게 대상의 불변적 특성을 측정해 내는 것을 목적으로 한다.

둘째, 인간 행동의 불변성에 대한 가정으로 인하여 측정관은 다른 교육평가관에 비해 객관성과 신뢰성을 중시하는 경향이 있다. 측정관에서는 인간 행동의 특성은 객관적으로 존재하는 실재이며 불변하기 때문에 시간과 장소에 관계없이 지속적이고 객관적으로 측정해 내는 것이 중요하다. 즉, 어느 한 시점에서 측정한 개인의 반응 점수가 신뢰성과 객관성이 없다면 그것이 아무리 타당한 측정이라 하더라도 무의미한 것으로 본다. 따라서 측정관에서는 신뢰성과 객관성을 우선시하며, 다른 평가관에 비해 검사의 오차를 줄이는 것이 가장 중요한 관건이 된다.

셋째, 측정관은 객관적 실재에 대한 측정의 신뢰성과 객관성을 중요시하므로 검사의 오차를 줄이기 위해, 외부 요인이나 환경 변인을 안정성의 위

협 요소로 간주하여 이를 통제하거나 극소화하려 한다. 다시 말해서, 외부 요인이나 환경 변인은 객관성과 신뢰성을 저해하는, 따라서 제거해야 할 오차(error) 변인으로 가정한다. 이러한 오차 변인의 제거를 통해 안정적으로 객관적 실재를 측정하는 데 초점을 두고 있다.

넷째, 신뢰성과 객관성이 보장된 측정을 위해서는 누가 언제 어디서 측정을 하더라도 안정적으로 동일한 측정결과를 얻을 수 있도록 측정의 방법이나 절차에 있어 표준화를 요구한다. 따라서 측정의 과정에서는 가치판단이 배제되어야 하며, 이는 결국 양적(quantitative) 자료에 대한 강조와 규준(norms)에 의한 결과의 해석으로 이어져 왔다. 규준이란 상대적인 비교를 하기 위한 기준으로, 4장에서 상세히 다루도록 한다. 하지만, 측정관은 표준화에 대한 강한 집착으로 인해 객관성과 신뢰성이 떨어지는 검사는 비록 그것이 교육적 목표에 부합한다 해도 단순히 잘못 측정된 검사로 간주한다.

다섯째, 측정관에 의해 얻은 결과는 주로 선발, 분류, 예언, 실험 등의 목적으로 사용되며, 검사 결과를 유용하게 활용하기 위해서 더욱 정확하고 구체적인 측정단위를 요구한다. 주어진 정보를 정확하고 구체적이면서도 가장 간편하고 경제적으로 수집하는 것이 중요하며, 측정된 결과를 활용하여 이를 하나의 단일 점수나 지수로 변환하거나 효율적으로 사용할 수 있다는 것이 측정관의 장점이라고 할 수 있다.

여섯째, 측정관은 교육을 통하여 달성하고자 하는 교육목적이나 일정한 교육수준에 도달할 수 있는 사람은 일부이거나 소수라고 보는 입장인 선발적 교육관과 밀접한 관련이 있다. 인간 행동의 변화가능성과 교육의 효과에 대해서 부정적인 입장이며, 개인의 성장과 발달보다는 학습자의 상대적인 비교를 바탕으로 한 개인차 변별과 선발에 초점을 두고 있다.

평가관

평가관(evaluation)은 측정관의 가정들을 비판하면서 새롭게 제안된 관점이다. Tyler는 교육적 수단에 의한 학생들의 '변화'에 관심을 가지면서 이러한 변화를 알아보기 위한 일련의 검사 절차를 '평가(evaluation)'라는 용어로 표현하기 시작하였다. 평가관은 설정된 교육목표에 준해서 학습자의 행동이 어떻게 변화했는가에 초점을 두고 이를 확인할 수 있는 다양한 증거와 정보를 요구한다. 따라서 양적 기술의 측정뿐만 아니라 질적 기술을 포함하며, 더 나아가 이러한 양적, 질적 기술에 대한 가치 판단까지 포함한다(김석우, 2015). 따라서 '평가'는 인간 행동 특성의 변화를 판단하는 일련의 절차를 의미하며, 평가관은 그 기본 가정에서부터 측정관과 강한 대조를 이루고 있다. 이러한 평가관은 다음과 같은 특성을 가지고 있다.

첫째, 평가관은 존재하는 모든 실재의 안정성(stability)을 부정하면서 인간의 행동 특성은 언제나 변화한다고 가정한다. 교육은 본질적으로 개인의 변화, 발달, 성장을 전제로 하고 있으며 인간의 행동 특성은 내적, 외적 요인에 따라서 항상 변화한다. 평가관은 이러한 '변화'를 검사하려는 것이며, 일반적으로 교육의 궁극적인 목표가 교육적 수단을 통해 학생들에게 바람직한 변화를 일으키려는 것이라고 할 때, 평가관은 교육 목표에 대한 성과로서 학습자에게 일어난 다양한 변화를 판단하는 일련의 절차로 볼 수 있다. 여기서 말하는 '변화'는 단순히 자연적으로 나타나는 변화가 아니라 설정된 교육목표에 따라 구체적인 수단을 통해 나타나는 의도된 변화를 의미한다.

둘째, 평가관에서는 '의도된 변화'를 평가하기 위해서 변화의 목표를 중요시하는데, 목표가 명확히 정의되어 있느냐가 의도된 변화를 평가하기 위한 전제 조건이기 때문이다. 따라서 측정관과 달리 평가의 정보의 객관성과 신뢰성보다는 평가도구의 타당도, 특히 내용타당도(content validity)를 중요시한다. 내용타당도는 검사도구가 의도한 목표를 얼마나 잘 대표하고 있는지를 나타내기 때문이다. 따라서 측정관에서 객관성과 신뢰성을 위해 양적 자료에 치중한 것과 달리, 평가관에서는 교육목표의 달성을 위한 변화를 파악할 수 있는 다양한 증거를 강조하며 양적·질적 자료 모두 중요하게 여긴다.

셋째, 측정관에서 외부 요인이나 환경을 제거해야 할 오차(error) 변인으로 가정한 것과 달리, 평가관에서는 환경을 변화를 초래하는 중요한 자원으로 본다. 평가관은 인간 행동의 변화가능성을 전제함으로써 교육목표의 달성을 위해서 학생의 행동 변화 뿐 아니라 이러한 변화를 가능하게 하는 교육과정, 교수학습방법 및 자료, 교사의 전문성, 교육프로그램에 대한 평가에도 관심을 가진다. 따라서 측정관에 비해 평가의 범위가 더 넓다고 볼 수 있다. 마찬가지로 검사에 대한 시각에 있어서도 측정관은 검사가 미치는 영향을 제한하거나 최소화하려는 반면, 평가관에서는 검사의 영향 자체가 학생의 행동 변화를 일으키는 중요한 자원으로 본다. 즉, 학생들과 성취목표에 대해 의사소통하고, 연습의 기회를 제공하며, 자기평가를 하는 등 수업전략으로써 평가를 활용할 수 있어야 한다.

넷째, 평가의 증거로 여러 증거를 합산한 단일 총점을 사용하지만 반응 유형, 오류의 유형과 질, 실패의 원인 등을 밝힐 수 있는 질적 증거도 유효한 증거로 활용한다. 측정관은 선발적 교육관의 입장에서 선발과 개인차 변별에 치중하므로 객관도, 신뢰도를 높이기 위한 표준화된 검사 절차를 중요시한다. 반면 평가관은 발달적 교육관의 입장에서 교육목표의 달성을 중요하게 생각하기 때문에 표준화된 검사 절차 이외에도 다양한 방법과 증거를 활용함으로써 학생의 바람직한 변화를 이끌어 내는 것을 강조한다.

다섯째, 평가관에 의해 얻은 결과는 주로 평점, 자격 판정, 배치, 진급 등을 위해 개인을 분류하고 판단하는 데 사용된다. 그러나 발달적 교육의 관점에서는 모든 학습자에게 적절한 교수·학습방법만 제시된다면 누구나 의도하는 교육목표를 달성할 수 있을 것이라고 본다. 따라서 교육의 성패에 대한 일차적인 책임은 교사 또는 학습 환경에 있다고 보기 때문에, 교수학습방법, 교육 프로그램, 수업, 교사의 전문성, 교육과정의 효율성을 판단하기 위해 평가를 활용하기도 한다.

여섯째, 평가관은 교육을 통한 인간 행동의 변화가능성과 교육의 효과에 대해 긍정적인 입장을 취하는 발달적 교육관과 밀접한 관련이 있다. 이러한 평가관은 상대적인 비교를 통한 학습자의 개인차 변별과 선발에 초점을 두기보다, 교육목표의 달성을 통한 개인의 성장과 발달을 중요하게 생각한다.

04 총평관

총평관(assessment)은 역사적으로 볼 때 가장 나중에 출현한 평가의 관점으로 총평이라는 용어는 '전인적 평가'라고 불리기도 하며, 어떤 일을 조사하거나 심사해서 결정한다는 뜻의 '사정(査定)'으로 쓰이기도 한다. 총평이라는 용어는 H. Murray(1938)가 그의 저서 『인성의 탐구(Explorations in Personality)』에서 'Assessment of Men'을 처음 쓰면서 사용되기 시작했다. 그 후 제2차 세계대전 중, 미국정보국인 CIA의 전신인 O.S.S.(Office of Strategic Service)에서 첩보요원 적성평가방법으로 '총평(assessment)'을 사용하면서 널리 쓰이게 되었다. 우리나라 대학의 입학사정관이 신입생을 선발할 때 다양한 자료를 활용하여 종합적으로 평가하는 과정이나 또는 의사가 환자의 병을 진단하기 위해 채혈, 혈압측정, X-ray, 초음파검사 등의 수치와 환자의 과거병력, 현재의 몸 상태나 나타나는 증상 등을 종합적으로 고려하는 것이 총평이라고 할 수 있다.

이러한 총평 개념은 비교적 최근 들어 그 개념이 확립되어 가고 있지만, 다른 교육평가관에 비해 명확한 개념의 정의가 미흡하다(박도순 외, 2007). H. Murray는 인간의 행동특성을 평가하기 위해 개인이 가진 '욕구체계'와 인간을 둘러싸고 있는 환경이 개인에게 영향을 주는 '압력체계'로 나누어 그 사이의 역동적 관계를 분석하였는데, 이 같은 욕구-압력 체계의 특징은 인간과 환경의 상호작용을 분석하려는 데 있다. 이렇듯 총평관은 개인의 환경의 상호작용에 깊은 관심을 갖고, 인간 행동의 변화가능성을 전제로 한다는 점에서는 평가관과 유사한 측면이 있다. 이 때문에 총평관과 평가관을 명확히 구별하기는 어렵지만, 총평관은 환경을 보는 시각에서 평가관과 분명한 차이를 보이며 다음과 같은 특징을 가지고 있다.

첫째, 총평관은 환경을 개인과 상호작용하는 주체적인 존재로 보며, 개인과 환경의 역동적 관계에 의해서 개인의 행동 특성이 변화한다고 본다. 평가관에서는 환경을 개인의 행동 변화에 영향을 주는 외적 요인으로 보고, 교육목표의 달성을 위해서 인간 행동 특성의 변화 뿐 아니라 환경 변인에 대한 평가에도 초점을 맞추고 있다. 즉, 평가관은 개인에 대한 평가와 환경에 대한 평가를 동시에 중시한다. 이에 반해 총평관은 개인에 대한 전인적 평가를 위해 개인과 환경의 역동적인 상호작용에 검사의 초점을 두고 있다는 점에서 평가관과 차이가 있다.

둘째, 총평관은 개인과 환경과의 역동적 관계를 분석하기 위하여 다양하고 포괄적인 자료를 사용한다. 총평관에서 사용하는 정보는 양적(quantitative), 질적(qualitative) 방식을 모두 활용하여 고도로 구조화된 객관식 검사, 자기보고법, 관찰법, 면접법, 역할놀이, 자유연상법 등으로 다양한 형태의 자료를 얻을 수도 있다. 이 때 수집된 다양한 증거는 독립적으로 간주하기보다는 개인, 환경이라는 주체 안에서 종합적으로 해석될 수 있도록 각각의 체계를 설정하여 서로 간의 역동적 관계를 분석한다. 따라서 총평관에서는 이러한 다양한 증거 사이의 합치성(congruence)을 판정하고 검토하는 것이 중요한 절차이다. 예를 들어, 대학에서 신입생을 선발하기 위해 고등학교 내신성적, 학교생활기록부, 대학수학능력시험, 논술고사, 면접 등의 다양한 자료를 수집하는 것이 총평관에 따른 입학사정이라 할 수 있다.

셋째, 총평관은 수집된 다양한 증거들을 각각 따로 보는 것이 아니라, 이를 총합적으로 활용하여 개인과 환경 사이의 역동적인 상호작용을 파악하고자 한다. 이에 따라 총평관은 측정하고자 하는 구인을 제대로 측정하는지 검증하는 구인타당도(construct validity)(8장 참조)를 중요하게 여기는 경향이 있다. 왜냐하면, 총평관에서 개인, 환경과 그 상호작용에 대한 분석은 여러 구인들 간의 관계를 바탕으로 하나의 이론(theory)을 형성하게 되기 때문이다. 따라서 개인의 구체적 행동 특성과 환경에 대한 증거, 그리고 이 둘 사이의 상호작용에 대한 증거가 이론과 구인에 얼마나 부합하는지를 중요하게 본다.

넷째, 총평관은 학습자의 인격적 성장, 통합, 자율성 및 자아실현을 강조하는 인본주의적 교육관과 밀접한 관련성을 가지고 있다. 인본주의 관점에서는 학습자가 자율적이고 적극적으로 학습에 참여하는 것을 중시하며, 반대로 타율적이고 수동적인 교육은 비인간적인 것으로 본다. 또한 인간행동의 특성을 부분적으로 보기보다는 전인적인 관점에서 이해하려는 측면에서 인본주의적 교육관은 총평관과 깊은 관련을 갖는다고 할 수 있다. 지필검사를 통해 학습자의 지식이나 기능에 의한 정답 여부나 최종적인 산출물에만 관심을 둔 과거의 평가 관행에서 벗어나 학생들의 수행과정과 그 결과를 총체적으로 평가하고자 하는 전인적 평가로서의 수행평가(performance assessment)가 도입된 것은 바로 이러한 관점에 근거한 것이다.

05 세 관점의 비교

지금까지 교육평가관의 세 가지 관점이라 할 수 있는 측정관, 평가관, 총평관에 대해서 살펴보았다. 이 세 가지 관점은 객관적 실재와 인간 행동의 불변성에 대한 인식의 차이에 따라 환경을 보는 시각, 검사에서의 강조점, 자료수집 방법 및 절차, 검사결과의 해석 등에서 서로 다른 입장을 취하고 있다. 측정관은 개인과 환경의 불변성을 전제하면서 지속적이고 안정적인 측정을 위한 검사의 객관성과 신뢰성을 강조한다. 따라서 표준화된 검사와 같은 양적 자료수집을 통해 선발, 분류, 예언을 위한 검사를 중요시한다. 반면 평가관은 개인과 환경은 변할 수 있다는 입장으로 규준을 통한 상대적 비교보다는 교육목표의 달성을 중요시하며 검사의 내용타당도를 강조한다. 변화의 증거를 얻기 위해서는 양적·질적 자료 모두 수집하며, 개인 뿐 아니라 교육 프로그램이나 교육과정, 교수방법에도 평가의 초점을 둔다. 한편 총평관은 개인과 환경의 역동적인 상호작용에 보다 초점을 두고 있으며, 다양한 형태의 자료(구조화된 객관식 검사, 자기보고법, 관찰법, 면접법, 역할놀이, 자유연상법 등)를 통해 종합적이고 전인적 관점에서 평가하는 데 강조점이 있다.

표 2-1 교육평가관의 비교

평가관 관점	측정관	평가관	총평관
인간 행동 특성을 보는 시각	• 항구적이고 불변적인 것으로 간주 • 개인의 정적 특성	• 안정성이 없고 가변적인 것으로 간주 • 개인의 변화하는 특성	• 환경과의 상호작용에 의한 가변적인 것으로 간주 • 환경과 개인의 역동적 관계에서 변화하는 특성
환경을 보는 시각	• 환경의 불변성 신념 • 환경 변인의 통제 및 영향의 극소화 노력 • 환경을 오차변인으로 간주	• 환경의 변화성 신념 • 환경 변인의 이용 • 환경을 행동변화의 자원으로 간주	• 환경의 변화성 신념 • 환경과 학습자의 상호작용을 이용 • 환경을 학습자 변화의 한 변인으로 간주
검사에서의 강조점	• 규준에 비추어 본 개인의 양적 기술 강조 • 간접 증거 • 객관도와 신뢰도 강조	• 교육목적에 비추어 본 개인의 양적, 질적 기술 강조 • 직접 증거 • 내용타당도 강조	• 전인적 기능 혹은 전체 적합도에 비추어 본질적 기술 강조 • 직접, 간접 증거 • 구인타당도 강조
기본적 증거 수집 방법	• 지필검사(표준화검사) • 양적	• 변화의 증거를 얻을 수 있는 모든 방법 • 양적 및 질적	• 상황에 비춘 변화의 증거를 얻을 수 있는 모든 방법 • 양적 및 질적
장점	• 효율성	• 교육목표와의 연계	• 개인과 환경 양 측면에서 증거의 탐색
검사 결과의 활용	• 예언, 분류, 자격부여, 실험 • 진단에 무관심	• 예언, 자격부여, 프로그램 효과 판정 • 교육목표 달성도의 진단	• 예언, 자격부여, 분류, 실험, 선발 • 준거 상황이나 역할에 비추어 본 진단

출처: 박도순, 홍후조(1998)에서 발췌.

이전까지는 평가관보다는 측정관이 더 지배적인 관점이었으며, 표준화 검사 등을 통해 학업성취도를 평가하여 학생을 선발, 분류, 배치하는 데 주로 관심을 두고 있었다. 이로 인해 교육 목표의 달성 여부에 대한 학생들의 인지적, 정의적, 행동적 변화에 대한 관심은 상대적으로 소홀했던 것이 사실이다. 하지만 최근 교육과정, 교사, 학교, 교육프로그램 등의 평가에 있어서 평가관으로서의 교육평가가 점차 중요해지는 추세에 있다. 측정관은 주어진 정보의 증거를 가장 효율적이고 경제적으로 수집할 수 있는 장점이 있으며, 평가관은 검사 활동과 교육 목표와의 연결고리를 마련함으로써 교육 목표의 중요성을 확인하는 역할을 한다. 한편, 총평관은 개인과 환경과의 상호작용을 분석 대상에 포함시킴으로써 인간행동의 변화에 대한 이해의 폭을 높였다는 장점이 있다. 따라서 세 가지 평가관의 입장이 서로 다르긴 하지만 이를 배타적인 것으로 보는 것보다는 상호 보완적인 관계로 인식할 필요가 있으며, 각 평가관점의 장점을 활용하여 교육 현상을 보다 잘 이해하고 개선할 수 있도록 해야 할 것이다.

- 선발적 교육관은 효율적이고 객관적으로 학습자를 평가하고 선발하기 위한 검사를 중시하며 측정관, 규준참조평가와 밀접한 관계를 맺고 있다.
- 발달적 교육관은 모든 학습자가 의도하는 교육목표를 달성하도록 하는 것이 중요하다고 보며 평가관, 준거참조평가와 밀접한 관련이 있다.
- 인본주의적 교육관은 자아실현의 가능성을 개발하는 것에 목표를 두고 인간행동 특성을 부분적으로 이해하기보다는 전체적으로 이해하려는 총평관의 관점과 관계를 맺고 있다.
- 측정관은 그 대상이 되는 실재의 안정성, 인간 행동의 불변성을 가정한다.
- 평가관은 정보의 객관성과 신뢰성보다는 평가도구의 타당도, 특히 내용타당도를 중요시한다.
- 총평관은 개인과 환경과의 역동적 관계를 분석하기 위하여 구조화된 객관식 검사, 자기보고법, 관찰법, 면접법, 역할놀이, 자유연상법 등 다양하고 포괄적인 자료를 사용한다.

학·습·문·제

- 선발적 교육관에서는 교육의 효과를 어떻게 보는지 설명하시오.

- 선발적 교육관은 어떠한 측면에서 측정관과 관련이 있는지 설명하시오.

- 측정관과 평가관을 구분하는 핵심적인 차이는 무엇인지 설명하시오.

- 개인과 환경에 대한 세 가지 평가관의 입장을 설명하시오.

- 총평관에서 구인타당도를 강조하는 이유를 설명하시오.

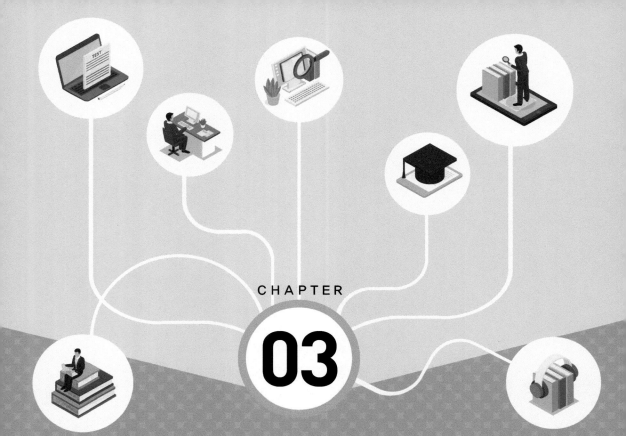

CHAPTER

03

평가의 기능에 따른 평가유형
(진단, 형성, 총괄평가)

교육평가의 유형은 평가대상, 평가영역, 평가의 기능과 목적, 평가시기, 방법, 결과해석 기준 등에 따라 다양하게 구분될 수 있다. 대상에 따라서 학생·교원평가·학교평가 등으로 구분될 수 있으며, 평가영역에 따라서 인지적·정의적·심동적 평가로 구분되기도 한다. 또한 결과해석 기준에 따라서 규준참조·준거참조 평가로 나뉠 수도 있다. 3장에서는 평가의 목적과 시점에 따른 구분으로써 진단평가, 형성평가, 총괄평가 각각의 특징을 살펴보고 구체적인 차이점을 알아볼 것이다.

【학습목표】
➡ 진단, 형성, 총괄평가의 목적 및 기능 이해하기
➡ 진단, 형성, 총괄평가 평가방법 및 평가영역 이해하기
➡ 교과목표의 범위 선정에 있어서 총괄평가의 특징 이해하기
➡ 결과활용의 측면에서 세 가지 평가 비교하기

01 진단평가

　　진단평가(diagnostic evaluation)란 교수·학습 활동이 시작되기 전에 초기 단계에서 수업전략을 위한 기초 자료를 얻고 어떠한 수업방법이 적절한지 결정하기 위해, 학습자가 가지고 있는 능력 및 특성의 양상이나 원인을 체계적으로 파악하여 이를 토대로 교육목표 설정, 교수·학습 계획, 평가계획 수립 등에 적용하기 위한 활동을 말한다. 우리가 병원에 가는 경우를 생각해 보면, 의사는 각 환자에 적합한 처방을 하기 위하여 환자의 병력, 증상에 대한 질문, 각종 검사 등을 통하여 먼저 환자의 상태에 대한 정확한 진단을 실시한다. 이는 교육에서도 마찬가지이며 학습자의 특성을 파악하여 학생에게 맞는 적절한 수업을 전개하기 위한 일종의 학생 개개인에 대한 진단이라 할 수 있다. 따라서 교수, 학습을 투입하기 전에 학습자의 구체적인 특성을 미리 파악할 수 있어야 하며, 진단평가는 학습이 시작되기 전에 학생이 소유하고 있는 특성을 체계적으로 관찰, 측정하여 사전학습의 정도, 적성, 흥미, 동기, 지능 등을 분석한다.

　　진단평가는 오랫동안 학습장애의 원인을 분석, 진단하기 위해 실시하는 평가라고 해석되어 왔다. 그러나 최근에는 진단평가가 어떤 단원의 학습을 위해 수업 전에 학습자가 반드시 알고 있어야 할 기초지식이나 기술을 갖고 있는지 점검하는 출발점행동평가(evaluation of entry behavior) 또는 투입행동

평가(evaluation of input behavior)를 의미하는 것으로 변하고 있다. 여기서 말하는 출발점행동평가 또는 투입행동평가는 단순히 지식이나 기능적인 측면뿐만 아니라 학생이 학습을 시작할 때 가지고 있는 인지적, 정의적 출발점행동 모두를 포함한다. 이런 출발점 행동에서 인지적 행동에는 지능과 적성, 인지유형, 선행학습, 기본기능 등이 포함될 수 있으며, 정의적 행동에는 동기, 흥미, 태도, 자아개념, 불안, 가정환경, 개인 생활사 등이 있다(황정규, 2002). 구체적인 진단평가의 예로는 수업 전 실시하는 쪽지시험이나 퀴즈, 전 수업에 대한 복습질문, 전 학년도 성적표나 생활기록부를 토대로 학습자의 특성을 파악하여 교사가 제작한 질문이나 시험이 있다. 특히 진단평가에서는 준비도 검사, 적성검사, 자기보고서, 관찰법 등의 다양한 평가도구가 활용될 수 있다.

진단평가의 궁극적인 목적은 학습을 극대화하려는 것이며 진단을 제대로 하지 못하면 교육내용이나 교수법을 적절히 세우지 못하여 적절한 교수·학습의 행위가 이루어지지 않아 교육목표에 도달하기 어렵게 된다. 따라서 적절한 수업전략을 투입하기 위해서는 진단평가의 역할이 매우 중요하다. 그러므로 진단평가에서는 학습자의 출발점 행동이나 사전 지식수준, 학습 결손이나 학생의 특성을 파악할 필요가 있다.

예를 들어, 초등학교 수학에서 학습목표가 곱셈을 계산하는 것이라고 할 때, 이를 제대로 이해하기 위해서는 사전에 덧셈에 대한 이해가 선행되어야만 한다. 만약 학습자가 덧셈을 제대로 계산해내지 못한다면, 곱셈에 대한 올바른 학습이 이루어지기 어려울 것이다. 따라서 교사는 본격적으로 수업을 하기 전에 학습 결손의 정도를 파악해야 한다. 또한 보충학습 같은 개별처치를 통해 결손을 보완할 수 있는 기회도 제공해야 한다. 만약, 학습 결손이 해소되지 않은 채 본격적인 수업을 진행하게 된다면 덧셈과 같은 선수요건을 갖추지 못한 학습자는 더욱 깊은 학습부진에 빠지게 되며, 이러한 과정이 지속적이고 반복적으로 누적이 되면 학업포기 및 중도탈락의 위험으로까지 이어질 수 있을 것이다.

한편, 모든 학습자가 출발점행동이나 선수요건을 완벽하게 갖추어 교과의 사전목표가 이미 충분히 달성이 되었다고 판단이 될 경우에는 다음 단계의 교육경험을 제공할 수 있도록 해야 할 것이다. 예를 들어, 모든 학습자가 덧셈을 완벽하게 이해할 뿐만 아니라 이미 한 자리 수의 곱셈 계산까지 충분히 할 수 있는 것으로 파악이 되었다면, 두 자리 수 이상의 곱셈 계산까지도 시도할 수 있도록 교육 기회를 제공해야 한다. 만약, 현재 주어진 교육의 목표에만 초점을 두고 한 자리 수의 곱셈에서만 머물게 되면, 높은 학습 동기를 가진 학습자들은 오히려 학업에 대한 동기와 흥미가 떨어질 수도 있다. 따라서 학습자의 지적 능력과 다양한 특성을 잘 파악하여 이에 맞는 적절한 교수법과 교육내용을 제공할 수 있어야만 한다.

진단평가의 방법이나 절차는 교육내용에 따라 매우 다양할 수 있는데, 만약 학습자를 진단하기 위한 형식적인 평가를 실시하기가 용이하지 않은 경우에는 전 학년도의 성적표나 학생생활기록부를 토대로 학습자의 특성을 파악할 수 있다. 또는 교수·학습을 투입하기 전에 교사가 간단히 제작한 시험이나 질문 등을 이용하여 진단평가를 실시할 수도 있다. 학교 이외의 기관에서도 진단평가를 활용할 수 있는데, 사회교육기관 등에서 진단평가의 방법으로 과목 선택의 동기 및 목적, 관련 과목의 수강 여부, 현 직업, 그리고 교과를 통하여 얻고자 하는 내용 등을 기술하여 분석할 수도 있다. 또한 최근에는 대학에서 교양영어 등의 과목은 신입생을 대상으로 입학 전에 배치고사(replacement test)를 실시하여 학생의 수준에 따라서 해당 교과목을 면제해 주거나 수준에 따른 반 편성을 실시하는 추세에 있다.

일반적으로 진단평가는 교수·학습이 이루어지기 전에 실시하는 것으로 볼 수 있지만, 수업이 진행 중일 때 실시될 수도 있다. 이런 경우의 진단평가는 형성평가와 유사한 측면이 있지만, 그 목적이나 기능 면에서 볼 때 양자는 개념적으로 구분되는 평가활동이다. 왜냐하면 진단평가는 학습결함, 환경요인, 신체적·정서적 문제와 같이 비교적 장기간에 걸쳐서 형성된 특성을 파악하고자 하며, 이는 수업방법이나 수업자료의 개선으로는 쉽게 변화되기 어려운 측면이 있다. 반면 형성평가는 수업자료나 수업방법을 개선함으로써 현재 진행 중인 수업의 효과를 극대화하기 위한 목적으로 실시되는 것이기 때문에, 비교적 단기간에 변화될 수 있는 특성이나 요소들을 주요 대상으로 한다. 형성평가는 단기간의 비교적 단순한 학습상의 문제에 대한 응급처치에 해당하고, 진단평가는 그에 비해 상대적으로 고질화된 학습상의 문제에 대한 보다 근본적인 원인을 탐색하려는 활동이라고 할 수 있을 것이다(황정규 외, 2016).

02 형성평가

형성평가(formative evaluation)의 개념은 Cronbach가 「교수과정의 개선을 위한 평가」(1963)라는 논문에서 시사한 바 있으며, 형성평가라는 용어는 Scriven(1967)이 최초로 사용하여 교육 프로그램이 계획되고 발전되는 단계에서 평가를 통하여 프로그램을 더 나은 방향으로 형성(form)하고 발전시킨다는 의미가 있다. 형성평가란 교수·학습이 진행되고 있는 도중에 실시하는 평가이며, 현재 진행 중인 학습내용에 대한 학습자의 이해 정도나 기능 수준을 확인하여 학생에게 피드백(feedback)을 주고 교육과정 및 수업방법을 개선해 교수·학습의 극대화를 목적으로 하고 있다. 예를 들어, 의사가 환자를 진단하고 약을 처방한 후 치료가 제대로 진행되고 있는지, 아니면 부작용이나 건강상의 다른 문제가 나타나지는 않았는지를 확인하기 위하여 병원에 다시 오도록 하듯이, 교육에서도 교수·학습을 투입하고 난 후 그 교수법이 학습자에게 적절한지 확인하여야 하며, 이러한 작업을 형성평가라고 한다.

형성평가는 원래 교육과정이나 프로그램의 개발과정에서 프로그램 구성 또는 전개방법을 수정, 보완하는 데 필요한 정보를 수집하기 위해 실시하는 평가를 의미하는 용어로 사용되었다. 교육과정이나 프로그램을 개발할 때의 형성평가는 학습목표의 선정과 구성 그리고 프로그램의 운영방법과 절차, 그 자체를 평가할 때도 있지만 학생들이 획득한 성취도를 기준으로 평가할 때도 있다. 교육과정 또는 프로그램 개발에서 쓰고 있는 형성평가의 개념을 수업에 적용하면 특정한 단원의 수업이 진행되는 도중에 수업방식을 개선하고, 교수·학습을 최적화하는데 필요한 정보를 수집하기 위한 활동을 형성평가라 할 수 있다. 따라서 컴퓨터를 이용하는 개별평가, 쪽지시험, 퀴즈, 수업시간 중 학생들의 질문이나 교사가 학생을 지목해서 묻는 질문, 그리고 과제 등을 통하여 학습목표가 달성된 정도를 확인하는 이러한 모든 것들이 형성평가에 속한다(박도순 외, 2007).

형성평가는 현재 이루어지는 교수·학습 활동에서 교사와 학습자의 의사소통이 제대로 이루어지고 있는지, 학습자가 교사의 의도를 왜곡하여 받아들이거나 제대로 이해하지 못하는지 등을 즉각적으로 확인한다. 이를 통해 형성평가의 결과는 교수·학습활동을 촉진하고 수업을 개선하는 기초 정보가 된다. 또한 학습자가 학습에 성공했을 때는 강화가 되고, 학습에 실패했을 때는 오류를 확인하고 이를 즉각적으로 교정할 기회를 갖게 한다. 이러한 형성평가의 목적은 학습이 유동적으로 이루어지는 과정에서 교수·학습을 개선하는 데 있으며, 형성평가는 다음과 같은 네 가지 역할을 한다(박도순 외, 2007).

첫째, 형성평가는 학습자의 학습 진행 속도를 조절한다. 특히 교과내용의 분량이 많거나 학습내용이 일정한 앞뒤 관계에 의하여 위계적으로 조직되어 있을 때, 적절한 빈도로 평가를 실시하여 학습의 진전 상황을 점검함으로써 학습의 진행 속도를 조절할 수 있다.

둘째, 형성평가는 학습 곤란을 진단하고 교정한다. 학습자에게 교수목표에 비추어 무엇을 성취했고 무엇을 더 학습해야 하는지 구체적으로 알려 주는 장점을 가지고 있기 때문에, 학습자는 자신의 학습 곤란을 스스로 발견하여 그것을 제거해 나가게 된다. 또한 형성평가를 통해 학생 개개인의 결과가 다르게 나타나므로 개인별 학습능력에 맞추어 개인학습을 진행하도록 도와주고 학습의 개별화를 추구할 수 있다.

셋째, 형성평가는 학습에 대한 강화의 역할을 한다. 형성평가를 통해서 설정된 학습목표를 거의 달성하였다는 사실을 학습자가 확인함으로써 그 뒤에 이어지는 학습을 용이하게 해줄 뿐 아니라 학습동기를 유발할 수도 있다. 또한 학습자 자신의 장점과 문제점이 무엇인지를 알게 해야 하며, 형성평가의 결과를 바탕으로 칭찬을 하면 그것이 하나의 교육적인 강화제 역할을 하게 된다.

넷째, 형성평가는 학습지도 방법의 개선에 이바지할 수 있다. 교사는 형성평가를 통해 학습자가 학습을 하는 데 있어서 어느 부분이 쉽고 어려운지 구체적으로 파악해야 한다. 만약 특정 학습단위에서 실패율이 높게 나타난다면, 그 실패의 원인이 어디에 있는지를 확인하여 교수방법을 분석하고 개선할 수 있다.

이러한 형성평가의 목적과 역할에 비추어 볼 때 형성평가는 일반적으로 준거참조평가를 지향하며 평가와 검사도구의 제작은 교사중심으로 이루어지게 된다. 형성평가는 평가도구를 제작할 때 매우 어려운 문제나 매우 쉬운 문제보다는 학습내용에 적절한 난이도의 문제를 출제하여 최저성취기준에 의하여 학습의 곤란 정도를 파악하는 것이 바람직하다. 하지만, 학생들의 상대적 서열에 대한 정보가 중요시 될 경우에는 규준참조평가의 형태를 취할 수도 있다. 다만 형성평가는 학습자가 드러낼 가능성이 있는 오류 형태를 파악할 수 있도록 다양한 문항들로 구성하되, 평가의 결과는 최종 성적에 반영하지 않거나 최소화해서 학습자의 긍정적 학습동기를 유발할 수 있도록 해야 한다.

최근 들어 형성평가와 그 적용에 대한 연구와 실천이 많이 이루어지고 다양한 평가기법이 제시되고 있는데, 형성평가를 바라보는 근래의 관점은 평가의 본질을 학생의 학습 향상과 교사의 교수법 개선을 위한 평가, 교사와 학생이 함께 참여하는 평가, 의사소통이나 협력·문제해결력·태도 등 통합적 역량에 대한 평가, 학습 결과가 아닌 학습을 위한 평가로 재조명하고 있다고 할 수 있다. 또한 21세기 사회를 대비하고 변화하는 교육환경에 부응하기 위해 미국, 영국 등 많은 나라에서 교육개혁에 대한 연구를 많이 진행하고 있다. 이들 중 대다수가 평가의 변화를 통한 교육개혁을 주장하면서 특히 형성평가를 강조하고 있으며, 최근 국내에서도 이러한 변화의 경향에 따라 형성평가에 더욱 관심을 가지고 강조하는 추세이다.

총괄평가

총괄평가(summative evaluation)는 비교적 장기간에 걸친 일정 단위의 교수·학습 과정이나 프로그램이 종료된 후 교수목표의 달성 여부 및 교육의 효과와 적합성을 종합적으로 판정하는 평가로 '총합평가'라고 부르기도 한다. 의사는 환자를 치료하면서 최종적으로 완쾌 여부를 판정한다. 이처럼 교육에서도 교육목적에 따라 일련의 교육행위를 종료한 후 최종적인 결론을 내리게 되는데 이를 위하여 총괄평가가 필요하다. Scriven(1967)은 교육과정이 끝난 다음에 교수·학습에서 괄목할 만한 성장이 이루어졌는가를 규정하고 교육목표를 성취하였는가를 판정하는 평가를 총괄평가라고 하였다. 즉, 총괄평가는 일정 기간의 수업이 끝난 다음 성취도를 판단하고 수업의 효과를 판단하기 위해 실시하는 시험으로, 일선 학교에서 흔히 실시되고 있는 학기말 시험이나 학년말시험이 대표적인 사례라고 할 수 있다.

총괄평가의 주된 목적은 학습자가 도달할 것으로 기대되는 교육목표를 어느 정도 성취하였는지 판단하는 데 있으며, 설정된 교육목표가 어떤 성격을 갖느냐에 따라서 교사제작검사, 표준화검사, 작품 평가방법 등이 활용될 수 있다. 보호자에게 평가결과를 통지하거나 상급학교 진학을 위한 자료 등으로 활용될 수 있기 때문에 일반적으로 진단평가나 형성평가에 비해서는 형식적인 평가이다. 또한 진단평가나 형성평가가 교사와 학생에게 도움을 주는 데 초점을 두고 있다면, 총괄평가는 교과목 전체 혹은 중요한 부분과 관련하여 학업성취가 어느 정도 달성되었는지를 총괄적으로 평가하는 데 초점을 둔다. 따라서 결과의 활용 측면에서도 총괄평가는 주로 점수의 판정과 후속과제에서의 성공 여부 예측, 집단 간 비교, 자격인정을 위한 의사결정에 주로 사용되고 있다.

총괄평가는 진단평가나 형성평가와 비교할 때, 현재 상황에서만 적용될 수 있는 구체적이고 세분화된 특정한 교육목표에 초점을 두기보다 다른 상황이나 다른 내용에서도 적용될 수 있는 좀 더 넓고 일반화된 교육목표를 포함하여 측정하려고 한다. 따라서 총괄평가는 일반적이고 광범위한 목표를 망라하므로 평가에 포함되는 문항도 문항 전체의 성격을 잘 나타낸 것으로 선정한다. 문항 선정에서도 가능한 많은 내용을 포괄해야 하고, 문항난이도는 쉬운 문항부터 매우 어려운 문항까지 학습대상의 수준에 맞게 골고루 분포할 수 있게 한다. 이러한 총괄평가의 결과는 학생과 학부모에게 알려 주는 교육자료와 입학시험 사정자료로 활용될 수 있으며, 총괄평가는 다음의 다섯 가지 역할을 한다.

첫째, 학생의 종합적인 성취보고를 통해 성취수준의 도달 여부를 판정하며 서열을 부여한다. 이는 총괄평가의 기능 중에서 가장 큰 비중을 차지한다고 볼 수 있다. 학생의 학업성취에 대한 결과보고는 수치로 표시되기도 하지만 기호, 등급, 기술어로 표시되기도 한다. 학업성취 결과가 점수의 판정에 활용될 경우에는 개인이나 사회에 미치는 영향이 크므로 검사의 신뢰성, 객관성, 공정성이 중요하다.

둘째, 총괄평가의 결과는 학습자의 미래의 학업성적이나 다음에 이어질 후속학습에서의 성공 여부를 예측하는 자료로 사용된다. 고등학교 내신 성적이 과연 추후에 대학에서의 학점이나 학업성공을 어느 정도 예측해 주는가가 대표적인 사례이다. 이를 위해 일반적으로 고등학교 내신 성적과 대학에서의 학점 간의 상관계수(correlation coefficient)를 통해 성공가능성을 파악해 볼 수 있으며, 만약 상관이 높으면 예측타당도(predictive validity)가 있는 것으로 설명할 수 있다.

셋째, 총괄평가는 다음 학년이나 교육과정의 시발점을 찾을 수 있게 한다. 즉, 총괄평가는 보통 학기말 또는 학년말에 이루어지므로 다음에 이어질 교육이나 수업이 시작될 때 학생들의 능력을 판단하는 기초자료로 참고할 수 있다. 이러한 총괄평가의 결과를 활용하여 학교나 교사는 학생들을 어느 정도 수준에서 가르칠 것인지 판단할 수 있다.

넷째, 총괄평가는 학습자의 자격을 인정하는 판단의 역할을 한다. 예를 들어, 어느 대학의 신입생 입학자격이 언어영역 3등급 이상이라고 할 때, 이러한 자격을 갖춘 학생들에게 점수 부여를 통해 입학자격을 판단할 수 있게 한다. 또한 운전면허, 의사면허, 공인회계사 등의 자격증처럼 학습자가 필요한 기능이나 능력, 지식을 충분히 갖고 있는지를 판단하여 자격을 부여하거나 유지하고 인정하는 데 사용된다.

다섯째, 총괄평가는 학급 간, 학교 간, 또는 국가 및 국제 비교를 위한 자료로도 활용된다. 이런 집단 간의 비교를 통하여 교육적, 정책적 의사결정을 할 수 있는데, 예를 들어 특정지역의 학업성취도가 낮다면 그 원인을 파악하여 해당 지역에 교육적 지원을 하는 근거자료로 활용할 수 있다. 이때 주의할 점은 집단 간 비교를 위한 총괄평가 문항은 어느 특정 집단에만 유리하거나 불리해서는 안 된다는 것이다. 예를 들어, 도시 지역의 학생에 비해서 농·어촌 지역의 학생들이 상대적으로 이해하기 어렵다거나 이들에게 불리한 문항이 포함될 경우에는 제대로 된 집단 간 비교가 어려울 수 있다. 따라서 가능한 모든 집단의 특성을 잘 대표해서 공정하게 실시될 수 있도록 총괄평가 문항이 구성되어야 한다.

형성평가와 달리 총괄평가는 비교적 장기간에 걸친 학습 성과를 총체적으로 나타낸다는 점에서 중요한 의미를 갖는다. 나아가 총괄평가의 결과는 입학시험이나 자격시험과 같이 개인에게 커다란 영향을 미치는 의사결정을 할 때 중요한 기초자료로 사용된다. 따라서 총괄평가의 용도로 사용하려고 하는 검사나 시험은 출제와 관리에 각별히 유의해야 하며, 평가의 객관성과 공정성이 매우 중요하다. 시험출제의 측면에서 총괄평가는 일반적이고 광범위한 교육목표를 망라하므로, 출제범위가 넓으며 전체 영역이 골고루 포함될 수 있도록 해야 한다. 이러한 총괄평가는 교수·학습을 진행한 해당 교사가 제작할 수도 있지만, 전국 단위의 학업성취도검사의 경우에는 교과전문가와 교육평가전문가에 의하여 제작된 표준화 검사를 실시하기도 한다. 평가의 목적에 따라서 총괄평가는 서열에 의한 판단이 중요한 경우에는 규준참조평가(상대평가)로 실시될 수도 있으며, 최저 기준의 통과 여부가 중요한 경우에는 준거참조평가(절대평가)를 실시하여 일정한 기준에 따라 '수, 우, 미, 양, 가' 혹은 'A, B, C, D, E' 등으로 평가결과를 활용할 수도 있다.

진단평가, 형성평가, 총괄평가의 비교

진단평가, 형성평가, 총괄평가는 평가의 목적이나 교수학습 단계에 따라서 구분이 되었으며, 다음과 같은 차이점이 있다.

표 3-1 진단평가, 형성평가, 총괄평가의 비교

구분	진단평가	형성평가	총괄평가
목적/기능	• 출발점 행동의 확인 • 사전 성취수준 및 학습곤란 파악 • 수업 관련된 학생특성 파악 • 배치	• 적절한 교수-학습 진행 • 교수법(프로그램) 개선 • 학습자의 학습속도 조절 및 강화	• 성적평가 및 자격부여 • 교육 프로그램 선택 결정 • 집단 간 학습 비교
시기	• 단원, 학기, 학년 초 • 수업 중 학습이 이루어지지 않을 때	• 교수-학습 진행 도중	• 교수-학습 완료 후 • 단원, 학기, 학년 말
평가방법	• 비형식적 평가 • 형식적 평가	• 수시평가 • 비형식적 • 형식적 평가	• 형식적 평가
평가영역	• 지적/정의적/심동적 영역 • 신체적/환경적 요인 • 심리적 요인	• 지적 활동	• 일반적으로 지적행동 • 교과에 따라 심동적 행동 • 때때로 정의적 행동
교육목표의 표집방법	• 각 선행기능, 행동의 구체적 표집 • 비중을 둔 교과목표의 표집 • 특별한 수업형태에 관계 있는 학생변인의 표집	• 학습단원의 위계에 포함된 모든 관련 있는 과제의 구체적 표집	• 비중을 둔 교과목표의 표집
채점 기준	• 준거참조 • 규준참조	• 준거참조	• 일반적으로 규준참조이나, 준거참조도 사용

- 진단평가는 수업의 초기 단계에서 학습자의 출발점행동(인지적/정의적)을 확인하기 위해 실시한다.
- 형성평가는 교수-학습의 진행 중에 실시하며, 학생에게 송환효과(feedback)를 주고 교육과정 및 수업방법을 개선해 학습의 극대화를 목적으로 하고 있다.
- 형성평가는 학습의 속도를 조절하고 학습 곤란을 진단 및 교정하며, 학습에 대한 강화의 역할을 한다.
- 총괄평가는 일정 기간의 수업이 끝난 다음 성취도를 판단하고 수업의 효과를 판단하기 위해 실시하는 시험으로, 학기말 시험이나 학년말 시험이 대표적인 사례라고 할 수 있다.
- 총괄평가는 진단평가나 형성평가에 비하여 교육목표의 일반화가능성(generalizability)과 전이가능성(transferability)이 크다.
- 총괄평가는 학생의 종합적인 성취보고를 통해 성취수준의 도달 여부를 판정하며 서열을 부여하고, 총괄평가의 결과는 학습자의 미래의 학업성적이나 다음에 이어질 후속학습에서의 성공 여부를 예측하는 자료로 사용된다.

학·습·문·제

- 진단평가, 형성평가, 총괄평가의 목적을 비교해서 설명하시오.
- 진단평가의 실제 사례를 예시로 들어 진단평가의 영역을 설명하시오.
- 형성평가의 핵심 역할을 설명하고 언제 평가가 이루어지는지 설명하시오.
- 형성평가의 일반적 절차를 설명하시오.
- 총괄평가의 여러 기능 중 가장 핵심적인 것이 무엇인지 설명하시오.
- 준거(목표)지향에 가장 부합하는 평가가 어떤 것인지 설명하시오.

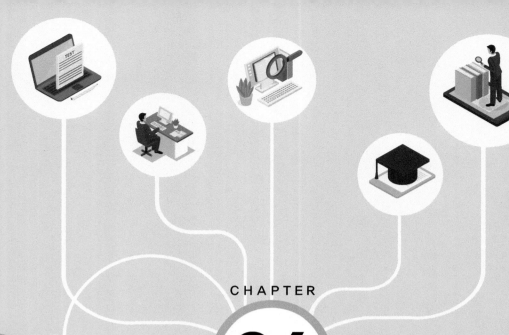

결과해석에 따른 평가유형
(규준, 준거참조평가)

3장에서는 평가의 기능과 목적에 따라 진단평가, 형성평가, 총괄평가를 나누어 각각의 특징을 살펴보았다. 한편 교육평가의 유형은 결과해석 기준에 따라서 규준참조·준거참조평가로 나뉠 수도 있다. 규준참조평가는 보통 상대평가로 불리며 상대적 위치에 따른 비교와 서열을 통해 학습자를 평가하는 반면, 준거참조평가는 보통 절대평가로 불리며 준거, 즉 기준에 도달하였는지의 여부를 통해 학습자를 평가한다. 4장에서는 규준참조평가와 준거참조평가의 개념과 장·단점을 파악하고, 두 입장의 비교를 통해 각각의 관점을 이해하도록 할 것이다.

CHAPTER
04 결과해석에 따른 평가유형(규준, 준거참조평가)

【학습목표】

⇢ 규준참조평가의 전제, 기능, 장·단점 이해하기
⇢ 준거참조평가의 전제, 기능, 장·단점 이해하기
⇢ 개인차에 대한 두 관점의 비교 파악하기
⇢ 검사의 강조점에 대한 두 관점의 차이 이해하기
⇢ 결과 활용에서 두 관점의 차이 이해하기

01 규준참조평가

1) 개념

규준참조평가(norm-referenced evaluation)란 개인이 얻은 점수나 측정치를 비교집단의 규준(norms)에 비추어 상대적인 서열에 의하여 판단하는 평가를 말한다. 여기서 규준이란 상대적인 비교를 위한 기준으로, 비교집단의 평균점수가 대표적인 규준이라고 할 수 있다. 왜냐하면 우리는 보통 평균점수를 기준으로 개인 점수의 상대적인 위치를 어느 정도 파악할 수 있기 때문이다. 이 밖에도 표준편차나 최고점, 최저점 등의 다양한 기술통계치 역시 규준으로 활용할 수 있으며, 좋은 규준이 완성되기 위해서는 모집단에서 추출된 표본이 모집단의 특성을 대표할 수 있어야 한다.

규준참조평가는 상대적인 위치에 따른 서열을 중요하게 생각하며 보통 '상대평가'라고 부르거나, 또는 '규준지향평가'라고 쓰기도 한다. 규준점수의 대표적인 사례는 대학수학능력시험 점수의 보고에 사용하는 백분위(percentile) 점수, 성격검사의 보고에 쓰이는 T점수, 지능검사의 Wechsler-IQ점수 등이 있다. 다음은 주변에서 흔히 볼 수 있는 규준점수의 몇 가지 사례이다.

(1) 백분위(percentile rank) 점수

전체 집단에서 특정 점수 이하의 점수를 받은 사례들의 백분율을 의미하며, 예를 들어 수학점수 30점에 해당하는 백분위가 15라고 할 때 이는 전체 대상자의 15%는 수학점수가 30점 이하라는 것을 뜻한다(13장 참조).

(2) 표준점수(standard score)

평균과 표준편차를 고려하여 원점수를 변환한 척도로, 개인의 원점수가 평균을 기준으로 얼마나 떨어져 있는지를 표준편차로 나누어 표시하게 된다. 대표적인 표준점수로는 Z점수(평균=0, 표준편차=1), T점수(평균=50, 표준편차=10), Wechsler-IQ점수(평균=100, 표준편차=15), 스테나인(9등급, stanine) 등이 있다(13장 참조).

(3) 학년규준점수(grade-equivalent score)

원점수가 몇 학년 몇 개월의 평균과 같은지를 나타내는 점수이다. 예를 들어, 한 학생의 학년규준점수가 2.5라면 이는 그 학생의 수준이 2학년 6개월 된 학생의 평균 정도의 수준과 같다는 의미이다.

(4) 연령규준점수(age-equivalent score)

원점수가 어느 연령집단의 평균과 같은지를 나타내는 점수이다. 연령규준점수에 해당하는 것은 정신연령, 발달연령, 언어연령, 사회연령 등으로 다양하다. 예를 들어, 한 아동의 정신연령이 5세라면 이는 그 아동의 실제 나이를 의미하는 것이 아니라, 지적수준이 5세 아동들의 평균과 같음을 뜻한다.

2) 특징

규준참조평가는 교육을 통하여 달성하고자 하는 목표나 수준에 도달할 수 있는 사람은 소수에 지나지 않는다는 선발적 교육관을 바탕으로 하고 있다. 또한 객관적 실재와 인간행동의 불변성을 가정하고 있는 측정관과 관련이 깊다. 이에 따라 규준참조평가는 다음과 같은 몇 가지 특징을 갖는다.

첫째, 검사의 신뢰도를 강조한다. 규준참조평가에서는 선발적 교육관을 바탕으로 학습자의 개인차를 가정하며, 인간 행동의 불변성과 객관적 실재를 주장하는 입장에 따라 평가하고자 하는 특성을 오차 없이 안정적이고 객관적이며 정확하게 측정하는 데에 중점을 두고 있다. 검사의 신뢰도를 확보하기 위해서는 평가자의 가치가 배제된 표준화된 검사를 지향하며, 이를 통해 개인차를 잘 변별하는 것을 중요하게 여긴다. 따라서 검사문항은 학생들 간의 점수 차이가 충분히 날 수 있도록 고안되며, 이를 통해 학생들을 비교하고 구분을 용이하게 한다. 만약 거의 대부분의 학생들이 맞힌 문항이 있다면 이 문항은 학생들의 능력 수준을 제대로 변별해 내지 못하므로 의미가 없는 문항으로 간주한다. 그러나 경우에 따라서는 이러한 문항 중에서도 교육과정이나 학습내용의 측면에서는 매우 중요한 의미를 지닐 수도 있다. 예를 들어, 역사 수업에서 임진왜란 또는 3·1운동이 발생한 연도를 묻는 문항을 만약 대다수의 학생들이 맞추었다고 한다면 이 문항은 규준참조평가의 관점에서는 좋은 문항이라고 할 수 없다. 하지만 역사 교육적 관점에 따라서는 이러한 문항을 학생들의 응답이나 정답률과는 별개로 매우 가치 있는 문항으로 볼 수도 있을 것이다.

둘째, 검사 점수의 정상분포를 기대한다(6장 참조). 심리측정이론에서는 근본적으로 모든 자연현상 및 인간의 심리적 현상은 정상분포의 가정과 법칙에 의존하며, 그렇기 때문에 정상분포의 모형에 기초한 개인차의 변별을 극대화하려는 것이 궁극적인 목적이다(황정규, 1998). 예를 들어, 키나 몸무게의 분포를 그려보면 평균 정도의 수준에 가장 많은 사람이 분포하고 있으며 양 극단으로 갈수록 대상자의 빈도가 점점 줄어드는 정상분포의 특성을 보인다. 인간의 심리적인 특성도 이와 마찬가지로 정상분포를 이루는 것으로 가정하는데, 예를 들어 학생들의 불안, 우울, 공격성, 학업 스트레스와 같은 구인들도 평균을 중심으로 가장 많이 분포하며 양 극단으로 갈수록 빈도가 줄어들 것으로 가정한다.

셋째, 학습자의 개인차를 극대화하는 선발적 기능을 강조한다. 심리측정 이론의 전통에 영향을 받은 규준참조평가에서는 정산분포의 가정에 기초하여 선발적 교육관과 측정관의 입장에 따라 개인차 변별을 극대화 하려는 데에 목적이 있다. 규준참조평가는 교육목표의 도달이나 준거의 달성 여부에 관심을 두기보다는 평가를 통해 상대적 위치를 부여하고 서열을 매겨 학생들을 분류하는 작업에 치중한다. 따라서 교육목표가 무엇이어야 하며 학생들이 어떤 내용을 왜 학습해야 하는가에 대해서는 상대적으로 소홀하게 된다. 상급학교 진학을 중시하는 우리나라의 교육에서는 규준참조평가의 중요성이 매우 강조되는 것이 현실이다.

3) 장점

규준참조평가의 장점은 다음과 같다.

첫째, 개인차의 변별이 가능하다. 교육의 근본적인 목표는 학생의 성장과 발달이지만 현실적인 측면에서는 학생들의 상대적 위치를 비교하고 변별하는 것은 매우 중요하다. 규준참조평가에서는 표준화된 검사를 활용하여 검사의 신뢰성과 객관성을 바탕으로 엄밀한 성적표시 방법을 채택함으로써 개인차를 변별할 수 있다. 따라서 효과적으로 학생들을 평가할 수 있으며, 이를 통해 선발, 분류, 배치하는 데 평가의 결과를 활용할 수 있다.

둘째, 객관적인 검사를 활용하기 때문에 교사의 편견을 배제할 수 있다. 규준참조평가는 평가가 갖는 여러 가지 기능 중에서 순위를 매기고 학생을 선발하는 기능이 강조되는데, 이러한 학생 선발이나 우열 구분이 공정하게 이루어지기 위해서는 평가에서 교사의 주관이나 사적인 의견이 개입되어서는 안 된다. 따라서 성적을 표시할 때 명확하고 엄밀한 방법이 요구되며, 규준참조평가는 표준화된 검사를 통해 평가의 객관성, 신뢰성, 공정성을 담보할 수 있다는 장점이 있다.

셋째, 규준참조평가는 학습자의 경쟁을 통하여 외적 동기를 유발할 수 있다. 전통적인 교육적 관점에서는 학습 자체의 즐거움이나 내적 동기를 바탕으로 학습자 스스로의 성장과 발전을 촉진하는 것을 중요하게 생각한다. 하지만, 등급이나 서열을 매김으로써 학습자에게 더욱 강력한 동기유발을 촉진할 수 있다. 예를 들어, 학교 시험에서 학생들은 친구들과의 경쟁을 통해 더욱 열심히 공부하려는 욕구를 느끼기도 하며, 경쟁에서 이겨냈다는 성취감은 강력한 학습 동기가 되기도 한다.

4) 단점

반면 규준참조평가의 단점은 다음과 같다.

첫째, 교수·학습이론의 측면에서 볼 때 적절하지 않다. 규준참조평가의 일차적 관심은 학생들의 상대적인 서열을 매기는 것에 있으며 이로 인해 교육목표가 무엇이어야 하며 이러한 교육목표의 달성 여부나 학생들이 어떤 내용을 왜 학습해야 하는가에 대해서는 상대적으로 소홀하게 된다. 즉, 규준참조평가는 개인차 변별에 관심을 기울인 나머지 평가가 지니는 다른 중요한 기능을 소홀히 할 가능성이 있으며, 학생 개인의 수업 결손이나 교수·학습에서 개선해야 할 부분이 무엇인지에 대한 구체적인 정보를 주지는 않는다. 또한 개인차를 당연시하는 경향이 있으며, 개인차를 줄이기 위한 교수·학습노력에 중점을 두기보다는 개인점수가 낮은 학습자는 열등하다고 판단하기도 한다. 따라서 학습목표의 달성 정도에 따라서 학습자에게 강화가 주어지기보다는 집단의 수준에 따라서 평가결과가 좌우되므로 학습행동을 체계적으로 강화해 주지 못한다. 즉, 학생이 노력을 통해 일정한 학업적 성취를 해냈다고 할지라도, 그 학생이 속한 비교 집단 내에서의 상대적인 서열이 뒤처진다면 이러한 학생의 노력은 큰 의미가 없는 것으로 보일 수 있다.

둘째, 지나친 경쟁심을 조장하여 협동심을 해칠 수 있다. 선발적 교육관에서는 학습자의 능력 수준은 다르다고 보고 있으며, 교육목표를 달성할 수 있는 학습자는 소수인 것으로 본다. 따라서 이러한 입장에서는 경쟁을 교육의 당연한 윤리로 받아들이게 되며, 서열주의식 사고가 팽배해질 수 있다. 만약 이러한 경쟁식 교육환경에 학습자가 지속적으로 노출이 된다면 불안이나 학업에 대한 스트레스로 인하여 학습자의 정신건강에 매우 해로울 수 있다. 또한 경쟁에서 이기고 살아남기 위하여 다른 사람보다 1점이라도 높은 점수를 얻기 위한 암기 위주의 교육이 강조되는 반면 창의적이고 진취적인 교육은 기대하기 힘들 것이다. 따라서 이와 같은 비인간적인 교육환경에서는 학생의 성장과 발전에 대한 고민을 찾아보기 힘들 수 있다.

셋째, 평가의 결과에 대한 책임이 교수·학습 환경보다는 학습자 본인에 있다고 보기 때문에 이러한 무책임한 태도는 결국 교육평가의 역할과 기능이 축소되게 만들 수 있으며, 이는 교육의 본질로부터 멀어지는 결과를 낳을 수 있다. 교사는 평가를 통해 교육목표를 확인하고 평가 결과를 바탕으로 교수·학습을 개선하며 학생들을 분류, 배치하고 학생의 특성을 진단하여 이를 교육에 활용하는 등의 여러 역할을 수행한다. 하지만 규준참조평가에서는 검사의 신뢰성을 중시하기 때문에 교사가 평가과정에 적극적으로 개입하기보다는 가치중립적이고 객관적인 표준화된 검사를 활용함으로써 이에 따라 교사의 역할은 소극적인 평가자에 그치고 만다.

지금까지 우리의 교육평가 체제는 학생들을 비교하여 순위를 매기는 규준참조평가에 의해 지배되어 왔으며, 이러한 평가의 기능에 이미 익숙해져 있는 것이 사실이다. 물론 검사의 객관성, 신뢰성이나 표준화된 검사를 통한 효율적인 평가를 할 수 있다는 장점도 있지만, 교육의 본질과는 거리가 멀고 경쟁을 조장하며 평가의 기능을 제한한다는 측면을 생각할 때 규준참조평가 중심의 교육 평가관에 대한 고민이 필요한 시점이라고 할 수 있다.

1) 개념

준거참조평가(criterion-referenced evaluation)는 학생들이 사전에 설정된 교육목표를 얼마나 달성했는지 여부에 관심을 두고 절대적인 성취수준에 비추어 개인의 점수를 해석하는 평가체제이다. 다른 학생과의 비교에 초점을 두는 규준참조평가와 달리, 여기에서는 미리 정해진 교육목표가 학생들의 성취도를 평가하는 준거가 되는데, 이 때 준거(criterion)란 피험자가 어떤 일을 수행할 수 있다고 일반 사람들이 확신하는 지식이나 기술 수준을 의미한다(APA, 1985). 규준참조평가가 학습자의 상대적 서열에 관심을 두고 있다면, 준거참조평가는 준거에 비추어 학습자들이 무엇을 얼마만큼 알고 있느냐에 관심을 두고 있다. Glaser(1963)는 준거참조평가의 점수는 학생이 무엇을 알고 무엇을 모르는가에 대한 확실한 정보를 제공한다고 하였으며, Nitko(1980)는 준거참조평가는 개인의 성취점수를 정해진 준거에 비추어 직접적으로 해석하는 평가로서 성취수준은 개인이 학습해야 할 학습과제의 영역에 의해 정해진다고 하였다.

준거참조검사는 일반적으로 자격증을 부여할 때 사용되는데, 자격증은 어떤 일을 성공적으로 수행할 수 있다고 보장하는 증명서이기 때문에 일정한 준거에 도달하는 사람에게 발급하게 된다. 일종의 자격 고사로서 운전면허나 의사면허와 같은 자격시험에서는 최소한의 성취목표를 설정해 놓고 그것을 기준으로 숙달/미숙달 집단으로 구분하여 도달한 사람에게는 자격증을 부여해준다. 예를 들어, 운전면허 필기시험에서는 최소한의 성취목표를 70점으로 정하여 이 기준에 도달한 모든 사람에게는 다른 사람들의 점수와 상관없이 필기시험 합격의 자격을 부여한다. 따라서 준거참조평가에서 가장 중요한 요소는 영역과 준거라 할 수 있다. 영역은 교육내용으로서 측정이 되고, 준거는 교육목표를 설정할 때 도달하여야 하는 최저기준(minimum competency level), 즉 해당 자격을 부여받기 위해서 학습자가 갖추어야 할 최소한의 기준이라 할 수 있다.

준거참조평가에서는 무엇을 평가할 것인가에 대한 영역을 구체적으로 명시하여야 하고 이를 근거로 준거를 설정하는 것이 매우 중요하다. 교육현장에서 보면 학업성취도검사의 준거는 교사나 교과내용전문가가 판단했을 때 학습자가 해당 내용을 이해하였다고 가정하는 최저 수준의 학습목표라 할 수 있다. 이러한 준거를 설정하는 것은 매우 중요하고 어려운 작업이며, 따라서 교사나 교과내용전문가의 전문성이 매우 중요하다. 한편 점수로 표현된 성취목표나 성취기준을 분할점수(cut-off score) 또는 준거점수라 하는데, 이는 준거참조평가에서 학습의 성패나 당락을 구분해 주기 때문에 매우 중요하다. 즉, 이러한 분할점수를 기준으로 합격과 불합격, 도달과 미달을 결정하기 때문에 중요한 역할을 한다.

교육현장에서는 준거참조평가를 통해 학생들이 일정한 교육목표를 달성했는지를 확인하여 학습자의 학습 결손에 대한 정보를 얻을 수 있다. 만약 학습자들이 사전에 교육목표로 정해진 최소한의 성취기준을 달성하지 못했다고 한다면, 이러한 결과를 바탕으로 교육과정이나 교육 프로그램 등 교수·학습 개선을 통해 성취기준에 도달하고 주어진 교육목표를 달성할 수 있도록 해야 할 것이다. 이 때 주어진 목표를 달성한다는 것은 집단의 점수분포에 근거한 상대적 해석이 아닌 어떤 주어진 내용 또는 목표라는 절대적 기준에 따르기 때문에 준거참조평가를 절대평가나 목표지향평가로 부르기도 한다. 또는 성취기준에 도달한다는 측면에서 숙달검사(mastery test)라는 표현을 사용하기도 한다.

2) 특징

준거참조평가는 발달적 교육관의 입장을 취하며 교육이 성공적이라면 모든 학생이 완전히 학습할 수 있다고 본다. 따라서 상대적 비교를 통한 선발이나 개인차 변별보다는 학습 후의 수업목표 달성도에 관심을 가지며 교육목표 도달과 같은 학업성취의 결과를 직접 확인하는 것이 목적이다. 이를 통해 가능한 모든 학습자가 의도하는 바의 수업목표를 달성할 수 있도록 적절한 교수방법을 제공하고 수업을 개선하기 위한 평가를 하는 것이다. 이러한 준거참조평가는 다음과 같은 특징이 있다.

첫째, 검사의 타당도를 강조한다. 규준참조평가에서는 서열 비교나 선발을 중시함에 따라 검사의 객관성과 신뢰성을 강조했다고 하면, 준거참조평가는 원래 측정하려고 했던 수업목표를 얼마나 충실히 측정하고 있는지에 초점을 두기 때문에 검사의 타당도를 중요하게 강조한다. 즉, 교사의 자의적인 판단을 최소화하고 객관적인 점수 해석이 가능하도록 하는 것보다는 학습내용 중에서 무엇을 어떻게 평가해야 사전에 설정한 목표를 달성했는지 여부와 달성의 정도를 정확하게 파악할 수 있는지가 더욱 중요한 과제가 된다. 앞서 설명한 임진왜란 또는 3·1운동이 발생한 연도를 묻는 문항을 생각해 보면, 규준참조평가의 시각에서는 변별력이 부족한 문항일 수 있지만, 교사나 교과내용전문가가 판단하기에 교육목표나 성취해야 할 기준에 따라 타당하게 평가하는 문항이라고 본다면 준거참조평가의 시각에서는 의미 있는 문항일 수 있다.

둘째, 검사 점수의 부적 편포(negatively skewed distribution, 6장 참조)를 기대한다. 준거참조평가는 발달적 교육관의 관점에 따라 가능한 모든 학습자가 설정된 교육목표를 달성하기를 바라기 때문에 검사 점수의 분포가 상위권에 몰려있고, 하위권은 소수인 부적 편포를 가정한다. 이러한 가정에 따르면 학습자의 상대적인 위치를 파악하거나 서열을 매기는 것이 중요하지 않을 수 있으며, 따라서 학습자를 필연적으로 우등생과 열등생으로 구분하거나 분류하려고 하지 않는다. 이에 따라서 교사는 개개의 학습자가 무엇을 알아야 하는지에 더욱 초점을 두고 어떻게 가르쳐야 하는지에 집중할 수 있다. 이러한 관점에서 보면 학습실패의 원인은 학습자 본인에 있기 보다는 교육과정이나 교수방법과 같은 교육환경에서 찾을 수 있으며, 이를 개선하기 위한 노력에 더욱 치중할 수 있다.

셋째, 학습자 개인에 적합한 교수학습 기회를 제공함으로써 주어진 학습목표에 누구나 도달할 수 있다는 발달적 교육관을 가정한다. 이러한 발달적 교육관의 관점에서는 학습자 모두가 성공할 수 있다고 믿기 때문에 개인의 성장 가능성에 초점을 둔다. 또한 개인차를 극대화하거나 변별을 통해 경쟁을 조장하기보다는, 학습자들의 협동을 중요시하고 학습에서의 외적 동기보다는 내적 동기를 강조한다. 이에 따라 단편적인 암기 위주의 학업이 아닌 한 단계 위의 고등정신 능력을 개발하기 위한 학습을 강조할 수 있다.

3) 장점

준거참조평가의 장점은 다음과 같다.

첫째, 준거참조평가는 교수 · 학습이론에 보다 적합하다. 즉, 교육목표 달성이나 성취기준 도달에 대한 평가를 통해 학습자가 무엇을 알고 무엇을 모르는가에 대한 직접적인 정보를 제공한다. 따라서 평가결과를 통해 제공된 정보를 기초로 하여 교육목표, 교육과정, 교육환경 등을 개선하는 데 도움을 줄 수 있다. 이러한 과정에서 교사는 단순히 가치중립적인 평가자의 역할에만 머무는 것이 아니라, 적극적으로 교육에 개입하고 학생들과 소통을 하면서 본연의 역할에 충실할 수 있다. 이를 통해 학습효과를 증진시키고 학습자가 본래 목표로 했던 성취기준에 도달할 수 있도록 하며 근본적으로는 올바른 교육자로서의 역할을 수행할 수 있는 근거를 제공해 준다.

둘째, 개인의 성장과 발달을 지원하고, 인간적인 교육환경을 추구한다. 규준참조평가에서는 본인의 노력 여하에 상관없이 학습의 결과는 집단 내에서의 상대적 비교와 서열에 따라 평가를 받는다. 반면, 준거참조평가에서는 집단 내에서의 비교가 아닌 사전에 설정된 교육목표나 성취기준에 의해서만 평가되므로 학습자 본인의 노력이 더욱 중요해진다. 따라서 다른 학생들과의 경쟁이나 서열은 중요하지 않으며, 학습자 스스로의 학업에 대한 성취욕구와 본질적인 탐구정신이 강조될 수 있다. 남을 이기기 위해 어쩔 수 없이 학습하는 것이 아니라, 학습자 본인의 의지에 따라 스스로 공부하는 즐거움을 느낄 수 있을 때 장기적으로 더 높은 학업 성취를 이룰 수 있다. 또한 인간적인 교육환경 속에서 협동정신을 함양할 수 있으며, 이를 통해 한 단계 높은 개인의 성장을 도모할 수 있게 된다.

4) 단점

준거참조평가의 단점은 다음과 같다.

첫째, 개인차의 변별이 어렵다는 문제가 있다. 준거참조평가는 사전에 설정한 교육목표 그 자체에 대한 달성 여부에만 주목하기 때문에 기본적으로 학습자 개인 간 비교 및 우열 평가는 어려울 수 있다. 하지만, 현실적인 교육상황에서는 학습자의 상대적 평가를 통한 분류와 배치의 역할이 매우 중요한데, 이러한 점에서 준거참조평가는 실제적인 활용의 측면에서 평가의 역할이 현실적으로 제한될 수밖에 없다.

둘째, 준거 설정의 기준이 문제될 수 있다. 준거참조평가에서는 최저 수준의 학습자가 도달해야 할 교육목표와 성취기준을 정하는 것이 매우 중요하다. 하지만 이는 매우 어려운 작업이며 고도의 전문성을 요구한다. 하지만 평가의 당사자인 교사에 따라서 준거 설정은 매우 달라질 수 있으며, 경우에 따라서는 교사의 주관이 지나치게 개입되어 평가의 신뢰성과 객관성을 확보하는 데 어려움이 있을 수 있다. 물론 이를 보완하기 위해 현행 교육과정은 각 과목의 '핵심성취기준'을 평가의 기준으로 제공하고 있지만, 교사의 주관에 따라 세부적인 평가 기준은 어느 정도 영향을 받을 수밖에 없다.

셋째, 검사 점수의 통계적 활용이 어렵다. 학습자의 상대적 비교를 통한 선발을 위해서는 정상분포 상에서의 위치를 파악하는 것이 중요한데, 이러한 측면에서 준거참조평가를 통한 검사결과는 해석하고 활용하는 데 있어 제한이 있을 수밖에 없다.

우리나라에서는 지난 2018년부터 수능영어에서 절대평가를 도입하여 시행해 오고 있다. 대학입시를 중요하게 여기는 사회 현실에서 수능영어의 절대평가 도입은 학생들의 영어성취도 하락이나 변별력 우려 등 여러 논란을 낳고 있다. 하지만, 공교육 정상화 및 사교육 감소 효과를 주장하며 수능영어 절대평가를 지지하는 의견도 있다. 좋은 취지를 가지고 도입된 많은 제도들이 시행과정에서 혼란과 부작용을 유발한 사례가 무수히 많이 있었다. 따라서 수능영어 절대평가 제도가 본래의 취지를 잘 살려서 긍정적으로 기능을 할지 지켜보아야 할 것이다.

03 규준참조, 준거참조평가의 비교

규준참조평가와 준거참조평가의 특징을 정리해 보면 다음과 같다.

1) 평가의 기능

규준참조평가에서는 평가의 기능은 한 학생의 능력을 다른 학생의 능력과 비교하여 그 상대적 위치를 알려주는 것이라고 보는 반면, 준거참조평가에서는 상대적 비교보다는 개개의 학생들이 사전에 설정된 교육목표나 준거를 달성했는지에 여부에 관심을 가지고, 이에 따라 교육 프로그램의 적합성이나 효과성을 판단하는데 중요한 역할을 한다.

2) 검사점수의 분포

규준참조평가에서는 학생의 성취에 대해서 정상분포를 가정함으로써 전체 학생 중 일부는 성공, 일부는 실패할 것으로 예상한다. 반면 준거참조평가는 학생의 성취에 대해 부적편포를 가정함으로써 효과적인 교육이 이루어지면 모든 학습자가 성공할 것으로 예측하며, 따라서 교수학습 활동에 보다 노력을 기울이고자 한다.

3) 개인차

규준참조평가는 선발적 교육관에 따라 학생들의 개인차를 당연하게 받아들이며 이러한 개인차를 잘 변별할 수 있는 검사가 좋은 평가도구라고 여긴다. 반면 준거참조평가는 발달적 교육관에 따라 인간은 누구나 설정된 교육목표를 달성할 수 있는 능력을 지닌 것으로 보고 개인차를 최소화하기 위한 노력을 한다.

4) 검사의 강조점

규준참조평가는 학습자 개인의 능력을 정확히 변별하는 것이 중요하므로 평가자의 주관이 개입되지 않은 객관적이고 신뢰성 있는 검사를 요구한다. 반면 준거참조평가는 원래 계획했던 수업목표를 얼마나 제대로 달성했는가에 관심을 가지며 이러한 목적을 달성하기 위한 타당한 평가가 이루어졌는지에 초점을 둔다.

5) 교육적 효과

규준참조평가는 집단 내 비교를 강조하므로 경쟁을 중요시하며 이를 통한 외적 동기를 유발할 수 있다. 반면 준거참조평가는 경쟁보다는 학습 자체에 목적이 있으며 학습자의 내적 동기와 더 높은 학습 욕구를 추구할 수 있다.

표 4-1 규준참조, 준거참조평가의 비교

구분	규준참조평가	준거참조평가
교육관	• 선발적 교육관	• 발달적 교육관
평가준거	• 상대적 위치 및 서열	• 교육목표, 성취기준 달성 여부
기본 신념	• 일정 비율의 성공한 자, 실패한 자가 존재한다는 믿음	• 대부분의 학습자가 교육목표를 달성할 수 있다는 믿음
성취에 대한 분포가정	• 정상분포	• 부적편포
개인차	• 개인차를 당연시함(개인차 극대화)	• 개인차는 교육실패의 결과(개인차 최소화)
검사의 강조점	• 신뢰성, 객관성	• 타당도
장점	• 평가자 개입을 배제하여 객관성 담보 • 개인차 변별 가능 • 외적 동기 유발	• 개인의 성장과 발달 추구 • 내적 동기 유발
단점	• 경쟁 조장에 따른 비인간화	• 적절한 평가 준거 설정의 어려움

- 규준이란 상대적인 비교를 위한 기준으로, 비교집단의 평균점수가 대표적인 규준
  이라고 할 수 있다.
- 규준참조평가는 교육을 통하여 달성하고자 하는 목표나 수준에 도달할 수 있는 사
  람은 소수에 지나지 않는다는 선발적 교육관을 바탕으로 하고 있다.
- 규준참조평가에서는 학습자의 개인차를 가정하며, 검사의 신뢰도를 강조한다.
- 준거(criterion)는 교육목표를 설정할 때 도달하여야 하는 최저기준(minimum
  competency level)이라고 할 수 있다.
- 준거참조평가는 발달적 교육관의 입장을 취하며 교육이 성공적이라면 모든 학생
  이 완전히 학습할 수 있다고 본다.
- 준거참조평가는 원래 측정하려고 했던 수업목표를 얼마나 충실히 측정하고 있는
  지에 초점을 두기 때문에 검사의 타당도를 중요하게 강조한다.

학·습·문·제

⊕ 규준점수의 구체적인 사례를 제시하고 설명하시오.

⊕ 규준참조평가에서 강조하는 교육관점과 이에 따른 평가의 목표를 설명하시오.

⊕ 준거참조평가에서 강조하는 교육관점과 이에 따른 평가의 목표를 설명하시오.

⊕ 성취점수의 분포에 대한 두 평가관점의 차이를 설명하시오.

⊕ 평가의 결과에 대한 책임의 측면에서 준거참조평가를 설명하시오.

CHAPTER

05

평가도구

교육의 과정이나 내용 등을 평가하기 위해 제작된 도구를 검사라고 하며, 검사는 기준에 따라 다양하게 구분할 수 있다. 측정 내용에 따라 인지적 특성을 측정하는 검사와 정의적 특성을 측정하는 검사로 구분할 수 있고, 여러 가지 기준에 따라 더 세분화할 수 있다. 또한, 표준화된 절차에 따라 체계적으로 개발되어 널리 이용되고 있는 표준화 검사와 학교나 학급 내에서 이용하고자 하는 목적으로 교사가 만든 교사제작 검사로 구분할 수도 있다. 일반적으로 지필검사를 많이 사용하지만, 최근에는 컴퓨터를 사용하는 것이 보편화 됨에 따라 컴퓨터화 검사도 많이 사용하고 있다. 5장에서는 인지적 특성을 측정하는 검사와 정의적 특성을 측정하는 검사, 표준화 검사와 교사제작 검사, 지필검사와 컴퓨터화 검사의 특징들을 차례대로 살펴보기로 한다.

【학습목표】
⇢ 인지적 특성을 측정하는 검사의 특징 이해하기
⇢ 정의적 특성 측정의 중요성 및 주의할 점 이해하기
⇢ 표준화 검사와 교사제작 검사의 차이 비교하기
⇢ 표준화 검사의 제작 절차 이해하기
⇢ 컴퓨터화 검사의 특징 이해하기

01 검사의 분류

학업성취, 동기, 성격 등 교육과 관련된 인간의 잠재적인 속성은 직접 측정할 수 없기 때문에 간접적으로 측정하여 평가해야 하는데, 이를 위해 제작된 도구가 검사이다.

검사는 측정하는 내용에 따라 인지적(cognitive) 특성을 측정하는 검사와 정의적(affective) 특성을 측정하는 검사로 구분될 수 있다. 학교에서 실시하는 학업과 관련된 시험은 지적 능력, 성취와 관련된 내용을 포함하므로 인지적 특성을 측정하는 검사이고, 성격검사와 같은 심리검사는 심리, 정서와 관련된 내용을 포함하므로 정의적 특성을 측정하는 검사이다. 이 두 가지 유형은 더 세부적으로 분류될 수 있다. 인지적 특성을 측정하는 검사는 측정하는 내용에 따라 지능검사(intelligence test), 적성검사(aptitude test), 성취도검사(achievement test)로, 참조준거에 따라 규준참조검사(norm-referenced test), 준거참조검사(criterion-referenced test)로 구분할 수 있다. 또한, 검사시간에 따라 속도검사(speed test)와 역량검사(power test)로 구분할 수도 있다. 정의적 특성을 측정하는 검사는 측정하는 내용에 따라 성격검사(personality assessment), 흥미검사(interest assessment), 태도검사(attitude assessment), 가치관검사(value assessment) 등으로 구분할 수 있으며, 일반적으로 '심리검사'라고 알려진 검사들이 이에 속한다(인지적 능력을 측정하는 방법, 즉 문항제작과 관련해서는 9장부터 11장까지 자세히 다룰 예정이며, 정의적 능력을 측정하는 다양한 방법에 관련해서는 본 장에서 다룰 예정이다).

검사는 제작 절차의 표준화 여부에 따라 표준화 검사(standardized test)와 교사제작 검사(teacher-made test)로도 구분할 수 있다. 전문가가 검사의 실시, 채점, 해석을 언제 어디서든 동일하게 할 수 있도록 제작한 검사를 표준화 검사라고 하며, 교사가 자신의 학생들을 평가하기 위해 교수목표 및 방법에 맞추어 임의로 제작한 검사를 교사제작 검사 또는 학급검사(classroom test)라고 한다. 표준화 검사와 교사제작 검사는 학업성취와 같은 인지적 특성을 측정할 수도 있고, 흥미와 같은 정의적 특성을 측정할 수도 있다.

마지막으로, 검사는 실시 방법에 따라 지필검사와 컴퓨터화 검사로 구분할 수 있다. 지필검사는 종이와 펜을 사용하여 검사를 실시하고, 컴퓨터화 검사는 컴퓨터를 활용하여 검사를 실시한다.

표 5-1 검사의 분류

구분 기준	검사의 종류		세분화
측정영역	인지적 특성을 측정하는 검사 (지적 능력, 성취)	내용	• 지능검사 • 적성검사 • 성취도검사
		참조준거	• 규준참조검사 • 준거참조검사
		검사시간	• 속도검사 • 역량검사
	정의적 특성을 측정하는 검사 (성격, 심리, 정서)		
표준화 여부	표준화 검사		
	교사제작 검사		
검사 방식	지필검사		
	컴퓨터화 검사		

02

인지적 특성을 측정하는 검사

인지적 특성은 인간의 지적 능력이나 성취와 관련이 있다. 이를 측정하기 위해 개발된 문항들은 대부분 '정답'과 '오답'이 존재하며, 문항에 대한 응답을 바탕으로 높은 점수를 받을수록 능력이나 성취가 높다고 해석한다. 인지적 특성을 측정하는 검사는 측정 내용, 참조준거, 검사시간에 따라 어떻게 분류되는지 살펴보고, 각각의 특징을 설명하고자 한다.

1) 측정 내용에 따른 분류

인지적 특성을 측정하는 검사는 측정 내용에 따라 지능검사, 적성검사, 성취도검사로 구분할 수 있다. 지능검사는 기본적인 지적 능력을 측정하는 최초의 검사이며, Binet 검사와 Wechsler 검사가 대표적이다. 지능검사에 포함된 내용은 어휘, 수리, 지각, 공간, 추리, 기억, 언어 등으로 다양하다. 1970년대까지는 지능을 하나의 통합된 능력으로 개념화하였으나 최근에는 Sternberg(1985)의 삼위일체론, Gardner(1983)의 다중지능이론이 제안되기도 하였다. 이처럼 지능에 대한 정의나 구성요소에 대해 학자마다 다른 견해를 주장하고 있다. 이와 더불어 지능검사로 측정한 결과는 학교에서의 학습과는 관계가 적다는 비판을 받아 왔다.

이러한 비판을 극복하고자 만들어진 검사가 학업적성검사이다. 적성검사는 지능검사와 마찬가지로 전반적인 지적 능력을 측정하지만, 학업에 관련된 능력을 측정한다는 점에서 지능검사와 차이가 있다. 적성검사는 미래의 성취를 예측하기 위한 것이 목적이며, 과거부터 지금까지 학습을 통해 축적된 지적 능력을 측정한다. 적성검사의 예로는 SAT I, GRE 등을 들 수 있다. SAT I은 미국에서 대학교에 입학하고자 하는 학생들이 대학에서 학업을 수행할 능력이 있는지 평가하기 위해 필요한 언어, 수리 등의 보편적 능력을 측정하는 표준화된 검사이다. GRE는 미국 및 여러 영어권 국가에서 대학원에 입학하고자 하는 학생들의 언어, 수리, 비판적 사고, 분석적 작문 등 보편적인 능력을 측정하는 표준화된 검사이다.

한편, 성취도검사는 전반적인 지적 능력을 측정하는 지능검사나 적성검사와는 달리 현재의 성취를 확인하기 위한 목적으로 만들어진 검사이다. 따라서 성취도검사는 최근에 학습한 내용을 측정한다. 학교에서 실시하는 대부분의 시험(예: 중간고사, 기말고사 등)이 성취도검사에 해당한다.

위의 세 가지 유형은 절대적인 기준으로 구분할 수는 없지만 위에서 설명한 바와 같이 검사의 목적에 따라 서로 다른 특징이 있다. 더불어 측정내용의 구체성에 따라 지능검사-적성검사-성취도검사의 순으로 표현이 가능하다. 측정하는 지적 능력의 내용이 일반적일수록 지능검사, 구체적일수록 성취도검사이다.

표 5-2 지능검사와 적성검사, 성취도검사의 비교

	지능검사	적성검사	성취도검사
목적	기본적인 지적 능력 측정	미래의 성취 예측	현재의 성취 확인
내용	일반적 ◀━━━━━━━━━━━━━━━━━━━━━▶ 구체적		
예	Binet, Wechsler	SAT I, GRE	중간고사, 기말고사

2) 참조준거에 따른 분류

인지적 특성을 측정하는 검사는 참조준거에 따라 규준참조검사와 준거참조검사로 구분할 수 있다. 규준참조검사는 상대적인 평가를 목적으로 하는 검사이며, 준거참조검사는 절대적인 평가를 목적으로 하는 검사이다. 앞의 4장에서 설명한 규준참조평가와 준거참조평가를 위해 제작된 도구가 각각 규준참조검사, 준거참조검사이다.

규준참조검사는 가지고 있는 능력의 수준이 어느 정도인지 평가하는 것이 목적이 아니라 다른 사람과 비교했을 때 어느 정도의 위치에 있는지, 즉 상대적 서열이 어떠한지를 평가하는 것이 목적이다. 대학이나 회사에서 사람을 선발할 때 보통 정원이 제한되어 있기 때문에 능력이 우수한 사람 순

으로 정원만큼의 인원을 선발한다. 이러한 경우에 상대적 서열을 필요로 하므로 규준참조검사를 활용하면 된다. 대학수학능력시험 중 국어, 수학, 사회탐구 등 9등급제에 의한 등급과 백분위로 결과를 나타내는 과목들이 규준참조검사의 예가 될 수 있다. 규준참조검사는 각 사람에게 점수를 부여하고, 표준점수를 통해 상대적 위치를 알려준다. 규준참조검사에서 피험자들 간 상대적 서열을 비교하기 위해서는 피험자들의 점수가 다양하게 잘 분포되어 변별되어야 한다. 따라서 검사를 쉬운 문항부터 어려운 문항까지 다양한 난이도의 문항으로 구성할 필요가 있다.

준거참조검사는 상대적 서열을 평가하는 것이 아니라 무엇을 얼마만큼 알고 있는지, 즉 능력의 수준이 특정 수준에 도달했는지를 절대적으로 평가하는 것이 목적이다. 운전면허, 의사자격 등과 같이 어떠한 자격을 부여할 때 피험자가 정해진 능력 수준 이상을 소유하고 있는지 확인해야 한다. 이러한 경우에 절대적인 도달 여부를 필요로 하므로 준거참조검사를 활용하면 된다. 의사자격시험이 준거참조검사의 예이다. 준거참조검사는 각 사람에게 부여된 점수와 준거점수를 비교하여 합격 또는 불합격 판정을 한다. 준거참조검사에서는 규준참조검사처럼 피험자들을 변별할 필요가 없고, 피험자가 준거에 도달했는지의 여부에 관심을 갖기 때문에 검사를 다양한 난이도의 문항으로 구성할 필요는 없다. 설정한 특정 수준에 도달했는지의 여부를 잘 구분할 수 있도록 준거와 유사한 수준의 난이도 문항들로 검사를 제작하면 된다.

표 5-3 규준참조검사와 준거참조검사의 비교

	규준참조검사	준거참조검사
목적	상대적 서열 평가	특정 수준 도달 여부 확인
문항난이도	다양한 수준	준거와 유사한 수준
비교	피험자 간	피험자 점수와 준거점수
예	대학수학능력시험	의사자격시험

규준참조검사와 준거참조검사는 목적에 따라 적절하게 사용해야 한다. 만

약 대학수학능력시험이 준거참조검사라면 준거에 도달했는지의 여부에 따라 학생들을 선발하기 때문에 해마다 입학하는 학생 수가 달라져 행정적인 어려움이 따를 것이다. 또한, 의사자격시험이 규준참조검사라면 상대적인 서열에 따라 자격을 부여하기 때문에 해마다 합격자의 능력 수준이 달라지게 되고, 부적격인 사람도 자격을 부여받는 문제가 발생한다. 따라서 검사를 제작하고 활용할 때는 규준참조검사와 준거참조검사 중 어떤 검사가 적절한지, 평가의 목적에 따라 잘 판단하는 것이 중요하다.

3) 검사시간에 따른 분류

인지적 특성을 측정하는 검사는 검사시간에 따라 속도검사와 역량검사로 구분할 수 있다. 속도검사는 엄격하게 제한된 시간 동안 얼마나 빨리 정답을 맞히는지를 확인하는 검사, 즉 숙련도를 측정하는 검사인 반면, 역량검사는 시간이 충분한 상태에서 최대한의 능력을 발휘하여 얼마나 문제를 잘 해결하는지를 확인하는 검사, 즉 문제해결능력을 측정하는 검사이다. 속도검사는 시간적 제한으로 인해 응답하지 못하는 문항이 존재하도록 비교적 쉬운 문항들로 구성하는 반면, 역량검사는 능력 수준으로 인해 응답하지 못하는 문항이 존재하도록 매우 어려운 문항들로 구성한다. 속도검사는 시간제한이 있는 지능검사나 적성검사를 예로 들 수 있고, 역량검사는 시간제한이 없는 세계 7대 수학난제를 예로 들 수 있다.

| 표 5-4 | 속도검사와 역량검사의 비교 |

	속도검사	역량검사
목적	숙련도 측정	문제해결능력 측정
시간제한	있음	없음
문항난이도	비교적 쉬운 문항	매우 어려운 문항
예	시간제한이 있는 지능검사나 적성검사	수학경시대회시험

03

정의적 특성을 측정하는 검사

정의적 특성은 인간의 심리, 정서와 관련이 있다. 이를 측정하기 위해 개발된 문항들은 '정답'과 '오답'이 존재하지 않으며, 문항에 대한 응답을 통해 평소에 하는 행동, 생각이나 느낌 등을 파악할 수 있다. 먼저, 정의적 특성을 측정하는 것이 왜 중요한지, 검사에는 어떤 것이 있으며, 측정하는 방법은 어떤 종류가 있는지에 대해 살펴보고자 한다. 마지막으로 정의적 특성을 측정할 때 주의해야 할 점이 무엇인지 알아보고자 한다.

1) 정의적 특성 측정의 중요성

학교 교육을 평가하는 데 있어서 인지적 특성을 측정하는 것도 중요하지만, 그와 더불어 정의적 특성을 측정하는 것도 중요한 일이다. 최근 학생들이 학업 스트레스로 인해 정서적으로 어려움을 겪거나 심한 경우에 자살을 하는 사건들이 발생하고 있다. 또한 한국 학생들의 학업성취는 우수하지만 학업에 대한 동기는 부족하다는 연구결과도 존재한다. 이는 한국 사회에서 전통적으로 학생들의 인지적 영역을 중시하고 상대적으로 정의적 영역을 중요하게 고려하지 못한 데서 기인한다. 과거에는 학교에서 인지적 영역을 교육할 책임이 있고, 정의적 영역은 가정에서 담당해야 한다는 인식이 있었다. 하지만 최근에는 학생들의 여러 가지 문제들이 학생들의 심리, 정서에 의한 것임을 인지하게 되면서, 학생들의 정의적 특성에 대해 가정뿐만 아니라 학교에서도 관심을 가져야 할 필요성이 제기되었다. 이에 따라 학교에서는 인지, 정서, 신체 등 다양한 영역이 균형 있게 성장하도록 교육하며, 인성과 감성을 모두 중시하는 추세이다. 학생들의 정서를 잘 파악하는 것이 문제행동을 예방하는 방안이 될 수 있고, 학생들의 학습태도, 동기, 불안 등을 잘 파악하면 학업에도 도움을 줄 수 있기 때문이다. 하지만 정의적 영역은 눈에 보이지 않는 심리적 특성이며 정의를 내리기 쉽지 않고, 진실된 응답을 이끌어 내기가 쉽지 않기 때문에 측정하기 어렵다. 따라서 정의적 특성을 제대로 측정하기 위해 여러 가지 방법들이 제안되어 왔다.

2) 정의적 특성을 측정하는 검사의 예

정의적 특성을 측정하는 검사는 측정하는 내용에 따라 다양하다. 교육현장에서 관심을 가지고 살펴보아야 할 정의적 특성은 성격, 흥미, 태도, 가치관, 동기 등이 있다. 본 장에서는 다양한 정의적 특성 중 성격과 흥미를 측정하는 검사들을 예로 들어 살펴보고자 한다.

(1) 성격

성격(personality)은 인간 개개인이 지닌 특유한 성질이나 품성으로, 교육현장에서 뿐만 아니라 일반적으로 많이 관심을 받고 있는 정의적 특성 중의 하나이다. 성격은 비교적 지속적이고 안정적으로 나타나며, 개인을 둘러싼 환경과 상호작용하는 과정 가운데 그 특징이 드러난다. 학자마다 성격을 구체적으로 정의하는 방식이 다르므로, 성격 검사에 포함된 성격의 유형은 검사에 따라 상이하게 나타날 수 있다. 널리 알려진 성격검사는 MBTI, 에니어그램, DISC, 성격5요인검사 등이 있다. MBTI는 개인의 성격 유형을 16가지로, 에니어그램은 9가지(개혁가, 조력가, 성취자, 예술가, 사색가, 충성가, 낙천가, 지도자, 중재자)로, DISC는 네 가지(주도형, 사교형, 안정형, 신중형)로 분류하여 각 개인이 하나의 성격 유형에 속하도록 판단하며, 성격5요인검사는 다섯 가지 성격 요인(신경증, 외향성, 개방성, 우호성, 성실성)을 측정하여 각 요인의 점수로 성격을 판단한다.

성격5요인검사는 현대 심리학에서 경험적인 조사와 연구를 바탕으로 정립된 5요인모형(FFM: Five-Factor Model)을 기반으로 한다. 성격5요인모형은 인간의 성격은 공통적으로 다섯 가지 요인으로 구성되어 있으며, 각 요인들로 개인의 행동 특성을 설명하는 것이 큰 특징이다(Buss, 1989). 다섯 가지 요인들을 각각 살펴보면, 신경성(neuroticism)은 개인이 일상에서 분노, 우울

그림 5-1 성격 5요인

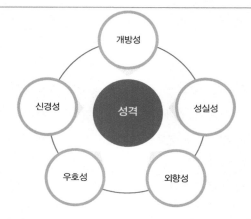

출처: https://en.wikipedia.org/wiki/Big_Five_personality_traits

감, 불안함 같은 정서를 쉽게 느끼는 성향을 말한다. 부정적 감정과 관련된 긴장, 걱정, 두려움과 같은 특질을 포함한다. 외향성(extraversion)은 다른 사람과 적극적으로 사귀고 상호작용하는 정도를 말하며 적극성, 활동성, 주장성 등을 포함한다. 개방성(openness)은 개인의 심리 및 경험의 다양성과 관련된 것으로 경험추구, 미적개방성, 상상력, 지적 호기심과 같은 특질을 포함한다. 친화성 우호성(agreeableness)은 다른 사람과 조화로운 관계를 유지하는 성향으로 타인에 대한 존중, 겸손, 관용을 보이며 이타적인 특성을 지닌다. 성실성(conscientiousness)은 사회적 규칙과 원칙을 지키려는 성향으로 계획성 있고, 책임감 있고, 신뢰감 주는 성향을 보인다.

위 이론을 토대로 한 성격검사로 Costa와 McCrae(1992)가 개발한 NEO－PI－R(NEO Personality Inventory Revised)이 있으며, 각 요인당 비중이 높은 12문항을 선별한 NEO－FFI(NEO Five－Factor Inventory) 단축형 검사가 있다.

(2) 흥미

흥미(interest)는 어떤 대상에 대해 특별히 관심을 가지고 주의를 기울이고자 하는 감정이나 태도를 의미한다. 교육현장에서 중요하게 살펴보아야 할 정의적 특성 중의 하나가 흥미이다. 흥미는 동기적 요소를 포함하고 있으므로 학업에 있어서도 중요한 특성 중의 하나이다. 학생들이 어떤 흥미를 가지고 있느냐를 알면 보다 더 효과적인 교육이 가능하기 때문이다. 수학에 대한 흥미가 있다면 수학공부를 하고 싶은 동기가 내면에 자리잡고 있을 것이기 때문에 수학공부를 즐겁게, 열심히 할 것이다. 흥미는 학업을 할 때도 중요하지만, 더 나아가 진로 선택을 할 때도 매우 중요한 요소 중의 하나이다. 흥미를 측정하는 검사의 예로 직업흥미검사를 들 수 있다. 널리 알려진 직업흥미검사는 Strong 흥미검사, Kuder 흥미검사 등이 있다. Strong 흥미검사는 400개의 직업명칭으로 구성된 문항에 대해 개인의 흥미 여부(좋다, 싫다, 관심없다)를 응답하도록 구성되어 있으며, Kuder 흥미검사는 10개의 흥미 영역에 3개의 진술문을 제시하고 가장 좋아하는 활동과 가장 싫어하는 활동을 응답하도록 구성되어 있다. 이 중 Strong 흥미검사에 대해 좀 더 살펴보고자 한다.

Strong 흥미검사(Harmon et al., 1994; Strong, 1927)는 개인의 직업흥미에 따라 적합한 직업 정보를 제공한다. 특정 직업에 종사하는 사람들은 공통적인 흥미 패턴이 있기 때문에, 검사에 응답한 개인의 흥미를 알면 그에게 적합한 직업이 어떤 것인지 알 수 있다. 직업, 과목, 취미, 활동, 사람의 유형, 활동의 기호 순서 등의 내용을 기초로 하여 문항이 제작되었다. Strong 흥미검사는 직업심리학자 Holland의 여섯 가지 흥미유형—현장형(realistic), 탐구형(investigative), 예술형(artistic), 사회형(social), 진취형(enterprising), 사무형(conventional)—을 기본으로 하여 일반직업분류인 GOT(General Occupational Themes), 기본흥미척도인 BIS(Basic Interest Scales), 개인특성척도인 PSS(Personal Style Scales)로 구성되어 있다. 따라서 직업뿐만 아니라 기본적인 흥미, 개인의 특성(업무유형, 학습유형, 리더십유형, 위험감수유형, 팀지향유형)에 대한 정보를 제공한다.

그림 5-2 Strong 흥미검사의 여섯 가지 유형

출처: http://www.career4u.net/Tester/STRONG_Intro.asp

3) 정의적 특성 측정 방법

정의적 특성은 다양한 방법으로 측정이 가능하다. 질문지법, 평정법, 관찰법, 의미분석법, 투사적 방법 등이 정의적 특성을 측정하는 방법이다.

(1) 질문지법

질문지법(questionnaire)은 피험자에게 질문을 주고, 피험자는 그 질문에 대해 응답해야 하는 방법이다. 즉, 자기 자신에 대해 응답하는 자기보고식 방식이다. 질문지법의 구체적인 유형은 자유반응형, 선택형, 유목분류형, 등위형이 있다. 자유반응형은 질문에 대해 자유롭게 응답하도록 구성한 것이며, 선택형은 질문에 대한 응답을 주어진 선택지로 선택하도록 구성한 것이다. 유목분류형은 질문에 대한 응답을 주어진 항목을 분류하도록 구성한 것이며, 등위형은 질문에 대한 응답을 주어진 선택지를 중요한 순서대로 나열하도록 구성한 것이다. 각각을 예로 들면 다음과 같다.

표 5-5	질문지법의 예
자유 반응형	자신의 어떤 점에 대해 만족하는가? _____
선택형	다음 중 자신이 가장 만족하는 부분을 고르시오. 1. 외모 2. 성격 3. 건강 4. 대인관계 5. 경제적 능력 6. 기타
유목 분류형	자신이 이성친구와 교제를 생각할 때 중요하게 여기는 부분과 중요하지 않게 여기는 부분으로 다음 항목을 구분하시오. 1. 외모 2. 성격 3. 건강 4. 대인관계 5. 경제적 능력
등위형	자신이 중요하게 여기는 순서대로 나열하시오. 1. 외모 2. 성격 3. 건강 4. 대인관계 5. 경제적 능력

질문지법은 다른 방법들에 비해 간편하다. 짧은 시간 내에 효율적인 방법으로 피험자의 정의적 특성을 파악할 수 있기 때문이다. 질문을 구체적으로 잘 만든다면, 자신의 정서나 태도 등에 대한 솔직한 응답을 통해 보이지 않는 잠재적 특성을 파악하기에 좋다.

(2) 평정법

평정법(rating scale)은 정의적 특성을 측정할 때 가장 많이 사용되는 방법으로, 이 방법도 질문지법과 같이 자기 자신에 대해 응답하는 자기보고식 방식이다. 주어진 진술문에 대해 자신이 연속선상에 주어진 단계 중 어느 단계에 해당하는지 응답하는 방법이다. 이러한 방법을 Likert 척도라고 하는데, 일반적으로 5개의 단계를 사용하며, 드물게는 3개 또는 7개 단계까지 사용하는 경우도 있다. 주로 이해력이나 어휘력이 부족한 피험자(예: 아동)의 경우에는 단계를 적게 사용하고, 전문가 또는 이해력이 높은 피험자의 경우에는 단계를 많이 사용한다. 주어진 단계들 중에 선택해야 한다는 점에서 선택형 문항(9장 참고)과 유사해 보이지만, 평정법에서 주어지는 단계는 사실상 연속선상에 있는 인간의 심리를 응답을 통해 측정할 수 있도록 구분해 놓은 것이다.

표 5-6 평정법의 예

나 자신에 대해 만족하고 있다.

1. 전혀 아니다   2. 아니다   3. 보통이다   4. 그렇다   5. 매우 그렇다

이 방법은 제작과 분석이 쉽다는 장점이 있는 반면, 각 단계에 대한 이해가 상대적일 수 있다는 단점이 있다.

(3) 의미분석법

의미분석법(semantic differential scale)은 Osgood과 그의 동료들(1957)이 개발한 방법으로, 어떤 개념의 의미를 의미공간 속에서 측정하고자 한 방법이다. 이 방법의 특징은 양극단에 반대되는 개념의 형용사가 주어지고 그 사이의 공간 중 해당되는 부분에 응답한다.

표 5-7 의미분석법의 예

나 자신

적극적 ————————————————————— 소극적
낙관적 ————————————————————— 비관적

이 방법은 평정법과 마찬가지로 제작과 분석이 쉽다는 장점이 있는 반면, 각 형용사와 의미공간에 대한 이해가 응답자마다 상대적일 수 있다는 단점이 있다.

(4) 관찰법

관찰법(observation)은 실제로 어떠한 행동을 하는지 관찰하는 방법으로, 정의적 특성을 측정할 때 종종 활용되는 방법이다. 예를 들어, 실제로 행동

그림 5-3   관찰 기록의 예

아동명: ○○○   생년월일: 2015년 11월 21일   성별: 남자   관찰자: ○○○

관찰일시	관찰내용
2017년 3월 24일 09:30-12:40	할아버지와 헤어짐 때문에 힘들어하던 영아가 교사 품에 안겨 언어영역에서 동화책을 보며 안정감을 취하고 울먹임이 잦아진다. 미술영역에서 종이컵을 꺼내더니 하나씩 들고 물을 마시는 흉내를 내기 시작한다. 쌓기 영역에서 남자친구와 공놀이를 하면서 친구와 공을 서로 주고받는다. 점심시간이 되자, 영아가 배식 책상에서 주변을 두리번거린다. "○○아, 배고파요?"라고 묻자, 밥을 손으로 먹는 모습이 보여서 도구를 사용하도록 도와주자, 잘 먹는다. 그러나 고기는 뱉는 모습이 보인다.
2017년 3월 25일 09:30-12:40	미술영역 종이컵에 관심을 보이고 물을 마시는 흉내를 반복적으로 내본다. 그리고 선생님들 사진을 보고 관심을 갖는 모습이 보인다. 교사는 영아에게 색연필을 주고 쓰기 활동을 해볼 수 있도록 격려한다. 영아는 색연필을 잡고 교사 얼굴 위에 끼적이기를 해본다. 사진을 가리키며, "○○이가 그림을 그리고 있는 선생님은 ○○선생님이예요."라고 말해주자, 영아가 ○○선생님을 바라본다.
2017년 3월 26일 09:30-12:40	감각 판으로 이동해서 감각 판을 하나씩 만져보기 시작한다. 기린 입을 하나씩 만져보며 촉감을 느끼는 모습이 보인다. 그리고 음률영역 실로폰을 만져보며 탐색한다. 옆에 친구가 막대 스틱을 가지고 건반을 치는 모습을 보고 막대 스틱을 가져간다. 교사가 다른 막대 스틱을 건네주며 "이건 친구가 하고 있었으니까 이걸로 하자."라고 말하자, 울먹인다. 친구가 색연필을 사용해서 끼적이는 모습을 보더니 친구가 사용하던 색연필을 가져가는 모습이 보여서 똑같은 색연필을 보여주자, 색연필을 쥐고 관심을 갖는다.

을 적극적으로 하는지 관찰하는 것을 통해, 적극적인 성향인지에 대해 판단할 수 있다.

관찰을 할 때, 행동장면을 인위적으로 통제하느냐에 따라 통제적 관찰과 비통제적 관찰로 구분되며, 관찰을 조직적으로 하느냐에 따라 자연적 관찰과 조직적 관찰로 구분된다. 조금 더 구체적으로 설명하자면, 자연적 관찰은 절차나 양식에 구애받지 않고 자유롭게 관찰하는 것을 의미하는 반면, 조직적 관찰은 체계적인 절차나 양식에 따라 관찰하는 것을 의미한다.

관찰을 기록하는 방법 중 널리 사용되는 방법은 일화기록법(anecdotal

records)이다. 일화기록법은 특정 행동이나 사건에 대해 구체적인 사실을 바탕으로 기록하며, 관찰자의 해석을 추가할 수 있다. 특정 행동에 대한 충분한 이해를 목표로 하는 방법이며 시간과 노력이 필요하다. [그림 5-3]은 어린이집 교사가 아동이 다양한 측면에서 균형 있게 발달하고 있는지를 파악하기 위해 아동의 행동을 3일간 관찰하고 기록한 예이다.

관찰법은 앞에서 제시한 질문지법, 평정법, 의미분석법이 가진 단점, 즉 응답의 진실성 여부를 확인할 수 없다는 점을 어느 정도 극복할 수 있다는 장점이 있다. 앞에 제시한 관찰기록의 예처럼 직접 응답을 하기 어려운 대상(예: 유아, 환자 등)에 대해서도 정의적 특성을 측정할 수 있다는 장점이 있다. 하지만, 주로 관찰자의 주관적 판단으로 이루어지기 때문에 관찰자의 능력에 따라 관찰내용의 질이 달라질 수 있다는 단점이 있다. 따라서 관찰자는 충분한 훈련과 경험이 필요하다.

그림 5-4 주제통각검사(Morgan & Murray, 1935)에서 사용된 그림의 예

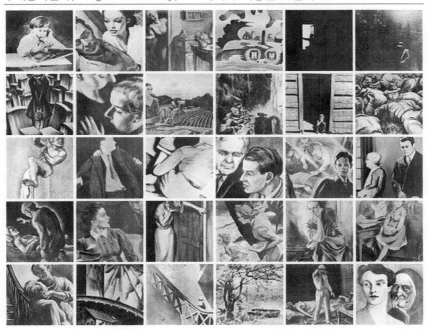

(5) 투사적 방법

투사적 방법(projective method)은 자신도 모르는 정의적 특성이 어떤 자극으로 인해 무의식적으로 심리상태를 표출하도록 하는 방법이다. 예를 들면, 의미를 알 수 없는 모호한 그림을 본 후, 어떤 장면인지를 설명하게 한다면, 그 사람의 내면에 있는 심리가 표출될 수 있다. 표출된 심리를 바탕으로 이를 분석하여 성격이나 심리상태 등의 정의적 특성을 파악한다. 널리 이용되는 투사적 검사로는 주제통각검사(Thematic Apperception Test: TAT)와 Rorschach의 잉크반점검사가 있다. 주제통각검사는 내용이 모호한 사진을, Rorschach의 잉크반점검사는 좌우대칭으로 잉크가 얼룩진 그림을 보게 한 후 질문과 답변을 통해 내면의 심리를 파악하는 방식으로 이루어진다.

이 방법은 다른 방법들로는 측정할 수 없는 인간의 내재적 특성을 측정할 수 있다는 장점이 있다. 하지만, 검사를 제작하고, 결과를 해석하는 과정에서 전문적 지식이 요구되기 때문에 훈련받은 평가자만이 평가가 가능하다는 단점이 있다.

4) 정의적 특성 측정 시 주의할 점

정의적 특성을 측정할 때 주의해야 할 점은 첫 번째, 피험자가 허위반응을 보일 수 있다는 점이다. 즉, 자신에 대해 솔직하게 반응하는 것이 아니라 실제 자신과는 다르게 허위적으로 반응을 하는 경우가 있다. 예를 들면, 사회적으로 바람직하다고 여겨진다거나 옳다고 생각되는 쪽으로 자신을 표현하는 경향이 있을 수 있는데, 이를 전문적 용어로 '사회적 바람직성(social desirability)'이라고 한다(Edwards, 1957). 이는 자기보고식 설문조사에서 나타나기 쉽다. 예를 들면, 학업에 대한 흥미를 측정하기 위해 제작된 '내가 수학공부를 하는 이유는 수학에 아주 흥미를 느끼기 때문이다.'와 같은 문항에 실제로 흥미가 없더라도 흥미가 있는 것처럼 보이기 위해 실제와 다르게 왜곡된 응답을 할 수 있다. 또 다른 예로는 청소년의 공격성향을 측정하기 위해 제작된 '나는 아주 약이 오르면 다른 사람을 때릴 수도 있다.'라는 문항에 실제로 그렇더라도 사회적으로는 다른 사람을 때리는 행동이 좋지 않은 행동임을 지각하고 실제와 다르게 왜곡하여 그렇지 않다고 응답을 할 수 있다. 이러한 경향성은 개인에게 비교적 일관적으로 나타난다고 알려져 있다. 이러한 허위반응을 방지하기 위한 방법으로는 통계적으로 해당 성향이 높은 개인들을 파악하여 배제하는 방법이 있다. 예를 들면, 특정 검사를 실시할 때 사회적 바람직성 검사를 함께 측정하여 사회적 바람직성 점수가 일정 수준 이상인 피험자들의 응답은 허위반응의 가능성이 크다고 판단할 수 있다.

　두 번째 주의할 점은 피험자가 중립반응을 보일 수 있다는 점이다. 중립반응은 어떤 문항에 대해 가장 중간에 있는 응답을 선택하는 것으로 예를 들면, 정치적 성향을 묻는 질문에 찬성이나 반대 중 어느 한 쪽을 지지했을 때 자신에게 미칠 영향이 예상되어 의사를 표현하고 싶지 않아서 어느 쪽도 지지하지 않고 중간에 응답하는 것이다. 5점 척도(1=전혀 아니다, 2=아니다, 3=보통이다, 4=그렇다, 5=매우 그렇다)의 경우에는 '보통이다'에 응답하는 것이다. 이를 예방하기 위해서는 척도 수를 홀수 개가 아닌 짝수 개로 해서 응답이 어느 한 쪽에 속하게 할 수 있다. 만약 4점 척도라면 앞의 5점 척도에서 '보통이다'에 응답할 수 없도록 제거할 수 있다. 하지만 짝수 개 척도인 경우 실제로 중립적인 성향의 피험자가 제대로 응답할 수 없는 문제가 발생한다.

　세 번째 주의할 점은 피험자가 불성실한 반응을 보일 수 있다는 점이다. 불성실한 반응은 검사를 받을 때 집중해서 성실하게 응답한 정도를 의미하며, 대부분의 문항을 동일한 번호에 응답하는 경우가 이에 속한다. 즉, 5점 척도의 경우 모든 문항에 동일한 번호인 1에 응답하여, 내용상 보았을 때 일관성 있는 반응이 나타나지 않을 수 있다. 예를 들어, 결단력을 측정하는 문항 중 '나는 어떤 일을 결심하는 게 그렇게 어렵지 않다.'와 '나는 이따금 결심을 빨리 하지 못하기 때문에 손해 보는 경우가 많다.'는 서로 반대되는 내용의 문항이다. 그런데 이 두 가지 문항에 대해 동일하게 응답을 한다면 결단력이 있을 수도 있고 없을 수도 있다. 두 개의 문항뿐만 아니라 서로 다른 내용을 담고 있는 더 많은 문항에 대해 동일하게 응답을 했다면, 불성실하게 응답했을 가능성이 있으므로, 이런 경향이 있는지 피험자의 응답유형을 통해 파악할 필요가 있다.

종합해 보면, 정의적 특성을 측정할 때는 눈에 보이지 않고 진실인지 거짓인지 확인하기 힘든 특성 때문에 실제와 다르게 응답하거나 불성실하게 응답하는 경우가 있으니 주의해야 한다.

04 표준화검사

앞서 언급한 검사들 중 상당수가 표준화검사(standardized test)에 속한다. Binet 검사와 Wechsler 검사, SAT I, GRE, 대학수학능력시험, MBTI, Strong 흥미검사 등 널리 알려져 사용되고 있는 검사들은 대부분 표준화검사의 예가 될 수 있다. 표준화검사는 표준화된 절차와 방법, 즉 동일한 검사조건에서 검사를 실시할 수 있도록 전문가들이 제작한 체계적인 검사이다. 표준화된 단위는 언제 어디서 측정하더라도 비교가 가능하다. 예를 들어, A시장에서 구입한 과일 200g과 B마트에서 구입한 과일 100g은 동일한 단위를 사용하기 때문에 A에서 구입한 과일이 B에서 구입한 과일보다 2배의 무게라는 것을 이해할 수 있다. 즉, 비교가 가능하다. 이와 같이, 표준화된 검사는 C학교에서 실시를 하든, D학교에서 실시를 하든 동일한 검사조건에서 실시하는 검사이기 때문에 C학교의 학생이 받은 표준화검사 점수와 D학교의 학생이 받은 표준화검사 점수를 비교하는 것이 가능하다. 따라서 표준화검사가 교사제작 검사(teacher-made test)와는 어떠한 차이점이 있는지, 표준화검사의 제작은 어떤 절차를 통해 이루어지는지 살펴보고자 한다.

1) 교사제작 검사와의 차이점

표준화검사와는 달리 교사제작 검사는 E학교에서 그 학교 학생들을 대상으로 하여 교사가 출제한 중간고사와 F학교에서 그 학교 학생들을 대상으로 하여 교사가 출제한 중간고사가 서로 다르기 때문에, E학교 학생들의 점수와 F학교 학생들의 점수는 비교가 불가능하다. 구체적으로, 출제범위, 출제경향, 문항의 수, 문항의 수준, 문항의 형태, 시험 시간 등 검사의 특성이 서로 다를 것이기 때문이다. 표준화검사와 교사제작 검사의 차이점을 자세히 살펴보면 다음과 같다.

표 5-8 대학수학능력시험 응시 요령 예

대학수학능력시험 응시 요령

⬛ 시험시간표 및 시험 진행 (일반수험생)

구 분	시 간	진행요령
수험생 입실 완료	08:10까지	
감독관 입실	08:10	- 시험실 책상 및 개인소지품 정리·점검 - 유의사항 설명, 칠판에 컴퓨터용 사인펜 등 배부 - 복습에 부적절한 문제 문제틀·학수형) 확인 - 수험생 본인 여부 및 시계 확인 - 배정교시 미선택자 확인
예비령	08:25	- 답안지 배부 및 작성 시 유의사항 설명 - 성명, 수험번호 등 기재 및 표기 - 미선택자 대기실로 이동
준비령	08:35	- 문제지 배부 - 문제지 문형·쪽이자수 확인 및 문형 표기 - 필적확인문구 기재
본령	08:40	
국어 영역 시험	08:40~10:00 (80분)	- 결시자 등 감독관 확인사항 처리 및 날인
종료령	10:00	
휴식	10:00~10:20 (20분)	
예비령	10:20	1교시와 같음
준비령	10:25	1교시와 같음 [문제지 유형가·나형, 문형 확인 및 표기]
본령	10:30	
수학 영역 시험	10:30~12:10 (100분)	- 감독관은 응시원서와 본인 대조 - 결시자 등 감독관 확인사항 처리 및 날인
종료령	12:10	
점심	12:10~13:00 (50분)	

구 분	시 간	진행요령
예비령	13:00	- 수험생 본인 여부 및 시계 확인 - 1교시와 같음
준비령	13:05	- 문제지 배부 - 문제지 문형 확인 및 표기 - 필적확인문구 기재
듣기 테스트 및 듣기평가 안내 방송	13:07~13:10 (3분)	
본령	13:10	- 타종 없이 듣기평가 안내방송에 의해 시작
영어 영역 시험 ※ 듣기평가 25분 이내	13:10~14:20 (70분)	1교시와 같음
종료령	14:20	
휴식	14:20~14:40 (20분)	
예비령	14:40	1교시와 같음
준비령	14:45	- 문제지 배부 - 필적확인문구 기재
본령	14:50	
한국사영역, 사회/과학/직업탐구 영역 시험	14:50~16:32 (102분)	- 감독관은 응시원서와 본인 대조 - 탐구 영역 선택 과목수별 별도 운영 (4교시 시험 진행 23쪽 참조)
종료령	16:32	
휴식	16:32~16:50 (18분)	
예비령	16:50	1교시와 같음
준비령	16:55	- 문제지 배부 - 필적확인문구 기재
본령	17:00	
제2외국어/한문 영역 시험	17:00~17:40 (40분)	- 감독관은 응시원서와 본인 대조 - 결시자 등 감독관 확인사항 처리 및 날인
종료령	17:40	
시험시간	392분	

출처: 한국교육과정평가원(2019). 2020학년도 대학수학능력시험 실시요강. 충북: 한국교육과정평가원.

첫째, 교사제작 검사는 교사가 학급 또는 학교 내 학생들을 대상으로 실시하는 검사를 직접 제작하는 것에 반해, 표준화검사는 교사를 포함한 교과 내용 전문가와 측정 전문가, 검사 전문가들이 함께 전문적이고 체계적인 절차에 의해 제작하는 것이 보통이다. 따라서 교사제작 검사의 경우에는 제작 절차를 굳이 공개할 필요가 없으나, 표준화검사는 제작 절차에 대한 정보도 검사 설명서(test manual)에 제시하는 것이 일반적이다. 제작 절차와 더불어, 신뢰도, 타당도와 같은 검사의 질에 관한 정보도 함께 제공한다. 하지만 교사제작 검사는 교사가 내용적인 측면에서 검사의 질을 검토할 뿐 신뢰도나 타당도와 같은 정보는 제공하지 않는다(신뢰도와 타당도에 대해서는 7장과 8장 참고).

둘째, 교사제작 검사는 실시할 때의 환경이나 지시사항, 시간제한 등에 있어서 표준화검사에 비해 엄격하지 않은 편이다. 반면, 표준화검사는 검사 실시 환경, 지시사항, 시간제한 등 동일한 검사 조건에서 실시가 가능하도록 검사 설명서를 통해 구체적으로 제시하고 있다. 예를 들어, 대학수학능력시험의 실시요강 중 응시 요령을 살펴보면, 검사 시간이 매우 세분화되어 있으며 각 시간별 진행요령이 상세하게 적혀있음을 확인할 수 있다. 평가가 공정하게 이루어지기 위해서는 이러한 지시사항을 엄격하게 지켜서 실시해야 할 필요가 있다.

셋째, 교사제작 검사는 제작자가 채점자가 되는 경우가 일반적이지만, 표준화검사는 제작자와 채점자는 다른 경우가 일반적이다. 표준화검사의 경우 선택형 문항은 컴퓨터가 채점을 하는 것이 가능하므로 정확하지만, 서술형 문항이 존재하는 경우에는 서로 다른 채점자가 채점을 해야 하는 경우가 발생하므로, 여러 채점자가 동일한 기준과 절차에 의해 채점할 수 있도록 채점과정이 표준화될 필요가 있다. 또한 채점할 때 채점자의 주관이나 편견이 개입될 수도 있기 때문에 객관적인 기준에 의해 채점하도록 채점자의 훈련이 필요하다.

넷째, 교사제작 검사는 주로 학급 내 학생들을 비교하는 데 목적이 있다. 더 나아가 학교 내 학생들 간 비교, 학교 내 학급 간 비교까지 가능하다. 반면, 표준화검사는 비교의 범위가 더 넓다. 즉, 학생 개인들을 비교할 수 있고, 학교 간 비교, 지역 간 비교, 국가 간 비교도 가능하다. 예를 들면, 여러 국가의 학생들을 대상으로 실시하는 국제학업성취도 평가 PISA는 검사를 실시하는 모든 국가에서 동일한 문항을 표준화된 절차에 의해 실시하고, 채점하므로 국가 간 비교가 가능하다.

표 5-9 **교사제작 검사와 표준화검사 비교**

	교사제작 검사	표준화검사
제작자	교사	교사, 전문가 집단(내용 전문가, 측정 전문가, 검사 전문가 등)
제작절차	임의적	체계적
검사의 질	교사가 내용을 검토하며, 신뢰도, 타당도 등의 정보는 제공하지 않음.	신뢰도, 타당도 등의 정보 제공
검사 실시 및 채점	교사 스스로 결정	검사 설명서에 구체적으로 제시되어 있으며, 엄격하게 준수되어야 함.
비교대상	학생, 학급	학생, 학급, 학교, 지역, 국가

출처: 권대훈(2016). 교육평가(3판). 서울: 학지사. (p.54)의 표를 수정함.

2) 표준화검사 제작절차

표준화검사를 제작할 때는 다음과 같은 절차를 따른다. 아래에 제시한 절차는 대부분의 표준화검사를 제작할 때 따르는 절차이지만, 이 절차와는 다른 절차로 제작되는 표준화검사도 있을 수 있으니 참고하길 바란다.

표 5-10 **표준화검사 제작절차에 따른 내용**

단계	내용
검사계획	검사의 목적이 무엇인지, 어떤 내용을 측정할 것인지, 어떤 사람들을 대상으로 할 것인지, 어떤 방법으로 측정할 것인지 등, 전반적으로 검사에 대한 계획을 세우는 단계이다. 검사의 목적, 내용, 대상, 방법 등이 미리 계획되어 있지 않으면 검사를 제작할 때 시행착오를 겪기 쉬우므로, 최대한 구체적으로 계획을 세우는 것이 좋다.
문항제작	계획을 바탕으로 검사에 포함될 문항을 제작하는 단계이다. 문항 내용이 적절한지, 측정이 적절한지를 판단해야 하므로, 내용 전문가와 측정 및 검사 전

문가 등 전문가 집단이 함께 작업하는 것이 필요하다. 내용이 적합한지에 대한 지식과 측정에 적절한지에 대한 지식이 조화를 이루어야 하기 때문이다. 검사의 목적, 내용, 대상에 적합한 문항의 유형으로 실제 검사에 포함될 문항 수의 1.5~2배 정도를 만드는 것이 좋다. 추후에 문항 분석 과정을 통해 제거되어야 할 문항들이 발생하기 때문이다. 이 때 모든 문항이 검사에 포함되지 않을 것이라는 생각에 완성도가 떨어지는 문항을 제작하게 되면 문항을 수정하는 단계에서 더 많은 시간과 노력을 들여야 하는 경우가 발생한다. 따라서 문항 제작 단계에서 최선을 다해 양질의 문항을 만드는 것이 좋다.

예비검사 실시	제작된 문항들로 예비검사를 만들어 실시한다. 이 때 모집단을 대표할 수 있는 표본을 추출하여 검사를 실시한다. 예비검사를 통해 검사 실시 환경, 검사 시간, 문항 적절성 등 검사와 관련된 사항들을 전반적으로 검토하고, 문항분석을 위한 자료를 수집한다.
문항분석 및 수정	통계적으로 또는 내용적으로 문항이 검사에 적절한지를 분석하는 단계이다. 통계적인 방법으로는 문항 난이도와 변별도, 오답지 분석 등을 통해 적절하지 않은 문항을 걸러낸다. 문항을 수정하거나 제거하는 결정을 할 때 통계적인 측면과 함께 내용적인 측면을 충분히 검토해야 할 필요가 있다.
본검사 실시	문항분석 및 수정 단계를 거쳐 선택된 문항들로 본검사를 만들어 실시한다. 이 때 검사 실시 및 채점 등 동일한 검사 조건 하에서 실시하도록 하며, 검사 대상을 대표할 수 있는 대규모 표본을 대상으로 한다. 본검사를 통해 검사 실시 환경, 검사 시간, 문항 적절성 등 검사와 관련된 사항들을 전반적으로 확정한 후 자료를 수집한다.
검사 양호도 검증 및 규준제작	검사의 신뢰도 및 타당도를 통계적인 방법으로 검증하여 양호도를 확인한 후, 규준을 제작하는 단계이다. 검사의 신뢰도는 검사가 얼마나 일관적이고 안정적으로 측정하는지, 검사의 타당도는 검사가 측정하고자 하는 내용을 잘 포함하고 있는지에 대한 정보를 제공한다. 규준은 상대적 서열을 비교하기 위한 기준으로, 규준제작은 규준참조검사인 경우에만 해당된다. 개인의 점수가 전체 중에 어느 정도에 위치하는지에 대한 정보를 알려주기 위해, 성별, 학년별 규준을 작성한다. 그밖에 필요에 따라 지역별 규준 등 다양한 규준 작성이 가능하다.
검사설명서 작성	표준화검사라면 반드시 있어야 하는 검사설명서를 작성하는 단계이다. 검사 설명서에는 검사제작 전반에 걸친 정보들, 즉 검사의 목적, 특징, 문항의 내용, 문항의 유형, 실시 방법, 채점 방법, 규준, 신뢰도와 타당도, 해석 및 활용, 주의사항 등의 내용을 포함한다. 표준화검사를 선택할 때 검사설명서를 살펴보면 어떤 검사가 적합한지 판단하는 데 도움이 될 것이다.

05

컴퓨터화 검사

전통적으로 사용되어 온 지필검사는 종이와 연필로 검사를 실시하는 반면, 컴퓨터의 발달과 컴퓨터를 활용하는 환경의 보편화로 가능하게 된 컴퓨터화 검사(computerized test)는 화면과 키보드로 검사를 실시한다. 지필검사와 동일한 문항도 컴퓨터 화면으로 제시되고 키보드나 마우스로 응답을 하는 방식이라면 컴퓨터화 검사라고 할 수 있다. 최근에는 컴퓨터뿐만 아니라 태블릿 등 다양한 매체로도 검사가 가능하다. 또한 컴퓨터의 발달에 측정이론의 발달이 더해져 피험자의 수준에 따라 문항이 선택되어 제시되는 것이 가능해졌다. 이렇게 피험자의 능력에 맞게 개별적인 검사가 가능하도록 구성되는 검사를 컴퓨터화 능력적응검사(Computerized Adaptive Test: CAT)라고 한다. GRE나 TOEFL과 같은 시험이 컴퓨터화 능력적응검사의 예이다. 컴퓨터화 능력적응검사는 한 공간에서 각자의 컴퓨터로 검사를 실시할 때, 동일한 문항에서 시작하더라도 피험자의 문항에 대한 반응에 따라 서로 다른 문항들이 선택되어 구성된 검사를 실시하게 된다. 즉, 문제은행(item bank)이라고 하는 대규모 문항 저장고를 이용하여 문항 반응에 따라 검사 문항이 인출되므로 검사를 실시하는 동안에 실시간으로, 그리고 개별적으로 검사 문항이 구성된다. 검사를 실시하는 목적이 소수의 문항을 통해 피험자의 능력을 정확하게 추정하는 것이라면, 컴퓨터화 능력적응검사가 매우 효율적인 방법이다. 피험자의 능력과 유사한 수준의 문항을 선택해서 제시해 주기 때문에 피험자의 수준과 먼 불필요한 문항을 풀 필요가 없고 소수의 문항으로 정확한 피험자의 능력을 추정하는 것이 가능하다. 이처럼 컴퓨터를 활용하여 치르는 검사는 지필검사에서 불가능한 점을 가능하게 해주며, 이 밖의 다양한 장점을 가지고 있다.

지필검사와 비교했을 때 컴퓨터화 검사의 장점은 다음과 같다.

첫째, 컴퓨터화 검사는 시간과 비용 면에서 효율적이다. 지필검사의 경우, 채점을 위해 피험자의 응답을 컴퓨터에 입력하기도 하고, 채점자가 직접 채점하기도 한다. 이러한 과정에서 시간이 오래 걸리고, 따라서 결과를 보고하는 데도 비교적 오랜 시간이 걸린다. 반면, 컴퓨터화 검사는 컴퓨터로 응답하는 동시에 피험자의 반응이 저장되며, 곧바로 정확한 채점과 결과 제시가 가능하다. 또한, 검사지와 답안지를 인쇄하여 운반하는 등의 비용이 절감되며 채점자의 수고도 필요하지 않다.

둘째, 컴퓨터화 검사는 다양한 유형의 문항을 비롯하여, 다양한 방식으로 측정이 가능하다. 지필검사는 지면의 제한으로 인해 보통 흑백그림과 글자로 구성된 문항들을 이용하지만, 컴퓨터화 검사는 다양한 색상의 정교한 그림과 영상, 음성 등을 이용한 다양한 유형의 문항들을 출제할 수 있다. 더 나아가 컴퓨터화 검사는 모의실험(simulation)도 가능하다. 예를 들면, 의사가 환자를 치료하는 능력을 측정할 때 컴퓨터를 사용하여 실제와 유사하게 환자를 입체적으로 등장하게 하여 치료해야 할 부위와 치료 방법을 응답하도록 검사를 구성할 수 있다. 또 다른 예로는 운전면허 자격시험에서 컴퓨터를 사용하여 실제와 유사하게 운전자의 시각에서 볼 수 있도록 교통 상황을 제시하고 그 상황에서 어떻게 운전해야 안전할지를 컴퓨터로 응답하도록 검사를 구성할 수도 있다. 이러한 문항들은 피험자의 흥미를 유도하며, 실제적인 능력을 파악하는 데에 효과적이다.

셋째, 컴퓨터화 검사는 실시하는 데 있어서 시간과 공간의 제약을 받지 않는다. 지필검사는 미리 준비된 검사 장소에 피험자들이 모여, 검사 실시자의 지시 하에 같은 시간에 검사에 응하는 것이 일반적이다. 하지만 컴퓨터화 검사는 개개인이 컴퓨터를 가지고 네트워크가 연결된 곳에서 원하는 시간에 검사를 실시하는 것이 가능하다.

넷째, 컴퓨터화 검사는 다양한 피험자들, 특히 지필검사를 실시하는 데에 어려움이 있는 피험자들에게도 검사의 기회를 제공할 수 있다. 특정 장애로 인해 이동이 불가능하거나, 검사 내용을 눈으로 볼 수 없는 사람, 글씨를 읽을 수 없는 아동 등은 지필검사를 응시하기 어려웠으나, 컴퓨터화 검사의 경우 그들에게 적절한 평가 방식(예: 음성 등)을 제공하기 때문에 검사 응시가 가능하다.

다섯째, 검사 정보를 지속적으로 저장, 관리하는 것이 가능하다. 문항 제작 및 수정 정보를 비롯하여 피험자의 응답과 소요시간 등을 컴퓨터에 저장하고 관리하는 것이 가능하기 때문에 보다 정확한 피험자의 능력추정에 도움이 된다. 지필검사의 경우는 이러한 점이 불가능하다.

컴퓨터화 검사는 이와 같이 많은 장점을 가지고 있지만 실시할 때 유의해야 할 점도 있다. 먼저, 소프트웨어와 하드웨어가 갖추어져야 하며, 컴퓨터 설정이 동일한 상태에서 검사가 이루어져야 한다. 또한, 지필검사에서는 피험자가 모든 문항을 눈으로 먼저 확인하고 자신이 순서를 정해서 응답하고 수정하는 것이 가능했지만 컴퓨터화 검사는 모든 문항을 눈으로 먼저 확인하는 것이 불가능할 수도 있고, 답안 수정에 어려움을 겪을 수도 있다. 이와 더불어 문항이 측정하고자 하는 내용이 아닌 컴퓨터 활용 능력에 의해 영향을 받을 수 있다. 따라서 컴퓨터화 검사의 다양한 특징에 익숙하지 않은 피험자들이 혼란을 겪을 수 있으므로, 검사 실시 이전에 컴퓨터화 검사의 특징과 실시 방법에 대한 구체적인 안내가 필요하다.

- 인간의 잠재적인 특성을 측정하기 위한 도구를 검사라고 한다.
- 인지적 능력을 측정하는 검사는 측정 내용, 참조준거, 검사시간에 따라 구분될 수 있다.
- 최근 정의적 특성을 측정하는 것이 중요시되고 있으며, 측정 시에는 허위반응, 중립반응, 불성실한 반응 등에 주의해야 한다.
- 표준화검사는 표준화된 절차와 방법으로 제작한 체계적인 검사로, 교사제작 검사와는 차이가 있다.
- 컴퓨터화 검사는 지필검사에 비해 시간과 비용이 효율적이고, 다양한 문항 유형 및 방식을 활용할 수 있으며, 시공간의 제약을 받지 않는 등의 많은 장점을 가지고 있다.

학·습·문·제

- 지능검사, 적성검사, 성취도검사의 특징을 비교하시오.

- 규준참조검사와 준거참조검사의 특징을 비교하시오.

- 속도검사와 역량검사의 특징을 비교하시오.

- 정의적 특성을 측정하는 것이 중요한 이유를 설명하시오.

- 정의적 특성을 측정하는 방법을 설명하시오.

- 정의적 특성을 측정할 때 주의해야 할 세 가지 반응을 설명하시오.

- 교사제작 검사와 표준화검사의 특징을 비교하시오.

- 표준화검사의 제작절차를 설명하시오.

- 지필검사와 비교해서 컴퓨터화 검사의 장점을 설명하시오.

CHAPTER

06

기초통계

교육평가는 측정을 통해 수량화된 자료를 바탕으로 하는 양적 평가와 관찰이나 면접 등에 의해 기술된 자료를 바탕으로 하는 질적 평가로 구분된다. 이 중 양적 평가를 하기 위해서는 수집된 자료를 분석(예: 검사의 신뢰도와 타당도, 문항의 난이도, 변별도, 추측도 등)해야 하는데, 이 때 기초통계 지식이 필요하다. 따라서 6장에서는 교육평가에 필요한 기초통계를 다루고자 한다. 구체적으로는 측정의 개념과 측정의 단위인 척도의 종류 및 특징, 분포의 특징을 알 수 있는 통계치(예: 평균, 최빈치, 중앙치, 분산, 표준편차 등), 변수 간의 관련성을 나타내는 상관계수 등에 대해 살펴볼 것이다.

【학습목표】

⇢ 측정의 개념 이해하기

⇢ 측정의 단위인 척도의 개념 및 특징 이해하기

⇢ 분포의 특징과 관련된 통계치의 특성 이해하기

⇢ 상관계수 및 공분산 이해하기

01 측정

　일상생활에서 측정(measurement)이라는 개념을 사용하는 경우가 있다. '길이를 재다' 또는 '무게를 재다'라는 표현을 쓸 때, '재다'라는 것은 '측정하다'라는 단어로 바꾸어 사용해도 무방하며, 길이는 자, 무게는 저울을 이용해서 직접적으로 측정이 가능하다. 하지만 교육평가에서 측정이라는 용어를 사용할 때는 길이나 무게를 측정하는 것과는 달리, 인간의 인지적 특성이나 정의적 특성과 같이 보이지 않는 속성을 측정하는 경우가 많다. 즉, 눈에 보이지 않는 인간의 속성을 측정할 때는 길이나 무게처럼 직접적으로 측정하는 것이 아니라 간접적으로 측정해야 할 필요가 있다.

　눈에 보이지 않는 인간의 속성을 측정하고자 하는 이유가 무엇인지 살펴볼 필요가 있다. 모든 인간은 서로 다르다. 따라서 인간이 지니고 있는 대부분의 속성에서 개인차(individual difference)가 존재한다. 인간의 키, 몸무게, 능력, 성격, 태도, 가치관 등에서 개인차가 존재하며, 우리는 그것을 보통 언어로 표현하곤 한다. 크다, 작다, 날씬하다, 통통하다, 우수하다, 미흡하다, 좋다, 나쁘다 등 다양한 속성들에 대한 언어적 표현이 존재한다. 하지만 언어적 표현은 주관적이기 마련이다. 예를 들어, 학교에서 시험을 치른 날, A는 B에게 "시험 잘 쳤어?"라고 물어볼 수 있고, B는 "응, 잘 쳤어."라고 대답할 수 있다. 하지만 두 사람이 동일한 수준을 생각하며 이야기한다고 보장할 수 없다. 언어적으로 속성을 표현할 때, 사람마다 표현 기준이 다르다. 따라서 언어적 표현만으로는 학업성취의 속성을 구체적이며 객관적으로 표현할 수 없다. 반면, "90점 넘었어?", "90점이야."라고 이야기하면 명확하게 학업성취의 속성을 설명할 수 있으며, 두 사람은 동일한 수준을 생각하며 이야기할 수 있게 된다. 단순히 '시험을 잘 치르다'라는 표현에는 측정의 개념이 포함되어 있지 않지만, '시험점수가 90점이다'라는 표현에는 수적인 개념, 즉 측정의 개념이 포함되어 있다.

측정은 사물이나 사람의 속성을 수량화하는 절차를 의미한다. 인간의 속성을 수량화하게 되면 앞서 언급한 예에서 설명했듯이 속성이나 개인차에 대한 명확한 의사소통이 가능해진다. 즉, 개인차를 명확하게 표현할 수 있게 되는 것이다. 직접 측정할 수 있는 키나 몸무게와는 달리, 능력이나 성격, 태도, 가치관 등 보이지 않는 인간의 속성을 간접적으로 측정해야 하는 경우에는 수량화하는 절차가 복잡하다. 측정의 단위를 결정해야 하며, 측정도구를 개발해야 한다. 이러한 절차가 체계적으로 이루어질 때, 보다 정확한 측정이 가능해진다.

02 척도

길이의 측정 단위는 mm, cm, m, km 등이 있으며, 무게의 측정 단위는 mg, g, kg, t 등이 있다. 어떤 측정 단위를 선택하느냐에 따라 수치의 의미가 달라진다. 즉, 5mm와 5km, 5g과 5t은 모두 동일하게 '5'라는 수치를 표현하였지만 단위가 다르기 때문에 의미하는 바가 다르다. 따라서 측정 단위를 잘 선택해서 표현하는 것은 측정에 있어서 매우 중요한 일이다.

사물이나 인간의 다양한 속성을 측정할 때 사용하는 측정의 단위를 '**척도** (scale)'라고 한다. 척도의 종류는 다양하며, 우리가 특정 속성을 측정하기 위해서는 적절한 척도를 선택해야 한다. 적절한 선택을 위해 척도의 종류와 그 특징들을 각각 살펴볼 필요가 있다. 척도의 종류는 명명척도(nominal scale), 서열척도(ordinal scale), 등간척도(interval scale), 비율척도(ratio scale)로 구분할 수 있다(Stevens, 1946).

1) 명명척도

명명척도는 명목척도라고도 한다. 명명척도는 대상을 구분하기 위해 대상에 수를 부여할 때 사용한다. 예를 들어, 성별변수를 사용할 때 남자는 1, 여자를 2로 부여하는 것을 명명척도라고 한다. 이 경우에 여자가 남자보다 크다거나, 2배라거나 하는 수적인 의미는 없다. 단지 남자와 여자를 구분하기 위해 수를 부여한 것이다. 따라서 남자를 2, 여자를 1로 부여해도 무방하다. 또 다른 예로 국적변수를 사용할 때 한국은 1, 중국은 2, 일본은 3으로 부여하는 것도 명명척도이다. 이 경우에 1, 2, 3으로 지정하는 것은 대상을 구분하기 위함이며, 수적인 의미는 없다. 따라서 명명척도를 사용하는 경우에는 항목별 빈도를 구하는 것이 일반적이다.

2) 서열척도

서열척도는 구분을 의미하는 동시에 순서 또는 서열의 의미를 담고 있다. 예를 들어, 학급에서 학생들의 키 순서대로 줄을 세운 다음에 학생들에게 1번, 2번, 3번, …으로 번호를 부여한 경우, 1번 학생보다 2번 학생이 크고, 2번 학생보다 3번 학생이 크다. 즉, 수가 클수록 키가 크다는 순서의 의미를 담게 된다. 또 다른 예는 등수가 있다. 1등 학생이 제일 잘 했고, 그 다음으로 2등 학생이, 그 다음은 3등 학생이 잘 했다고 의미를 부여한다면, 1등, 2등, 3등, …에는 서열의 의미를 가지고 있다. 하지만 키 순서에서 1번과 2번의 키 간격, 2번과 3번의 키 간격이 동일하다고 볼 수 없고, 등수에서도 1등과 2등의 성취 간격, 2등과 3등의 성취 간격도 동일하다고 볼 수 없다. 즉, 서열척도는 구분, 순서의 의미는 있으나, 수치 사이의 간격은 동일하지 않은 특징이 있다. 수치 사이의 간격이 동일하지 않기 때문에 서열척도에서도 명명척도와 마찬가지로 수리적 계산은 의미가 없다. 1등과 3등을 더하면 4등이 되는 것이 아니고, 1번과 3번의 평균이 2번이 되는 것이 아니기 때문이다.

3) 등간척도

등간척도는 서열척도처럼 구분, 순서의 의미를 가지고 있고, 더 나아가 수치 사이의 간격도 동일하다. 예를 들어, 시험점수의 경우 0점, 1점, 2점, 3점, …, 99점, 100점으로 수를 부여할 때, 60점과 70점 사이의 간격과 90점과 100점 사이의 간격은 10점이라는 성취로 동일한 간격을 의미한다. 엄밀히 말하면 60점에서 10점 향상한 것과 90점에서 10점 향상한 것의 의미를 같다고는 할 수 없지만, 현실에서는 동일한 것으로 가정하기 때문에 데이터 분석이 가능해진다. 또 다른 예는 온도이다. 12도와 13도 사이의 간격과 24도와 25도 사이의 간격은 1도라는 온도 차이로 동일한 간격이다. 등간척도의 또 다른 특징은 **임의영점**(arbitrary zero point)이다. 시험점수에서의 0점, 온도에서의 0도는 무존재(nothing)가 아니다. 사람들이 협의를 통해 시험에서 다 맞지 않으면 0점, 물이 어는 점을 0도라고 하기로 임의로 정한 값이다. 0점이라고 해서 성취가 없다고 말할 수 없고, 0도라고 해서 온도가 없다고 말할 수 없다. 따라서 이러한 특징을 임의영점이라고 한다. 등간척도에서는 동일 간격의 특징이 있기 때문에 덧셈과 뺄셈 계산이 가능하다. 예를 들어, 10점과 30점을 더하면 40점이 되고, 25도에서 5도를 빼면 20도가 되는 것이다. 하지만 임의영점의 특징 때문에 50점이 10점의 5배라고 할 수 없고, 25도가 5도의 5배라고 할 수 없다. 즉, 등간척도에서는 곱셈과 나눗셈은 불가능하다.

4) 비율척도

비율척도는 등간척도처럼 구분, 순서, 동일한 간격의 의미를 가지고 있으면서 더 나아가 절대영점(absolutely zero point)이라는 특징을 갖는다. 예를 들어, 길이를 측정한 결과 0cm가 나온다는 것은 길이가 존재하지 않는다는 의미이다. 또 다른 예로 무게를 측정한 결과 0g이 나온다는 것은 무게가 존재하지 않는다는 의미이다. 즉, 절대적으로 무존재한 값을 0이라고 보기 때문에 비율척도에서의 0점은 절대영점이라고 할 수 있다. 비율척도에서는 동일 간격과 절대영점의 특징이 있으므로 덧셈, 뺄셈, 곱셈, 나눗셈이 모두 가능하다. 즉, 170cm에서 1cm를 더하면 171cm, 1cm를 빼면 169cm, 170cm에서 10cm를 곱하면 1,700cm, 10cm로 나누면 17cm가 된다.

5) 척도별 특징 비교

앞서 설명한 네 가지 척도, 즉 명명척도, 서열척도, 등간척도, 비율척도의 특징을 간단하게 정리하면 [표 6-1]과 같다. 명명척도에서 비율척도로 갈수록 가지고 있는 특징이 많아짐을 알 수 있다. 이처럼 네 가지 척도의 특징이 서로 다르기 때문에, 사용하는 척도의 종류에 따라 서로 다른 통계적 방법으로 자료를 분석해야 한다. 명명척도로 가능한 통계분석은 사례 수, 백분율, 최빈치 등이며, 서열척도에서는 명명척도에서 가능한 통계분석에 더하여 중앙치, 사분편차, 백분위 점수 등의 통계분석이 가능하다. 등간척도에서는 명명척도와 서열척도에서 가능한 통계분석에 더하여 평균, 표준편차, 상관계수 등의 통계분석이 가능하며, 비율척도는 모든 통계분석이 가능하다. 예를 들면, A집단의 구성원들을 성별에 따라 구분할 경우에, 성별은 명명척도이므로 사례 수, 백분율 등을 구할 수 있다. 또 다른 예로, 일주일간 온도를 측정하였다면 온도는 등간척도이기 때문에 온도의 평균을 구하여 보고할 수 있다.

표6-1　척도별 특징

		명명척도	서열척도	등간척도	비율척도
특징	구분	○	○	○	○
	순서	×	○	○	○
	동일간격	×	×	○	○
	절대영점	×	×	×	○
예		성별, 인종	키 순서, 등수	시험점수, 온도	길이, 무게
통계분석		사례 수, 백분율, 최빈치 등	명명척도에서 가능한 통계분석 + 중앙치, 사분편차, 백분위 점수 등	명명척도와 서열척도에서 가능한 통계분석 + 평균, 표준편차, 적률상관계수 등	모든 통계분석이 가능

03 집중경향치

많은 자료들이 일정한 범위에 흩어져 정보가 퍼져있는 경우 분포(distribu
－tion)가 형성되며, 이 분포를 통해서 한 가지 수치로 자료 요약이 가능하
다. 이 수치는 분포를 보지 않아도 짐작할 수 있도록 분포를 대표하고 있으
며, 이러한 수치를 집중경향치(central tendency)라고 한다. 집중경향치는 평균(me
an), 최빈치(mode), 중앙치(median)가 대표적이다.

1) 평균

평균은 자료에 포함된 모든 수를 더한 후, 사례 수로 나누어 구한다. 예
를 들어, [1, 2, 3, 4, 5]인 자료가 있다면, 평균은

$$\frac{1+2+3+4+5}{5}=\frac{15}{5}=3$$

으로 계산할 수 있다. 평균은 자료에 포함된 모든 수를 이용해서 구하게 되므로, 안정성이 높고, 수리적인 계산도 쉽다. 하지만 극단치(극단적으로 낮거나 극단적으로 높은 값)가 있는 경우 평균을 사용하는 것은 바람직하지 않을 수 있다. 예를 들어, [1, 2, 3, 4, 500]인 자료에서, 평균은

$$\frac{1+2+3+4+500}{5}=\frac{510}{5}=102$$

가 된다. 500은 다른 수들에 비해 극단적으로 높은 점수이며, 이 점수에 의해 다른 4개의 수와 함께 평균을 구하게 되면 평균이 높아진다. 즉, 평균은 극단치가 있는 경우에 극단치의 영향을 크게 받게 되는 값이다. 예를 들어, 한 학급에서 극단적으로 점수가 높은 학생이 있는 경우에 평균이 높아지게 되고, 극단적으로 점수가 낮은 학생이 있는 경우에 평균이 낮아지게 된다. 연령을 측정한 경우에 극단적으로 나이가 많은 사람이 포함된 자료에서의 연령 평균은 높게 나타나고, 극단적으로 나이가 적은 사람이 포함된 자료에서의 연령 평균은 낮게 나타나게 된다.

2) 최빈치

최빈치는 자료에 포함된 모든 수 중에서 가장 높은 빈도를 차지하는 수를 의미한다. 예를 들어, [3, 5, 2, 4, 5, 4, 4, 1, 3, 4]인 자료에서 4가 가장 많이 존재하므로 최빈치는 4이다. 최빈치는 하나의 값일 수도 있고, 2개의 값일 수도 있고, 존재하지 않을 수도 있다. 보통은 최빈치가 하나로 존재하지만, 가장 높은 빈도가 서로 떨어져 있는 2가지 수에서 발생했을 때는 최빈치가 2개의 값이 된다. 예를 들어, [3, 3, 1, 4, 1, 5, 4, 2, 3, 1]인 자료에서 최빈치는 1과 3이다. 1도 세 번, 3도 세 번으로 가장 많이 존재하기 때문

이다. 만약 모든 수의 빈도가 동일한 경우에는 최빈치가 존재하지 않게 된다. 예를 들어, [1, 4, 3, 4, 2, 2, 5, 1, 3, 5]인 자료에서는 모든 수의 빈도가 두 번으로 동일하다. 따라서 최빈치는 존재하지 않는다. 최빈치는 극단치의 영향을 받지 않지만, 적은 수의 자료가 확보된 경우에는 안정성이 보장되지 않는다.

표 6-2 최빈치 구하기

예	최빈치의 수	최빈치
3, 5, 2, 4, 5, 4, 4, 1, 3, 4	1개	4
3, 3, 1, 4, 1, 5, 4, 2, 3, 1	2개	1, 3
1, 4, 3, 4, 2, 2, 5, 1, 3, 5	0개	없음

3) 중앙치

중앙치는 자료에 포함된 모든 수 중 크기 순으로 줄을 세워 보았을 때, 중앙에 위치한 수를 의미한다. 즉, 중앙치를 기준으로 나뉘는 두 부분은 각각 50%가 된다. 자료에 포함된 수가 홀수 개일 때는 중앙에 있는 값이 바로 중앙치이다. 예를 들어, [3, 1, 2, 6, 4, 9, 5, 8, 7]인 자료에서 중앙치를 구하기 위해 크기순으로 정렬하면 [1, 2, 3, 4, 5, 6, 7, 8, 9]가 된다. 이 자료에서 가장 중앙에 있는 값은 5이므로, 중앙치는 5가 된다. 그런데 자료에 포함된 수가 짝수 개일 때는 실제로 존재하지 않는 수가 중앙치가 될 수 있다. 예를 들어, [5, 2, 3, 1, 8, 4, 7, 6]인 자료에서 중앙치를 구하기 위해 크기순으로 정렬하면 [1, 2, 3, 4, 5, 6, 7, 8]이 된다. 이 자료에서 가장 중앙에 위치한 수는 네 번째와 다섯 번째 수인 4와 5이다. 이 경우에 중앙치는 4와 5의 중간 값인 4.5가 된다. 정리하자면, 사례수(N)가 홀수일 때 중앙치는 $(N+1)/2$가 중앙치이다. 앞의 홀수 예에서 자료에 포함된 수가 9개이므로 $(9+1)/2=5$번째 수인 5가 중앙치인 것을 보면 알 수 있다. 한편, 사례수가 짝수일 때 중앙치는 $N/2$번째 수와 $(N/2)+1$번째 수의 중간값이 중앙치이다. 즉, 앞의 짝수 예에서 자료에 포함된 수가 8개이므로 8/2＝4번째 수와 8/2＋1＝5번째 수의 중간값이 중앙치인 것이다.

표 6-3 중앙치 구하기

예	사례수 (N)	중앙치 구하는 방법	중앙치
3, 1, 2, 6, 4, 9, 5, 8, 7 ↓ 정렬 1, 2, 3, 4, 5, 6, 7, 8, 9	홀수	(N+1)/2	5
5, 2, 3, 1, 8, 4, 7, 6 ↓ 정렬 1, 2, 3, 4, 5, 6, 7, 8	짝수	(N/2)번째 수와 ((N/2)+1)번 째 수의 중간값	$\dfrac{4+5}{2}=4.5$

4) 집중경향치의 특징 비교

집중경향치인 평균, 최빈치, 중앙치의 특징은 서로 다르기 때문에 각각의 특징을 파악하면 이 값들을 적절하게 활용할 수 있을 것이다.

먼저, 안정성 측면에서 살펴보자면, 평균이 가장 안정적이다. 평균이 극단치의 영향을 받긴 하지만, 모집단에서 뽑은 유사표본의 평균이 중앙치나 최빈치에 비해 크게 달라지지 않기 때문이다. 예를 들어, 표본을 뽑아 전체 모집단의 성취도를 확인하고자 할 때 집중경향치 중에서 가장 균형을 유지할 수 있고, 통계적으로 믿을만한 값이 평균이다. 하지만 중앙치나 최빈치는 표집에 따라 변동될 가능성이 많고, 안정된 값을 얻기 힘들 수 있다. 따라서 세 가지 집중경향치 중 평균의 활용도가 가장 높다.

척도의 종류에 따라 사용하는 집중경향치가 다르다. 첫째, 일반적으로 척도의 종류가 등간척도이거나 비율척도인 경우에 평균을 주로 사용한다. 평균을 구하기 위해서는 자료의 간격이 동일해야 하는데, 등간척도와 비율척도가 자료의 간격이 동일한 척도이기 때문이다. 자료의 간격이 동일하다는 것은 앞에서 설명한 바와 같이, 60점과 70점, 90점과 100점 사이의 간격이 10점으로 동일하다는 의미이다. 둘째, 명명척도인 경우에는 주로 빈도분석을 실시하여 어떤 값의 빈도가 가장 높은지를 나타내는 최빈치를 사용한다. 예를 들어, 국적구분에서 한국을 1, 중국을 2, 일본을 3으로 값을 매겼을 때, 이들 자료의 평균이나 중앙치를 구하는 것은 의미가 없다. 한국, 중국, 일본 중 어느 국적이 가장 많은지를 파악하는 것이 최빈치이다. 셋째, 서열척도인 경우에는 중앙치를 사용하는 것이 적절하다. 중앙치는 점수의 분포를 균등하게 상·하로 나누는 값으로, 예를 들면, 학급 내 등수의 중앙치를 기준으로 성적이 높은 집단과 성적이 낮은 집단을 구분할 수 있다. 또한, 등간 또는 서열척도에서 극단치를 포함하고 있다면 평균이 아닌 중앙치를 사용한다. 예를 들어, 소득의 경우 극단적인 고소득자로 인해 소득의 평균이 높아지고, 자료를 대표하는 값으로는 보기 어려우므로 중앙치를 확인한다.

자료의 분포가 어떠한지에 따라서 집중경향치의 특성은 다르다. 첫째, 자료의 분포가 정상분포라면 평균, 중앙치, 최빈치는 동일하다(평균=중앙치=최빈치). 정상분포의 특징을 간단히 설명하자면, [그림 6-1]의 가운데 그림처럼 정상분포는 하나의 높은 봉우리를 가지며, 그 봉우리를 중심으로 좌우대칭인 분포이다. 가운데에 위치한 높은 봉우리를 가지는 값이 바로 평균, 최빈치, 중앙치이다. 따라서 정상분포인 경우에는 어떤 집중경향치를 사용해도 좋다. 둘째, 자료가 정상분포가 아니라면 평균, 중앙치, 최빈치는 달라진다. 최빈치는 봉우리에 있는 값을 의미하고, 중앙치는 중앙에 있는 값, 평균은 전체 점수의 균형을 잡을 수 있는 값을 의미한다. 따라서 [그림 6-1]의 오른쪽 그림과 같이 봉우리가 오른쪽으로 치우친 분포(부적편포)에서는 최빈치가 가장 크고, 평균이 가장 작으며, 그 사이에 중앙치가 있다(평균<중앙치<최빈치). 이와 반대로, [그림 6-1]의 왼쪽 그림과 같이 봉우리가 왼쪽으로 치우친 분포(정적편포)에서는 최빈치가 가장 작고, 평균이 가장 크며, 그 사이에 중앙치가 있다(최빈치<중앙치<평균).

그림 6-1 정적편포, 정상분포, 부적편포

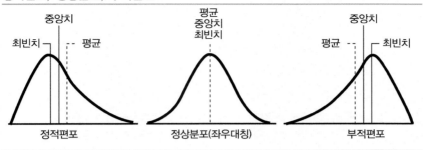

04 분산도

　분포를 파악할 수 있게 하는 통계치는 집중경향치뿐만 아니라 분산도(variability)도 있다. 두 집단의 평균이 동일하더라도 점수의 흩어짐에 따라 두 집단의 특징은 서로 다를 수 있다. 점수의 흩어짐을 나타내는 통계치에는 범위(range), 사분편차(quartile deviance), 분산(variance), 표준편차(standard deviation)가 있다. 따라서 점수들을 요약하여 보고할 때, 집중경향치인 평균과 분산도의 표준편차, 범위 등을 제시하는 경우가 많으며, 이렇게 집중경향치와 분산도를 함께 제공해야 분포에 대해 보다 정확하게 파악할 수 있다.

1) 범위

　범위는 점수들 중 가장 높은 점수와 가장 낮은 점수의 간격 또는 차이를 의미하며, 이를 통해 점수들이 얼마나 넓게 흩어져 있는지를 파악할 수 있다. 범위를 공식으로 표현하면 다음과 같다.

$$범위 = 최고점(max) - 최저점(min)$$

　범위는 점수가 흩어진 정도를 파악하기 쉽다는 장점이 있지만, 최고점과 최저점 사이에 존재하는 다른 점수들을 고려하지 않기 때문에 분포를 정확하게 설명하기에는 한계가 있다.

2) 사분편차

사분편차는 점수들을 크기순으로 일렬로 나열했을 때 아래 그림에서와 같이 최저점에서 25%에 위치한 수와 75%에 위치한 수를 이용해서 구한다.

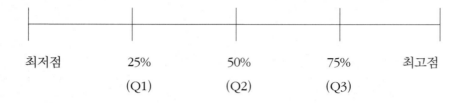

최저점에서 25%에 위치한 수치를 제1사분(Q1), 75%에 위치한 수를 제3사분(Q3)이라고 하며 이 둘 간의 거리를 사분범위, 사분범위에서 2로 나눈 값을 사분편차라고 한다.

$$사분편차(Q) = \frac{Q_3 - Q_1}{2}$$

사분편차가 클수록 흩어진 분포, 작을수록 밀집된 분포라고 할 수 있다. 사분편차는 양극단 값의 영향을 받지 않기 때문에 극단값이 있는 분포에서 사용하기에 적절하다는 장점이 있지만, 이 역시 범위와 마찬가지로 모든 점수를 고려하지 않으므로 정확한 분산도를 파악할 수는 없다.

3) 분산과 표준편차

분산은 범위와 사분편차와는 달리 모든 점수들을 고려하여 자료가 평균으로부터 얼마나 흩어져 있는지의 정도를 의미한다. 다음 식과 같이 각 점수와 평균과의 차이를 제곱하여 합한 것을 사례수(n)로 나누어 구한다.

$$분산 = \frac{\sum (X - \overline{X})^2}{n}$$

각 점수에서 평균을 뺀 값($X - \overline{X}$)을 편차(deviation)라고 하며, 편차의 값이 크면 점수가 평균으로부터 멀리 떨어져 있음을 의미한다. 평균으로부터 떨어진 정도를 나타내는 값이기 때문에 편차들을 모두 합하면 항상 0이 된다. 이처럼 편차 그대로의 합을 사용하면 점수들의 흩어진 정도를 파악할 수 없으므로, 편차를 제곱한 값을 합하는 과정이 분산을 구할 때 포함된다. 즉, $\sum (X - \overline{X}) = 0$이므로 $\sum (X - \overline{X})^2$을 분산 공식에 사용한다.

한편, 모집단에서 뽑은 표본에 대한 분산을 계산할 때는 편차의 제곱을 $n - 1$로 나눠준다. 표본의 평균을 기준으로 편차를 계산하게 되면 분산을 과소추정하기 때문에 분모를 작게 만들어 이러한 편향(bias)을 교정하는 것이다.

$$s^2 = \frac{\sum (x_i - \overline{x})^2}{n - 1}$$

s^2 : 표본의 분산, $\overline{x}$: 표본의 평균

분산을 구할 때 편차를 제곱한 것을 되돌리기 위해 분산에 제곱근을 사용하는데, 분산의 제곱근을 표준편차라고 한다.

$$표준편차 = \sqrt{\frac{\sum (X - \overline{X})^2}{n}}$$

분산과 표준편차는 클수록 점수들이 흩어져 있고, 작을수록 점수들이 모

여 있음을 의미한다. 예를 들어, A검사를 치른 5명 학생의 점수는 각각 18점, 28점, 52점, 74점, 93점이고, B검사를 치른 5명 학생의 점수는 각각 47점, 50점, 52점, 56점, 60점이다. 두 검사의 평균은 53점, 중앙치는 52점으로 모두 동일하지만 점수의 분포는 다르다. A검사가 B검사에 비해 점수들이 더 흩어져 있으므로 분산과 표준편차가 더 크다. 계산해 보면, A검사의 분산은 973, B검사의 분산은 26이며, A검사의 표준편차는 31.19, B검사의 표준편차는 5.10으로 두 검사의 분산과 표준편차는 큰 차이가 존재한다. 분산과 표준편차는 평균과 마찬가지로 모집단에서 유사한 표본을 뽑았을 때 그 값이 안정적이기 때문에 분산도를 정확히 설명할 수 있다는 장점이 있어서 범위나 사분편차에 비해 활용도가 높다.

05 왜도와 첨도

분포가 좌우대칭을 이루지 않을 때 어느 쪽으로 치우쳤는지를 파악할 수 있는 통계치를 편포 또는 왜도(skewness)라고도 한다. 정적편포는 점수들이 왼쪽으로 치우친 분포로, 많은 사람들이 낮은 점수에 존재하는 분포를 의미하며, 부적편포는 반대로 점수들이 오른쪽으로 치우친 분포로 많은 사람들이 높은 점수에 존재하는 분포를 의미한다. 즉, 정적편포는 어려운 시험에서, 부적편포는 쉬운 시험에서 나타나기 쉽다. 다시 말하면, 꼬리의 위치가 어디에 있느냐에 따라 정적이냐 부적이냐를 이야기하는데, 꼬리가 양(+)의 방향을 향하고 있는 분포가 정적편포, 음(−)의 방향을 향하고 있는 분포가 부적편포이다. 앞의 집중경향치에서 설명했듯이, 정적편포에서는 최빈치<중앙치<평균의 순으로 나타나며, 부적편포에서는 평균<중앙치<최빈치 순으로 나타난다. 정상분포에서는 좌우대칭을 이루며 최빈치와 중앙치와 평균이 모두 동일하다.

첨도(kurtosis)는 분포의 봉우리가 뾰족한 정도를 의미하는 통계치이다.

첨도가 높으면 분포의 봉우리가 뾰족하며, 첨도가 작으면 분포의 봉우리가 완만하다. 정상분포에 비해 봉우리가 뾰족하면 양의 값을 가지고, 봉우리가 완만하면 음의 값을 갖게 된다.

그림 6-2	부적편포, 정적편포, 첨도

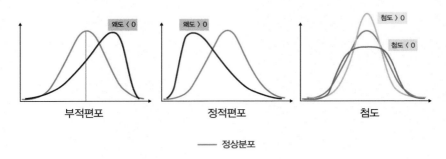

부적편포   정적편포   첨도

—— 정상분포

06 상관계수

상관계수(correlation)는 두 가지 변수 사이의 관련성을 수치로 표현한 것이다. 하나의 점수가 변화할 때, 다른 점수는 어떻게 변화하는지를 이 상관계수를 통해 파악할 수 있다. 예를 들어, 수학점수가 높은 학생들이 과학점수도 높다면, 수학점수와 과학점수의 관련성이 존재한다고 할 수 있고, 이러한 관련성을 수로 표현한 것이 상관계수이다.

상관계수는 -1과 1의 사이에 있는 값이며, 절대값으로는 0과 1 사이의 값이 된다. 절대값이 0에 가까울수록 두 변수 간 관련성이 작고, 1에 가까울수록 관련성이 크다. 상관계수가 0이면 전혀 관련이 없다는 의미이고, 상관계수가 -1 또는 1이면 완전하게 관련이 있다는 의미이다.

또한, 상관계수의 부호가 양수(+)면 두 변수가 변화하는 방향이 같다는 의미이며, 음수(−)면 두 변수가 변화하는 방향이 반대라는 의미이다. 양수인 상관계수를 **정적상관**(positive correlation), 음수인 상관계수를 **부적상관**(negative correlation)이라고 한다.

두 변수 간의 관련성을 시각적으로 표현한 그래프를 산포도(scatter plot)라고 한다. 산포도를 통해 상관계수에 대해 좀 더 알아볼 수 있다.

그림 6-3 상관의 크기와 방향에 따른 산포도

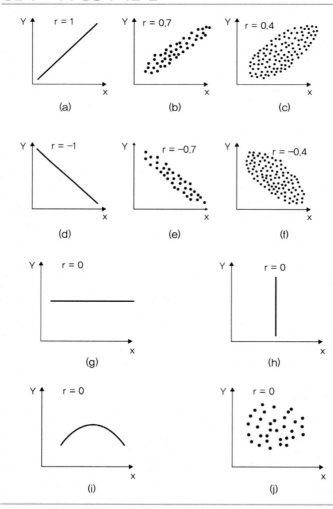

[그림 6-3]에서 정적상관에 해당하는 위의 세 가지 그래프((a), (b), (c))는 X와 Y가 같은 방향으로 변화한다. X가 커질수록 Y가 커지고, X가 작아질수록 Y가 작아진다. 반대로 설명해도 된다. Y가 커질수록 X가 커지고, Y가 작아질수록 X가 작아진다. 예를 들면, X가 공부시간, Y가 성적인 경우에, 공부시간이 길수록 성적이 높고 공부시간이 짧을수록 성적이 낮다는 상관관계가 성립한다면 정적상관이다. 아래 세 가지 그래프((d), (e), (f))는 부적상관에 해당한다. X와 Y가 반대 방향으로 변화하는데, X가 커질수록 Y가 작아지고, X가 작아질수록 Y가 커진다. 예를 들면, X를 우울감, Y를 행복감이라고 했을 때, 우울감이 높을수록 행복감이 낮고 우울감이 낮을수록 행복감이 높다면 부적상관이다.

정적상관과 부적상관의 첫 번째 그래프((a)와 (d))는 각각 완벽한 정적상관과 완벽한 부적상관이다. 이 그래프들에서는 점이 보이지 않고 선으로 표현되어 있다. 이것은 모든 점이 선 위에 존재한다는 의미이다. 따라서 산포도가 선으로 그려지게 되며 이 경우의 상관은 정적상관일 때 +1, 부적상관일 때 −1이 된다. 정적상관과 부적상관의 두 번째 그래프((b)와 (e))는 강한 정적상관과 강한 부적상관이다. 이 그래프들에서는 점들이 세 번째 그래프((c)와 (f))에 비해 모여 있는 특징이 있으며, X와 Y의 관련성을 더 잘 보여주고 있다. 정적상관과 부적상관의 세 번째 그래프((c)와 (f))는 약한 정적상관과 약한 부적상관이다. 그래프들에서 볼 수 있듯이, 상관이 절대값 1에 가까울수록 점들이 하나의 선에 모여 있는 편이며, 상관이 0에 가까울수록 점들이 하나의 선으로부터 흩어져 있는 특징이 있다. 이 예시 그래프에서 편의상 강한 상관의 절대값을 .7, 약한 상관의 절대값을 .4로 표현하고 있지만 상관계수의 크기의 절대적인 기준은 없으며, 상대적으로 해석이 가능하다. 마지막 4개의 그래프((g), (h), (i), (j))는 상관이 0인 다양한 경우를 표현한 것으로, x축의 값에 상관없이 고정된 y값을 갖는 경우, y축의 값에 상관 없이 고정된 x값을 갖는 경우, x와 y의 관계가 선형 관계가 아닌 경우 등이 이에 속할 수 있다.

위의 산포도들은 두 변수가 연속형 변수일 때 사용하는 **Pearson의 적률**

상관계수(product-moment correlation coefficient)를 예로 든 것이다. Pearson의 적률상관계수를 도출하는 식을 소개하면 다음과 같다.

$$r_{XY} = \frac{cov(X,\,Y)}{s_X s_Y}$$

위의 식은 X와 Y의 상관계수 r을 구하는 식으로, X와 Y의 공분산을 각각의 표준편차의 곱으로 나눈 값이다. 즉, 상관관계는 공분산을 표준화한 개념이다.

실제 자료를 가지고 상관계수를 구하려면 아래 식을 사용하면 된다.

$$r = \frac{[\sum_{i=1}^{n}(x_i - \overline{x})(y_i - \overline{y})]/(n-1)}{s_x s_y} = \frac{\sum_{i=1}^{n}(x_i - \overline{x})(y_i - \overline{y})}{\sqrt{\sum_{i=1}^{n}(x_i - \overline{x})^2 \sum_{i=1}^{n}(y_i - \overline{y})^2}}$$

$\overline{x}$: 표본집단 X의 평균

$\overline{y}$: 표본집단 Y의 평균

s_x : 표본집단 X의 표본표준편차

s_y : 표본집단 Y의 표본표준편차

n : 표본집단의 사례수

위 공식에서 분자에 해당하는 부분이 공분산을 의미하며, 두 변수의 편차점수 곱을 합해 $n-1$로 나눈 것이다. 공식에서 $\sum_{i=1}^{n}(x_i - \overline{x})(y_i - \overline{y})$는 교적합이라 하는데, 교적합의 부호로 상관계수의 방향이 결정된다. 두 변수에서 동시에 평균 위 혹은 동시에 평균 아래에 많은 값이 있는 경우, 교적합은 정적인 값(+)이 된다. 반면, X변수에서 평균 위에 분포한 값들이 Y변수에서 평균 아래에 많은 값이 있는 경우, 교적합은 부적인 값(−)을 가진다. 일반적으로 상관의 정도를 파악하고자 할 때 공분산 대신 상관계수를 보는 이유는 공분산이 변수들의 척도와 측정단위에 영향을 받기 때문이다. 척도에 따른 공분산 값의 변화가 두 변수의 표준편차 곱($s_x s_y$)으로 나누면 없어진다는 것을 pearson이 제안하였고, 이를 공식화 한 것이 피어슨 적률상관계수이다.

상관을 해석할 때 주의할 점은 상관은 인과관계를 의미하지 않는다는 것이다. 즉, 상관관계가 있다고 해서 이를 반드시 인과관계로 해석할 수 없다. 예를 들어, 수학을 잘하기 때문에 과학을 잘하는지, 과학을 잘하기 때문에 수학을 잘하는지는 알 수 없다. 수학과 과학 중 어떤 것이 원인이고 어떤 것이 결과인지 알 수 없다는 의미이다. 우리는 수학과 과학점수 사이의 상관계수를 통해 상호 관련성의 정도를 파악할 뿐이다. 또한, 허위상관의 가능성을 고려해야 한다. 전혀 관련이 없을 것 같은 두 변인이지만 실제 두 변수의 상관은 높게 나오는 경우가 있다. 예를 들어 아동의 신발치수와 지능지수와의 관계는 높게 나타나는데, 이를 근거로 아동의 발 크기와 지능이 직접적으로 연관이 있다고 유추한다면 잘못된 해석이 된다. 여기에서 아동의 나이를 고려한다면 두 변수 간의 상관이 쉽게 이해된다. 아동의 연령이 높아짐에 따라 신체발달로 인하여 발 크기가 커지며, 더불어 인지발달도 이루어지기 때문에 지능도 함께 올라가는 것이다. 이처럼 상관을 해석할 때 제3의 변수와 관련되어 나오는 결과가 아닌지 판단해야 한다. 마지막으로 상관은 1차함수인 선형관계를 의미한다는 점이다. 따라서 2차함수 또는 3차함수와 같은 비선형의 관계인 경우에 상관계수를 구하면 상호 관련성이 없다고 나타날 수 있다.

일반적으로 상관계수는 통계 프로그램(예: SPSS, SAS, JAMOVI 등)을 이용해서 쉽게 구할 수 있다.

07   SPSS 활용 예시

1) 집중경향치, 분산도, 왜도와 첨도

분석▶기술통계량▶빈도분석을 클릭하고 오른쪽 변수 칸에 분석하고자 하는 변수(자료)를 옮긴 후, **통계량**을 클릭하면 중심경향, 산포도, 분포와 관련된 통계치들을 선택할 수 있다. 선택 후 **계속**을 클릭한 후 **확인**을 클릭하면 해당 변수의 통계치들을 확인할 수 있다.

- 분석과정

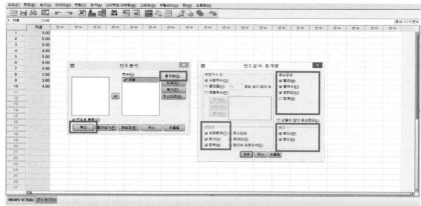

주. 중심경향=집중경향치, 중위수=중앙치, 최빈값=최빈치.

- 분석결과

N	유효	10
	결측	0
평균		3.50
중위수		4.00
최빈값		4
표준화 편차		1.269
분산		1.611
왜도		−.815
표준화 왜도 오차		.687
첨도		.254
표준화 첨도 오차		1.334
범위		4
백분위수	25	2.75
	50	4.00
	75	4.25

2) 상관계수

분석▶상관분석▶이변량상관을 클릭하고 오른쪽 변수 칸에 분석하고자 하는 변수(A, B)를 옮긴 후, **확인**을 클릭하면 해당 변수들 간 상관계수를 확인할 수 있다.

- 분석과정

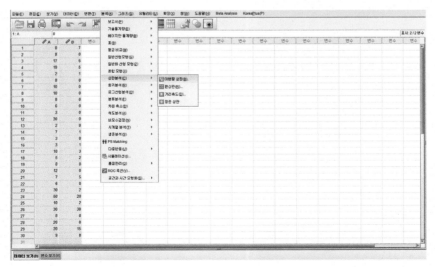

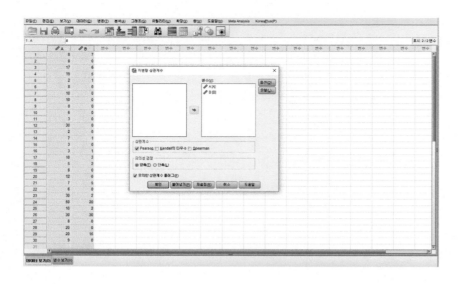

- 분석결과

상관관계

		A	B
	Pearson 상관	1	.653**
A	유의확률(양측)		.000
	N	30	30
	Pearson 상관	.653**	1
B	유의확률(양측)	.000	
	N	30	30

**상관관계가 0.01 수준에서 유의합니다(양측).

정·리·하·기

- 측정은 사물이나 사람의 속성을 수량화하는 절차이다.
- 측정의 단위는 척도이며, 척도의 종류는 명명척도, 서열척도, 등간척도, 비율척도로 구분할 수 있다.
- 집중경향치는 분포를 대표하는 통계치로, 평균, 중앙치, 최빈치가 있다.
- 분산도를 나타내는 통계치에는 범위, 사분편차, 분산, 표준편차가 있다.
- 왜도와 첨도는 분포에서 좌우로 치우친 정도와 봉우리의 뾰족한 정도를 나타내는 통계치이다.
- 상관계수 및 공분산은 두 변수 간 관련성을 나타내는 통계치이다.

학·습·문·제

⬡ 측정의 개념을 설명하시오.

⬡ 명명척도, 서열척도, 등간척도, 비율척도 각각에 대해 예를 들어 특징을 비교하시오.

⬡ 평균, 중앙치, 최빈치의 의미를 설명하고, 특징을 비교하시오.

⬡ 범위, 사분편차, 분산, 표준편차의 의미를 설명하시오.

⬡ 정적편포와 부적편포를 그림을 그려 설명하시오.

⬡ 첨도가 양의 값, 0, 음의 값을 갖는 경우를 그림을 그려 설명하시오.

⬡ 상관계수의 특징 및 공분산과의 차이점을 설명하시오.

CHAPTER

07

신뢰도

검사가 측정하고자 하는 속성을 얼마나 안정적이고 일관적으로 측정하는지를 나타내는 것이 신뢰도이다. 검사의 신뢰도를 구하는 방법은 여러 가지가 있다. 7장에서는 먼저 신뢰도의 개념을 살펴본 후, 신뢰도의 다양한 종류를 소개하고, 각 신뢰도의 특징과 장·단점이 무엇인지를 살펴보고자 한다. 이와 더불어 신뢰도는 어떤 요인들에 의해 영향을 받는지를 살펴볼 것이다. 검사의 신뢰도와 더불어 채점자의 신뢰도도 살펴볼 필요가 있다. 채점자가 얼마나 안정적이고 일관적으로 채점하는지를 나타내는 것이 채점자 신뢰도이다. 채점자 신뢰도는 채점자 내 신뢰도와 채점자 간 신뢰도로 구분되는데, 이에 대해서도 각각 살펴보고자 한다.

신뢰도

【학습목표】
-▶ 신뢰도의 개념 이해하기
-▶ 신뢰도의 종류를 구분하고 특징을 이해하기
-▶ 신뢰도에 영향을 주는 요인 이해하기
-▶ 채점자 내 신뢰도와 채점자 간 신뢰도의 개념 이해하기

01 신뢰도의 개념

　저울로 어떤 사물의 무게를 측정할 때 사물의 무게가 변하지 않는다면, 저울은 여러 번 측정할 때마다 동일한 결과를 보여줘야 한다. 예를 들어, 저울로 교육평가 책의 무게를 한 번 측정했더니 1kg이라고 한다면 동일한 저울로 교육평가 책의 무게를 다시 한 번 측정해도 1kg이라고 기대할 것이다. 저울은 일관성 있게 안정적으로 측정하는 도구라는 인식이 있기 때문이다. 만약 동일한 대상이 어제는 1kg이었는데, 오늘은 1.2kg, 내일은 1.6kg으로 측정이 되는 저울이 있다면 그 저울은 신뢰할 수 없다.

　신뢰도(reliability)는 측정 도구가 얼마나 일관성 있게 안정적으로 속성을 측정하는지의 정도를 의미한다. 교육평가에서 측정 도구를 신뢰하는 문제도 저울의 예와 마찬가지로 생각할 수 있다. 동일한 검사로 여러 번 측정을 했을 때 서로 다른 결과를 보여준다면 그 검사는 신뢰할 수 없다. 반면, 한 번 측정한 이후에 다시 측정을 해도 일관성(consistency) 있게 안정적인 결과를 보여준다면 그 도구는 신뢰할 수 있는 도구라고 판단할 수 있다. 물론 이 신뢰도에는 응답자의 태도나 형태가 영향을 주게 된다. 이 점을 강조해서 문항반응이론의 Rasch에서는 응답자 신뢰도(person reliability)라고 한다.

　신뢰도는 얼마나 정확하게 오차 없이 측정하는가를 의미하기도 한다. 오차가 큰 측정 도구는 신뢰하기 어렵다. 따라서 오차가 작을수록 신뢰도는

커지고, 오차가 클수록 신뢰도는 작아지는 관계가 성립한다. 낮은 신뢰도를 가진 검사를 가지고 어떤 특성을 측정한다면, 그 검사로 인한 결과 해석은 신뢰할 수 없다. 따라서 검사의 신뢰도는 교육평가에 있어서 매우 중요한 부분이다.

신뢰도의 개념을 이해하기 위해서는 검사의 결과로 받는 점수에 대해 잘 이해할 필요가 있다. A라는 학생의 수학 시험 점수가 80점인 경우, A의 진짜 수학 능력은 80점의 실력이라고 단정할 수 없다. 실력은 눈에 보이지 않고 직접 측정할 수 없기 때문이다. 따라서 실력을 측정하기 위해서는 시험이라는 검사 도구를 이용하여 간접적으로 시험 점수를 측정한다. 검사의 결과로 피험자가 받는 점수는 실제 실력과 오차를 포함하고 있다. 오차는 실제 실력과는 무관한 수많은 요인들로부터 발생한다. 피험자의 건강이나 심리상태, 문항의 특성, 환경, 검사 실시 중에 예기치 못한 방해요인, 채점자 등이 오차로 작용할 수 있다. 관찰된 점수는 오차로 인해 진짜 점수보다 높은 경우도 있을 수 있고, 낮은 경우도 있을 수 있다. 즉, 실제 실력보다 점수가 더 높게 나오는 경우도 있고, 실제 실력보다 점수가 더 낮게 나오는 경우도 있다. 이에 대한 내용을 식으로 표현하면 다음과 같다.

$$X = T + E$$

위의 식은 '고전검사이론(Classical Test Theory)'의 대표적인 가정으로, X는 관찰점수(observed score), T는 진점수(true score), E는 오차점수(error score)를 의미한다. 우리는 관찰점수만 측정을 통해 알 수 있고, 진점수와 오차점수가 각각 어느 정도인지는 알 수 없다. 고전검사이론에 의하면 오차점수는 진점수와는 무관하게 우연히 발생하는 점수로, 세 가지 점수의 관계를 분산으로 제시하면 아래와 같다.

$$S_X^2 = S_T^2 + S_E^2$$

식에서 아래첨자에 따라 S_X^2은 관찰점수 분산, S_T^2은 진점수 분산, S_E^2은 오차점수 분산을 의미한다. 관찰점수 분산은 검사의 결과로 받은 점수들의 전체 분산이고, 진점수 분산은 우연히 발생하는 오차의 영향을 받지 않는 점수들의 분산이며, 오차점수 분산은 우연히 발생하는 오차의 영향을 받는 점수들의 분산이다. 앞서 분산 식에 의하면 관찰점수 분산은 진점수 분산과 오차점수 분산으로 이루어져 있으며, 이를 다시 말하면, 진점수 분산은 관찰점수 분산 중 우연히 발생하는 오차점수 분산을 제외한 부분이다. 여기서 신뢰도를 정의하면, 관찰점수 분산 중 진점수 분산이 차지하는 비율을 말한다.

$$\text{신뢰도} = \frac{S_T^2}{S_X^2}$$

이러한 신뢰도의 개념에 의하면 신뢰도는 관찰점수 분산 중 진점수 분산이 차지하는 비율이기 때문에, 신뢰도의 이론적 범위는 0부터 1까지이다. 진점수 분산이 차지하는 부분이 클수록 신뢰도는 커진다. 반대로 진점수 분산이 차지하는 부분이 작을수록(즉, 오차점수 분산이 차지하는 부분이 클수록) 신뢰도는 작아진다.

표 7-1 분산의 구성과 신뢰도와의 관계

전체점수 분산		신뢰도
진점수 분산	오차점수 분산	
75%	25%	.75
100%	0%	1.00
0%	100%	0.00

만약 신뢰도가 .75라면, 관찰점수 분산 중 진점수 분산이 75%, 오차점수 분산이 25%를 차지한다는 의미이다. 가장 이상적인 것은 오차점수 분산이 존재하지 않는 경우이고, 이 경우에 관찰점수 분산과 진점수 분산은 같기 때문에 신뢰도는 1이 된다. 하지만 현실에서는 오차 없이 완벽하게 측정하는 것은 거의 불가능하기 때문에 신뢰도가 1인 경우는 거의 없다. 만약 모든 점수가 완전히 우연적인 오차에 의해 결정된다면, 진점수 분산은 0이고 신뢰도도 0이 될 것이다. 하지만 이 또한 비현실적인 경우에 해당한다. 현실적으로 신뢰도는 0과 1 사이에 존재하며, 1에 가까울수록 신뢰도가 높다고 해석한다. 신뢰도가 높다는 것은 측정 시에 오차가 적게 발생했음을 의미한다.

지금까지 설명한 신뢰도의 개념은 이론적으로는 성립하지만 실제적으로는 진점수 분산과 오차점수 분산을 알 수 없기 때문에 신뢰도의 계산이 불가능하다. 따라서 신뢰도를 실제적으로 추정하기 위해서는 측정을 얼마나 일관성 있게 안정적으로 하는가에 관심을 두고, 이와 관련하여 상관계수를 이용하여 신뢰도를 추정하는 것이 일반적이다. 즉, 반복 측정된 두 점수 간의 관련성이 높으면(즉, 두 점수 간의 상관계수가 높으면), 점수가 일관성 있게 안정적으로 측정되고 있다는 의미이므로, 신뢰도가 높다고 판단한다. 반면, 두 점수 간의 관련성이 낮으면(즉, 두 점수 간의 상관계수가 낮으면), 신뢰도가 낮다.

정리하면, 신뢰도는 측정 도구가 '얼마나 정확하게 오차 없이 측정하는 가', '얼마나 일관성 있게 안정적으로 측정하는가'에 관한 개념이다.

02 검사 신뢰도의 종류

검사의 신뢰도는 검사-재검사 신뢰도, 동형검사 신뢰도, 내적 일관성 신뢰도로 구분되며, 내적 일관성 신뢰도는 반분검사 신뢰도와 문항내적 일관성 신뢰도로 구분된다.

그림 7-1 　 신뢰도의 종류

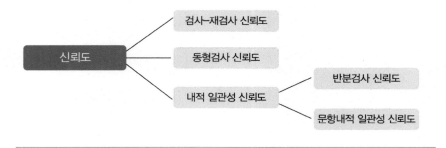

1) 검사-재검사 신뢰도

검사-재검사 신뢰도(test-retest reliability)는 같은 집단에 동일한 검사를 두 번 실시하여 얻은 점수들 간의 상관계수로 추정한다. 피험자의 반응이 얼마나 안정적인지를 파악할 수 있기 때문에 '안정성 계수(coefficient of stability)'라고도 한다.

검사-재검사 신뢰도는 첫 번째 실시한 검사 점수와 두 번째 실시한 검사 점수의 상관계수를 구함으로써 추정할 수 있다.

하지만 주의할 점이 있다. 먼저, 검사를 두 번 실시할 때에는 시간 간격이 존재해야 한다. 동일한 검사를 두 번 연속적으로 실시하면 처음 실시한 검사에 답한 응답을 기억하고 재검사에 응답하기 때문에 두 검사의 결과가 거의 일치하게 되므로 신뢰도를 과대추정하게 된다. 따라서 일정한 시간 간격을 갖는 것이 필요하다. 하지만 기억효과를 배제하기 위해 시험 간격을 너무 길게 설정한다면, 예를 들어 동일한 수학 시험을 1년 뒤에 다시 본 후 첫 번째 실시한 검사 결과와 재검사 결과 간의 상관으로 신뢰도를 구하려 한다면, 피험자들의 수학능력 수준이 변화할 수 있는 충분한 기간이므로 정확한 신뢰도 추정에 실패하게 된다. 따라서 적절한 시간 간격을 설정하는 것이 중요하다. 적절한 시간 간격은 검사의 종류나 피험자의 수준에 따라 달라질 수 있다. 지능이나 성격과 같이 짧은 기간에 변화하지 않는 특성을 측정하

그림 7-2   검사-재검사 신뢰도 예

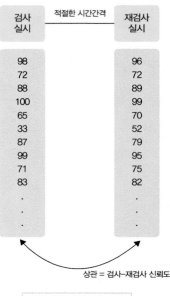

검사 실시	적절한 시간간격	재검사 실시
98		96
72		72
88		89
100		99
65		70
33		52
87		79
99		95
71		75
83		82
.		.
.		.
.		.

상관 = 검사-재검사 신뢰도

제시된 수들은 개인 점수들을 의미함.

는 검사인 경우에는 시간 간격이 상대적으로 길어도 괜찮을 것이고, 성취도 검사와 같이 쉽게 변화할 수 있는 특성을 측정하는 검사인 경우에는 시간 간격을 상대적으로 짧게 할 필요가 있다. 시간 간격에 대한 절대적인 기준은 없다. 다만, 검사-재검사 신뢰도를 구할 경우에는 시간 간격에 대한 정보를 제공하는 것이 바람직하다.

    두 번째 주의할 점은 검사-재검사 신뢰도를 추정하기 위해서는 적절한 시간간격을 두고 동일한 검사를 두 번 실시해야 하는데, 이 경우에 검사 실시 환경은 동일해야 한다는 것이다. 동일한 날은 아니지만, 동일 피험자들이 동일한 장소에서 동일한 시간대에 실시를 해야 하며, 그 밖의 모든 것이 최대한 동일한 조건에서 검사를 실시해야 측정 오차를 줄일 수 있다. 하지만 현실적으로 쉽지 않기 때문에, 동일한 환경에서 검사를 실시하는 것이 검사-재검사 신뢰도를 추정하는 데 있어 어려운 점이다.

2) 동형검사 신뢰도

검사-재검사 신뢰도가 동일한 검사를 두 번 실시해서 얻은 점수 간의 상관계수라면, 동형검사 신뢰도(parallel forms reliability)는 같은 특성을 가진 검사를 동시에 실시해서 얻은 점수 간의 상관계수로 추정한다. 문항 수, 문항의 내용, 문항의 난이도와 문항의 변별도 등이 동일한 검사를 동형검사라고 하며, 이론적으로는 동형검사 간에는 진점수 분산도 동일해야 하고, 오차점수 분산도 동일해야 한다. 동형검사 신뢰도는 '동형성 계수(coefficient of equivalence)'라고도 하며, 검사-재검사 신뢰도와 마찬가지로 상관계수로 추정할 수 있다.

그림 7-3 동형검사 신뢰도 예

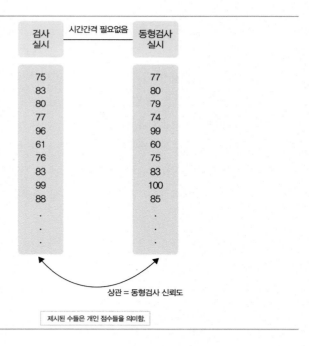

또 다른 장점으로, 동형검사 신뢰도는 동일한 검사를 동시에 실시할 때 존재하는 기억효과 등을 배제할 수 있다는 점이다. 동형검사이기 때문에 검사의 여러 가지 특징들은 유사하지만 동일한 문항들은 아니기 때문에 기억

해서 응답하는 것이 불가능하다. 더불어 동일한 검사가 아니기 때문에 검사 시간 간격 설정에 대한 고려를 할 필요는 없다.

하지만 동형검사 신뢰도를 추정하는 데에도 주의할 점이 있다. 동형검사 신뢰도를 추정하려면 반드시 동형검사를 제작해야 한다. 동형검사 제작 시 문항 수, 문항의 내용, 문항의 난이도와 문항의 변별도, 진점수 분산, 오차 점수 분산 등이 모두 동일해야 하므로, 동형검사 제작을 제대로 하는 것은 쉽지 않다. 또한, 검사를 어느 정도 동형으로 제작하였는지에 따라 신뢰도 계수가 달라진다는 단점이 있다.

3) 내적 일관성 신뢰도

검사-재검사 신뢰도를 측정하기 위해서는 동일한 검사를 두 번 실시해야 하고, 동형검사 신뢰도를 측정하기 위해서는 2개의 동형검사를 제작하여 각각 실시해야 한다는 어려움이 있다. 이를 해결하기 위해서는 한 번의 검사 실시 로 신뢰도 계수를 구하는 방법을 사용하면 된다. 검사를 한 번만 실시한 뒤, 신뢰도를 구하는 것을 내적 일관성 신뢰도(internal consistency reliability)라고 한 다. 내적 일관성 신뢰도는 검사의 하위 부분 간에 얼마나 일관성이 있는지를 파악하는 방식으로 구한다. 검사의 하위 부분을 두 부분으로 보는 반분검사 신뢰도와 문항 각각으로 보는 문항내적 일관성 신뢰도로 다시 구분할 수 있다.

(1) 반분검사 신뢰도

반분검사 신뢰도(split-half reliability)는 한 검사를 한 번만 실시한 후, 그 검사를 두 부분으로 나누어 두 동형검사로 간주하고 검사점수들 간의 상관 계수를 구한 뒤, 이를 Spearman-Brown 공식(Brown, 1910; Spearman, 1910) 을 이용해서 교정한다. 검사의 길이가 절반으로 줄어들었기 때문에 상관계 수를 그냥 사용하면 신뢰도를 과소추정하게 되기 때문이다. 다른 모든 조건 이 동일하면 문항 수가 증가할수록 신뢰도 계수도 증가하는 특징이 있기 때 문에(Allen & Yen, 1979) 원래 길이의 검사라면 신뢰도가 어떻게 추정될지를 구하기 위해 Spearman－Brown 공식을 이용하는 것이다. 이 방법은 검사를 두 번 실시할 필요 없이 한 번의 실시로 두 번 실시한 것과 같은 효과를 갖기 위해 개발된 방법이다. 만약 검사의 전체 문항이 30문항일 때, 반분검사 신뢰도를 구하기 위해 검사를 절반으로 나누면 15문항인 두 개의 검사가 된다. 이렇게 반분된 검사 점수의 상관계수를 구하면, 15문항인 검사의 동형검사 신뢰도라고 볼 수 있다. 검사가 30문항일 때의 신뢰도를 구하기 위해서는 공식을 통해 상관계수를 교정해 주어야 한다. 검사의 길이에 따라 신뢰도가 어떻게 변화할지를 예상하게 해 주는 Spearman－Brown 공식은 다음과 같다.

$$r_{xx'} = \frac{K \times r_{yy'}}{1 + (K-1)r_{yy'}}$$

K : 하위동형검사의 수
$r_{yy'}$: 반분된 검사점수간의 상관계수
$r_{xx'}$: 반분검사 신뢰도 계수

반분검사 신뢰도의 경우 전체 검사를 두 개의 하위 동형검사로 구분하였으므로, Spearman－Brown 공식의 K에 2를 대입하여 검사 길이가 두 배일 때의 신뢰도 계수로 교정한다. 예를 들어, 반분된 검사 점수들 간 상관이 .6이라면 반분검사 신뢰도를 구하기 위해 다음과 같이 공식에 대입하여 계산할 수 있다.

$$r_{xx'} = \frac{K \times r_{yy'}}{1 + (K-1)r_{yy'}} = \frac{2 \times (.6)}{1 + (.6)} = \frac{1.2}{1.6} = .75$$

공식에서 K에 2를, $r_{yy'}$에 .6을 대입하여 계산하면 반분검사 신뢰도는 .75가 된다. 이를 통해 반분된 검사들 간 상관이 .6이라면, 전체 길이의 검사에서는 .75의 신뢰도를 가진 검사라고 생각할 수 있다. 즉, 공식에 의하면 검사의 길이 K가 증가할수록 신뢰도도 증가한다. 검사의 길이와 신뢰도의 관계에 대해서는 '3. 신뢰도에 영향을 주는 요인'에서 좀 더 자세히 살펴보기로 한다.

반분검사 신뢰도를 구하기 위해서는 검사를 반으로 나누어야 하는데 그 방법에는 여러 가지가 있을 수 있다. 홀수번호 문항으로 된 부분검사와 짝수번호 문항으로 된 부분검사로 나누는 기우법이 있고, 검사 길이의 절반이 되는 지점을 기준으로 앞부분과 뒷부분으로 나누는 전후법이 있다. 그밖에 단순 무작위로 문항 수의 절반만큼 추출한 부분과 나머지 부분으로 나누는 방법이 있고, 문항의 내용이나 난이도 등 문항의 특성을 보고 두 부분이 유사하도록 반으로 나누는 방법이 있다.

표 7-2 반분검사 신뢰도를 구하기 위해 반분하는 방법

	반분하는 방법
기우법	짝수번호 문항과 홀수번호 문항으로 반분
전후법	검사의 앞부분과 뒷부분으로 반분
단순무작위법	무작위로 추출하여 반분
문항특성방법	문항특성을 고려하여 반분

반분검사 신뢰도를 구하기 위해 검사를 반으로 나눌 때 주의해야 할 점은 반으로 나눈 두 부분이 동형검사 같이 최대한 유사하도록 해야 한다는 점이다. 만약 속도검사의 경우라면, 피험자들이 앞부분에 비해 뒷부분에 응답할 확률이 낮으므로 앞부분에 비해 뒷부분의 점수가 낮게 나올 가능성이 크다. 즉, 속도검사의 경우 앞부분과 뒷부분이 동형이기 어려우므로 이러한 경우에는 전후법으로 반분하는 것은 바람직하지 않다. 또 다른 예로는 앞부분에는 집합과 관련된 문항들이 있고, 뒷부분에는 확률과 관련된 문항들이 있다면 전후법으로 반분하는 것이 바람직하지 않다. 이 경우에는 전후법으로 반분하면 앞부분과 뒷부분이 다루고 있는 문항 내용이 다르기 때문에 반

분된 두 부분이 동형검사일 수 없다. 따라서 반분검사 신뢰도를 구할 때는 반으로 나누는 방법을 검사의 특성에 따라 잘 선택할 필요가 있다.

그림 7-4 반분검사 신뢰도 예

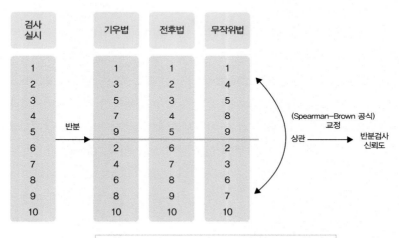

제시된 수들은 문항 번호를 의미하며, 상관은 각 문항의 개인 점수들 간의 상관을 의미함.

주. 문항특성방법은 문항특성에 따라 반분하는 것이며, 문항 번호만으로는 문항특성을 표현하기 어렵기 때문에 그림에서는 제시하지 않음.

반분검사 신뢰도는 한 번 실시로 반으로 된 길이의 검사를 두 번 실시한 것처럼 하여 신뢰도를 구할 수 있기 때문에 검사-재검사 신뢰도에서처럼 두 번 실시하면서 검사 실시 간격을 고민할 필요가 없고, 동형검사 신뢰도에서처럼 동형검사를 제작할 필요가 없다는 장점이 있다. 하지만 반분하는 방법이 여러 가지이기 때문에 어떤 방법으로 반분할지를 잘 결정해야 하며, 어떻게 반분되느냐에 따라 두 부분의 상관계수가 달라지므로 반분검사 신뢰도가 다르게 추정된다는 단점이 있다.

(2) 문항내적 일관성 신뢰도: Cronbach's α

앞에서 설명한대로 반분검사 신뢰도는 1) 반분방식에 따라 신뢰도가 달라지고, 2) 상관계수를 다시 교정해주어야 하는 단점이 있었다. 이러한 반분검사 신뢰도의 단점을 해결하기 위해 문항내적 일관성 신뢰도가 제안되었으며, 이 방법은 검사에 포함된 문항 하나하나를 검사로 간주하고 문항들 간 일관성이 있는지를 살펴보는 것이다. 문항내적 일관성 신뢰도는 KR-20, KR-21, Cronbach's α 등 여러 가지가 있다. 본질적으로 K-20은 문항을 반분하는 모든 가능한 경우로부터 얻은 다수의 반분신뢰도를 평균한 값이다(William & Jurs, 1985). KR-20은 이분문항(점수가 0과 1로만 채점되는 문항)에 대한 신뢰도만 다루며, 결국 Cronbach's α는 KR-20을 다분문항(여러 가지 점수로 채점되는 문항)까지 확장시킨 신뢰도로 이분문항인 경우 KR-20과 동일한 값으로 계산된다. KR-21은 이분문항에 대한 신뢰도를 다루며, 각 문항의 난이도가 동일하다는 가정을 한다는 특징이 있다. Cronbach's α는 각 문항의 난이도가 다를 수 있음을 가정한다는 점에서 KR-21과는 차이가 있다. 만약 각 문항의 난이도가 다르다면 KR-21은 실제보다 작게 추정된다. KR-20, KR-21, Cronbach's α는 모두 문항 내 분산을 오차로 처리한다.

표 7-3 문항내적 일관성 신뢰도의 특징

신뢰도	문항 유형	특징
KR-20	이분문항	• 이분문항인 경우 KR-20과 Cronbach's α는 동일한 값
KR-21	이분문항	• 계산이 쉽도록 각 문항의 난이도가 동일하다고 가정함 • 각 문항의 난이도가 다른 경우에 KR-21은 실제보다 작게 추정됨
Cronbach's α	이분문항, 다분문항	• 각 문항의 난이도가 다를 수 있음을 가정 • 통계프로그램으로 추정이 간편 • 가장 많이 쓰임

* 이분문항: 0(오답)과 1(정답)로만 채점되는 문항
* 다분문항: 여러 가지 점수로 채점되는 문항

Cronbach's α는 이분문항과 다분문항 모두를 다루며, 통계 프로그램을 이용하면 추정이 간편하기 때문에 가장 많이 쓰이는 신뢰도 계수이다. 이 중 가장 널리 쓰이고 있는 Cronbach's α에 대해서 좀 더 자세히 살펴볼 필요가 있다.

Cronbach's α를 구하는 식은 다음과 같다(Cronbach, 1951).

$$\alpha = \frac{K}{K-1}(1 - \frac{\sum_{i=1}^{K} S_i^2}{S_x^2})$$

K : 문항수
S_x^2 : 검사총점의 분산
S_i^2 : i번째 문항의 분산

만약, 5문항으로 구성된 검사에서 $S_1^2 = 10$, $S_2^2 = 15$, $S_3^2 = 12$, $S_4^2 = 5$, $S_5^2 = 9$이고, $S_x^2 = 120$이라면, Cronbach's α는 다음과 같이 계산된다.

$$\alpha = \frac{5}{5-1}(1 - \frac{10 + 15 + 12 + 5 + 9}{120}) = 0.72$$

Cronbach's α는 앞에서 언급한 다른 신뢰도들의 단점들을 극복한 신뢰도이다. 검사를 동일한 환경에서 2번 실시하지 않아도 되고, 동형검사를 제작하지 않아도 되고, 반으로 나눌 필요도 없다는 장점이 있다. 한편, Cronbach's α는 신뢰도를 과소추정 할 수 있다는 단점이 있다. Cronbach's α는 모든 문항이 동일한 척도 하에서 동일하게 측정한다고 가정(tau-equivalent)하지만, 그렇지 않은 경우(congeneric)에는 과소추정을 하게 된다(Graham, 2006). 즉, 개별문항이 동일한 정도로 신뢰롭다는 가정을 하지만 일반적으로 만족되지 않는 경우가 많다. 예를 들면, Cronbach's α가 .7이라면 실제로는 .7보다 클 가능성이 있다는 의미이다. 따라서 일반적으로 신뢰도가 .7 이상이면 양호한 수준이라고 판단한다는 가정 하에서 신뢰도가 적어도 .7은 되기 때문에 괜찮다는 해석을 할 수 있다. 즉, 과소추정하는 것이 과대추정하는 것보다 해석에 안전하기 때문에 많은 연구자들이 주로 사용하는 신뢰도이다.

03 신뢰도에 영향을 주는 요인

신뢰도에 영향을 주는 요인들은 다양하다. 어떤 요인들이 신뢰도에 영향을 주는지를 파악하면 검사도구의 신뢰도를 높일 수 있을 것이다.

첫째, 동일조건이라면 문항 수가 많을수록 검사의 신뢰도는 높아진다. 앞에서 반분검사 신뢰도 교정을 위해 제시한 Spearman−Brown 공식을 이용하여 문항 수를 증가시키면 신뢰도가 어느 정도 높아지는지를 예측할 수 있다. 다음 식은 반분검사 신뢰도에서 제시한 식을 $r_{xx'}$로 재정리한 식이다. 반분검사의 경우 검사의 길이를 2배로 늘렸을 때의 신뢰도 계수를 구해야 하기 때문에 K값에 2를 대입하는 것이고, 문항 수를 늘려서 검사를 만들고 싶을 때 예상 신뢰도를 구하고 싶으면 이 식을 이용하면 된다.

$$r_{xx'} = \frac{K \times r_{yy'}}{1 + (K-1)r_{yy'}}$$

$r_{yy'}$: 원래 문항 수일 때 검사신뢰도계수

$r_{xx'}$: 문항 수를 K배 늘렸을 때의 검사신뢰도계수

만약 검사에 포함된 문항 수가 10개일 때 신뢰도가 .5라면, 문항 수를 2배로 늘려 20개가 되는 경우의 기대되는 신뢰도를 아래와 같이 계산하면 .667이다.

$$r_{xx'} = \frac{K \times r_{yy'}}{1 + (K-1)r_{yy'}} = \frac{2 \times (.5)}{1 + (.5)} = .667$$

만약 검사 문항 수를 3배로 늘려 30개가 되는 경우의 신뢰도는 K에 3을 대입해서 .75가 될 것으로 기대된다.

$$r_{xx'} = \frac{K \times r_{yy'}}{1 + (K-1)r_{yy'}} = \frac{3 \times (.5)}{1 + 2 \times (.5)} = .75$$

이처럼 일반적으로 문항 수가 증가할수록 신뢰도가 높아지는 관계이다. 하지만 문항 수를 계속 늘린다고 해서 신뢰도가 무조건 증가하는 것은 아니다. 검사에 포함된 기존 문항의 내용과 특성이 잘 부합하는 양질의 문항이 추가되는 경우에만 신뢰도가 증가한다. 추가하는 문항의 내용이 기존 문항의 내용과 동떨어지거나 양질의 문항이 아닌 경우에는 오히려 신뢰도 계수가 낮아질 수도 있다.

둘째, 문항의 동질성이 높을수록 검사의 신뢰도는 높아진다. 다시 말하면, 넓은 범위의 내용을 포함하는 검사보다는 좁은 범위의 내용을 포함하는 검사에서 신뢰도가 더 높다. 예를 들면, 수학 교과에서 전 범위를 포함하는 검사와 행렬만을 포함하는 검사를 비교했을 때 전 범위 검사는 다양한 문항들을 포함하고, 행렬 검사는 행렬에 대한 내용을 포함한 유사한 문항들로 구성될 것이다. 즉, 검사 내용의 범위가 좁으면 유사한 응답이 기대되므로 문항의 동질성을 유지하기 쉽다. 검사의 종류에 따라 다양한 내용이 측정되어야 하는 경우가 있으며, 이런 경우에는 신뢰도가 낮을 수 있으나 그렇다고 검사가 잘못 만들어진 것은 아니라는 점에 주의해야 한다. 오직 신뢰도를 높이기 위해 측정범위를 좁히면 문항내용이 다양해지지 못하는 문제가 발생할 수 있다.

셋째, 검사점수의 분산이 클수록 검사의 신뢰도는 높아진다. 상관계수로 추정되는 신뢰도가 있음을 생각해 볼 때, 점수의 분산과 상관계수와의 관계를 생각해 볼 수 있다. 점수의 분산은 피험자의 개인차를 의미하기 때문에 피험자들이 얼마나 이질적인지와 관련이 있고, 상관계수는 피험자들이 이질적인 경우에 더 크게 나타난다. 다시 말하면, 피험자들의 수준이 다양해서 점수의 범위가 큰 경우에 상관계수는 더 크게 나타난다. 예를 들어, 검사-재검사 신뢰도를 상관계수로 구할 때, 다양한 수준의 전체 학생들을 대상으로 검사와 재검사를 실시하는 경우와, 우수한 수준의 학생들로 대상을 제한하여 검사와 재검사를 실시하는 경우에는 분포의 범위가 다르게 나타난다. [그림 7-5]의 (a)에서처럼 전체 학생들을 대상으로 한 경우에는 점수의 범위가 크기 때문에 검사와 재검사의 상관관계가 더 강하게 나타난다. 즉, 검사 점수가 낮을수록 재검사 점수도 낮고, 검사 점수가 높을수록 재검사 점수가 높은 경향이 오른쪽 그림보다 더 뚜렷하다. 한편, (b)의 경우, 우수한 학생들만을 대상으로 하였기 때문에 점수의 범위가 작게 되고, 검사와 재검사의 상관관계가 더 약하게 나타난다. 검사점수의 범위는 곧 검사점수의 분산을 나타내기 때문에, 검사점수의 분산이 클수록 상관관계가 크게 나타나므로, 신뢰도도 높아진다. 위에서 설명한 검사-재검사 신뢰도뿐만 아니라 상관을 기반으로 하는 다른 신뢰도에서도 동일한 특성을 보인다.

그림 7-5 | 검사와 재검사의 상관관계

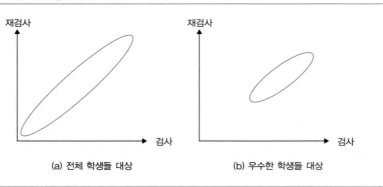

(a) 전체 학생들 대상   (b) 우수한 학생들 대상

넷째, 문항 난이도가 중간 정도로 적절한 수준일 때 검사의 신뢰도는 높

아진다. 문항이 너무 쉬운 경우에는 대부분의 피험자가 문항을 맞출 가능성이 높기 때문에 변별력이 낮아지고 검사 점수의 분산이 작아져서 그 결과 신뢰도가 낮아진다. 반대로 문항이 너무 어려운 경우에는 피험자들이 추측하게 되고, 검사 불안을 느끼게 되면서 일관성 있는 응답을 하기 어려워지므로 신뢰도가 낮아진다.

다섯째, 문항 변별도가 높을 때 검사의 신뢰도는 높아진다. 문항 변별도란 문항이 능력이 높은 학생과 낮은 학생을 구분해 줄 수 있는 정도를 의미하므로, 문항 변별도가 높을수록 피험자들의 능력이 잘 구분된다. 즉, 검사 점수의 개인차가 커지게 되고, 이는 검사점수의 분산이 커지는 것을 의미한다. 세 번째에서 검사점수의 분산이 클수록 검사의 신뢰도가 높아진다고 이미 설명하였으므로 참고하면 된다.

여섯째, 검사시간이 충분한 경우에 검사의 신뢰도가 높아진다. 피험자들은 검사시간이 충분할 때 안정적으로 응답을 하고 자신의 능력을 제대로 발휘할 수 있다. 시간제한이 있는 속도검사의 경우, 검사시간이 충분하지 않기 때문에 능력에 따른 응답이 불안정할 수 있고, 응답을 하지 못하는 문항들이 다수 발생하게 된다. 반면, 시간제한이 없는 역량검사의 경우 충분한 시간이 주어지므로 응답의 안정성이 보장되기 때문에 속도검사에 비해 신뢰도가 높다.

04 채점자 내 신뢰도와 채점자 간 신뢰도

논술형 문항 채점 또는 수행평가 채점을 하는 경우에 채점의 객관성을 확보하기 어렵다. 선택형 문항의 경우에는 정답과 오답이 명확하게 구분되므로 객관적인 채점이 가능한 반면, 논술형 문항의 경우에는 채점기준이 있다 하더라도 채점자의 주관이 개입된다. 수행평가의 경우에도 개방형 과제이기 때문에 채점기준에 따른 객관적인 채점이 어렵다. 따라서 이러한 경우에는 신뢰로운 채점을 위해 동일한 피험자에 대해 여러 명의 채점자가 채점을 한다. 채점을 할 때 얼마나 일관적이고 안정적으로 채점을 하였는지를 평가하기 위해서는 채점자 내 신뢰도와 채점자 간 신뢰도를 확인할 필요가 있다. 기본적으로 채점자 간 신뢰도를 확보하기 위해서는 채점자 내 신뢰도가 전제되어야 한다.

1) 채점자 내 신뢰도

채점자 내 신뢰도는 한 채점자가 여러 대상을 채점할 때 일관적이고 안정적인 채점을 하였는가에 관한 것이다. 채점자 개개인이 일관적인 기준에 따라 채점해야 하므로 채점자 내 신뢰도의 확보는 채점자의 자질과도 관련이 있다. 예를 들면, 올림픽 체조경기에서 여러 명의 심사위원이 심사를 할 때, 개별 심사위원은 선수들에 대해 일관적인 기준으로 평가해야 한다. 어떤 선수에 대해서는 과대평가하고, 어떤 선수에 대해서는 과소평가하는 등 선수들에 대해 일관적이지 않게 평가를 한다면 채점자 내 신뢰도가 낮은 것이고, 심사위원으로서의 자질이 부족한 것이다.

2) 채점자 간 신뢰도

채점자 간 신뢰도는 여러 채점자가 동일한 대상에 대해 유사하게 점수를 부여했는가에 관한 것이다. 서로 다른 채점자들이 동일한 대상에게 유사한 채점을 하는지를 파악하기 위한 것이기 때문에 채점자 간 신뢰도는 채점자 내 신뢰도보다 확보되기 어렵다. 앞에서 예로 든 것처럼 올림픽 체조경기에서 여러 명의 심사위원이 심사하는 경우, 모든 심사위원은 이미 주어진 평가기준에 의해 평가하기 때문에 한 선수에 대해 유사한 점수를 부여해야 신뢰로운 평가라고 할 수 있다. 어떤 선수가 체조를 매우 잘했는데 대부분의 심사위원이 높은 점수를 부여하였으나, 어떤 심사위원들은 다른 기준으로 평가하여 낮은 점수를 부여했다면 심사위원들 간 채점의 유사성이 떨어지게 되며 채점자 간 신뢰도가 낮게 된다.

평가의 결과가 연속형 점수로 부여되는 경우 평가자 간 일치도는

ICC(Intra-class correlation)를 통해 확인할 수 있다. 평가의 일관성을 평가하는 지표로 활용되는 ICC 혹은 집단 내 상관은 총 분산에서 집단 간 분산이 차지하는 비율을 말한다. 평가자 간 일치도에서는 집단을 학생으로 볼 수 있으며, 총 분산 중 학생 간 분산의 비율이 크고 평가자로 인한 학생 내 분산이 작을수록 평가자 간 일관성이 크다고 판단한다. 평가의 불일치로 인해 발생하는 학생 내 분산이 작을수록 ICC는 1에 가까워진다.

$$ICC = \frac{Var_{between}}{Var}$$

ICC에 대한 해석 기준은 다음과 같다(Koo & Li, 2016).

ICC	일치도
.5 미만	좋지 않음
.5 이상 .75 미만	보통
.75 이상 .90 미만	좋음
.90 이상	매우 좋음

일치(agreement)와 일관(consistency)의 개념을 구분할 필요가 있다. 예를 들어, 2명의 평가자가 학생 A, B, C의 과제에 대한 평가를 아래와 같이 내렸다고 하자.

학생	평가자 1	평자가 2
A	5	3
B	6	5
C	7	7

세 학생에 대한 평가자 1과 2의 평가는 일치하지 않는다. 즉, 두 평가자는 동일한 학생에 대해 다른 점수를 부여하였다. 비록 점수는 일치하지 않지만 평가에 따른 순위와 평가자 1과 2가 매긴 학생 간 점수 차이가 일관되므로 상관은 1이 된다. 채점자 간 신뢰도에서는 점수의 일관성보다는 얼마나 일치하는지가 중요하다고 볼 수 있으므로, 상관 대신 ICC를 확인하는 것이 바람직하다.

평가의 결과가 연속형 점수가 아닌 등급이나 범주로 구분되는 경우에는 평가자 간 일치도를 Kappa 계수로 확인한다. Cohen(1960)은 우연에 의한 확률을 제거하고 추정하는 Kappa 계수를 제안하였다. 두 평가자가 일치하게 평정하는 대각선 부분에 대해서 우연에 의해 평정되는 대상이 포함될 가능성이 있기 때문에, 이를 제거하여 일치도가 과대추정되는 문제를 해결하고자 한 것이다.

일치도(P_A)는 전체 평가대상(N) 중 두 평가자에 의해서 일치되는 평가대상의 수 즉, $J \times J$ 분할표에서 대각선에 위치하는 비율을 나타낸다. 해당 칸에 관계된 주변 피험자를 총 사례수로 나눈 비율이 두 번 산출되는데(분할표에서 P_{*1}, P_{1*}), 이 값을 곱하여 전체 J개를 더한 값이 우연에 의해 일치될 확률(P_C)이 된다.

$$P_A = \frac{N_{11} + N_{22} + \cdots + N_{JJ}}{N}$$

$$P_C = (P_{*1} \times P_{1*}) + (P_{*2} \times P_{2*}) + \ldots\ldots + (P_{*J} \times P_{J*})$$

관찰자 O_1

	1	2	...	$J-1$	J	계
1	N_{11}					P_{1*}
2		N_{22}				P_{2*}
:						
$J-1$						P_{J-1*}
J					N_{JJ}	P_{J*}
계	P_{*1}	P_{*2}		P_{*J-1}	P_{*J}	

관찰자 O_2

이렇게 산출된 일치도와 우연에 의해 일치될 확률을 바탕으로 Kappa 계수를 다음과 같이 구할 수 있다.

$$K = \frac{P_A - P_C}{1 - P_C}$$

P_A : 일치도, P_C : 우연에 의해 일치될 확률

		평가자 1			
		0	1	2	계
평가자 2	0	2 (a)	0	0	2
	1	1	6 (b)	0	7
	2	0	2	1 (c)	3
	계	3	8	1	12

예를 들어, 두 평가자의 평정결과가 위와 같다면 P_A는 $(2+6+1)/12 = .750$ 이며, 음영되어 있는 대각선 칸에 해당하는 $P_C = .0416 + .3888 + .0210 = .451$ 이다. Kappa 계수는 .544로 계산된다.

$$a: (3/12) \times (2/12) = 0.0416$$
$$b: (8/12) \times (7.12) = 0.3888$$
$$c: (1/12) \times (3/12) = 0.0210$$

$$K = \frac{P_A - P_C}{1 - P_C} = \frac{.750 - .451}{1 - .451} = .544$$

채점자 간 신뢰도를 높이려면 명확한 채점기준을 세워야 하며, 모든 채점자들이 동일하게 채점기준을 잘 이해할 수 있도록 채점자 훈련을 철저히 하는 것이 필요하다.

05 SPSS 활용 예시

1) Cronbach's α 계산

분석▶척도분석▶신뢰도분석을 클릭하고 오른쪽 항목 칸에 분석하고자 하는 변수(문항1~문항10)를 옮긴 후, **확인**을 클릭하면 신뢰도계수 Cronbach's α를 확인할 수 있다.

- 분석과정

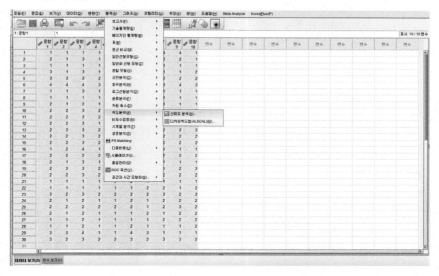

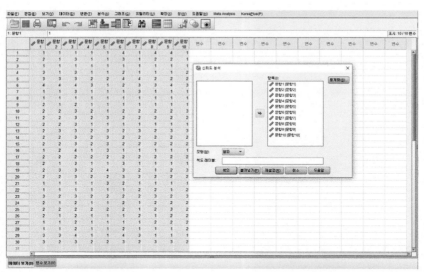

• 분석결과

Cronbach의 알파	항목 수
.857	10

2) ICC 계산

분석▶척도분석▶신뢰도분석 클릭 후 통계량 박스에서 급내 상관계수를 체크하고 확인을 클릭하면 급내 상관계수(평균측도 해석)를 구할 수 있다.

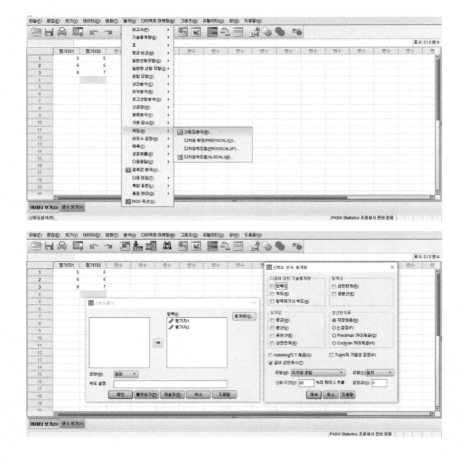

급내 상관계수

	급내 상관관계[a]	95% 신뢰구간		실제 값 0(으)로 F 검정			
		하한값	상한값	값	df1	df2	유의확률
단일 측도	.909[b]	-.300	.998	21.000	2	2	.045
평균 측도	.952[c]	-.857	.999	21.000	2	2	.045

사람 효과가 변량효과이고 측정 효과는 고정 효과인 경우, 이차원 혼합효과 모형이다.

a. 일치 정의(측정 간 분산)를 사용하는 유형 C의 급내 상관계수는 분모 분산에서 제외됩니다.

b. 상호작용 효과의 유무와 관계없이 추정량은 동일합니다.

c. 이 추정값은 상호작용 효과가 없다는 가정 하에 계산됩니다. 그 밖의 방법으로는 추정할 수 없기 때문입니다.

3) Kappa계수 계산

(1) 평가자가 두 명일 때

- SPSS

분석▶기술통계량▶교차분석 클릭 후 통계량 박스에서 카파 항목에 체크하고 확인을 클릭하면 Kappa 계수를 구할 수 있다.

대칭적 측도

	값	점근 표준오차[a]	근사T값[a,b]	근사 유의확률
일치측도 카파	.544	.220	2.719	.007
유효케이스 수	12			

a. 영가설을 가정하지 않음.
b. 영가설을 가정하는 점근 표준오차 사용

- 온라인 Kappa 계산기(http://justusrandolph.net/kappa/)
1단계, 아래의 정보를 입력한다.

* Case: 사례

* Category: 평가 범주(예에서 category 1=0, category 2=1, category 3=2)

* Rater: 평가자

# of Cases: 12   # of Categories: 3   # of Raters: 2

2단계, 각 사례에서 몇 명의 평가자가 category 1, 2, 3으로 평가했는지 빈도를 입력한다.

	Category 1	Category 2	Category 3
Case 1	2	0	0
Case 2	0	2	0
Case 3	0	1	1
Case 4	0	2	0
Case 5	0	2	0
Case 6	0	0	2
Case 7	0	2	0
Case 8	0	2	0
Case 9	2	0	0
Case 10	0	1	1
Case 11	1	1	0
Case 12	0	2	0

3단계, 제시된 결과 중에 Fixed-marginal kappa를 확인한다.
계산결과, 0.54로 SPSS kappa 결과와 일치한다.

Percent overall agreement = 75.00%

Free-marginal kappa = 0.63
95% CI for free-marginal kappa [0.24, 1.00]

Fixed-marginal kappa = 0.54
95% CI for fixed-marginal kappa [0.01, 1.00]

(2) 평가자가 세 명 이상인 경우

평가자가 세 명 이상인 경우는 온라인 Kappa 계산기를 활용하며, 절차
는 위와 동일하다.

# of Cases: 12   # of Categories: 3   # of Raters: 3

	Category 1	Category 2	Category 3
Case 1	3	0	0
Case 2	0	3	0
Case 3	0	2	1
Case 4	0	3	0
Case 5	0	3	0
Case 6	0	0	3
Case 7	0	3	0
Case 8	0	3	0
Case 9	3	0	0
Case 10	0	2	1
Case 11	2	1	0
Case 12	0	3	0

Percent overall agreement = 83.33%

Free−marginal kappa = 0.75
95% CI for free−marginal kappa [0.49, 1.00]

Fixed−marginal kappa = 0.68
95% CI for fixed−marginal kappa [0.32, 1.00]

- 신뢰도는 측정 도구가 '얼마나 정확하게 오차 없이 측정하는가', '얼마나 일관성 있게 안정적으로 측정하는가'에 관한 개념이다.
- 검사의 신뢰도는 검사-재검사 신뢰도, 동형검사 신뢰도, 내적 일관성 신뢰도로 구분되며, 내적 일관성 신뢰도는 반분검사 신뢰도와 문항내적 일관성 신뢰도로 구분된다.
- 신뢰도에 영향을 주는 요인은 문항 수, 문항의 동질성, 검사점수의 분산, 문항 난이도, 문항 변별도, 검사시간 등이 있다.
- 채점자 내 신뢰도는 한 채점자가 여러 대상을 채점할 때 여러 대상에 대해 일관적이고 안정적인 채점을 하였는가에 관한 것이며, 채점자 간 신뢰도는 여러 채점자가 동일한 대상에 대해 유사하게 점수를 부여했는가에 관한 것이다.

학·습·문·제

🔅 신뢰도의 개념을 설명하시오.

🔅 검사-재검사 신뢰도를 구할 때 주의할 점을 설명하시오.

🔅 동형검사 신뢰도를 구할 때 주의할 점을 설명하시오.

🔅 반분검사 신뢰도에서 반분하는 방법 네 가지를 설명하시오.

🔅 반분검사 신뢰도를 구할 때 주의할 점을 설명하시오.

🔅 문항내적 일관성 신뢰도의 종류를 나열하고, 그 특징을 비교하시오.

🔅 신뢰도에 영향을 주는 요인들을 바탕으로 검사의 신뢰도를 높이기 위한 방법을 설명하시오.

🔅 채점자 내 신뢰도와 채점자 간 신뢰도의 개념을 설명하시오.

🔅 채점자 간 신뢰도를 높이기 위한 방법을 설명하시오.

CHAPTER

08

타당도

검사가 측정하고자 하는 속성을 얼마나 충실하게 측정하는지를 나타내는 것이 타당도이다. 타당도는 신뢰도와 함께 검사의 양호도를 보는 중요한 개념이며, 신뢰도와 마찬가지로 다양한 방법으로 구할 수 있다. 8장에서는 타당도의 개념을 살펴본 후, 타당도의 다양한 종류를 소개할 것이다. 검사가 측정하고자 하는 내용을 제대로 측정하고 있는지를 보는 내용타당도, 준거에 따라 제대로 측정하고 있는지를 보는 준거타당도, 구성개념을 제대로 측정하고 있는지를 보는 구인타당도로 구분되며, 각 타당도의 정의와 측정하는 방법, 특징들을 살펴볼 것이다. 마지막으로 신뢰도와 타당도의 관계에 대해서도 살펴보고자 한다.

【학습목표】

→ 타당도의 개념 이해하기

→ 타당도의 종류를 구분하고 특징을 이해하기

→ 신뢰도와 타당도의 관계 이해하기

01 타당도의 개념

　　우리가 어떤 사물의 무게를 측정하는 경우에는 저울을 사용하고, 길이를 측정하는 경우에는 자를 사용한다. 그 이유는 저울이 무게를 측정하는 도구이고, 자가 길이를 측정하는 도구이기 때문이다. 각각의 측정 도구는 무엇을 측정할 것인지에 대한 목적이 분명히 있고, 그 목적을 충실하게 반영할 때 좋은 도구가 된다.

　　타당도(validity)는 측정 도구가 측정하고자 하는 속성을 얼마나 충실하게 측정하는지의 정도를 의미한다. 지능검사는 지능을 측정하기 위해 만들어진 도구이며, 따라서 지능을 측정해야 타당도가 높다. 만약 지능을 측정하기 위해 만들어진 지능검사가 지능이 아닌 성격을 측정하고 있다면 타당도가 낮은 검사라고 할 수 있다. 교육평가에서 타당도를 확인하는 것은 중요한 일이다. 교육평가에서 검사를 활용하는 목적은 다양할 수 있지만 대부분 중요한 의사결정을 위한 경우가 많다. 학생 선발, 학생의 특성(성향, 학습태도 등) 파악, 학생 분류, 기관이나 프로그램 평가 등 다양한 목적으로 검사가 활용된다. 그런데 그 때 사용되는 검사가 타당도가 낮은 검사라면 의사결정을 잘못 내리게 되며, 잘못된 정보에 의한 의사결정은 개인 당사자에게도, 학교와 같은 기관에게도, 더 나아가 사회 전체에도 악영향을 미치게 된다. 따라서 타당도는 검사를 개발하거나 사용할 때 반드시 확인해 보아야 할 검사의 특성 중 하나이다.

타당도를 검증할 때 주의할 점은 검사의 타당도는 상황에 따라 달라질 수 있다는 점이다. 검사가 어떤 특정한 목적이나 특정 상황에서는 타당하지만, 또 다른 상황에서는 타당하지 않을 수 있다. 따라서 검사가 사용되는 목적과 상황을 제대로 파악하고 검증하는 것이 중요하다.

타당도는 검사가 얼마나 목적에 부합하게 제작되었는지와도 밀접한 관련이 있다. 앞 장에서 제시하였듯이 신뢰도는 측정 도구가 얼마나 일관성 있게 안정적으로 속성을 측정하는지의 정도를 의미하는 동시에, 얼마나 정확하게 오차 없이 측정하는가를 의미하기도 한다. 신뢰도에서 말하고 있는 오차는 측정오차(measurement error)이며, 다양한 원인에 의해 발생할 수 있는 무선적 오차(random error)이다. 반면, 타당도의 개념과 관련하여, 검사가 목적에 부합하지 않게 측정하고 있는 부분은 체계적 오차(systematic error)이다. 체계적인 오차는 인간의 노력으로 제거할 수 있는 부분이다. 타당도를 올바로 파악하기 위해 조작적 정의를 잘 내리는 것이 중요하다. 조작적 정의는 어떤 속성에 대해 측정이 가능하도록 구체적으로 정의하는 것을 의미한다. 예를 들면, 사회경제적 지위(SES: socioeconomic status)는 소득과 교육수준을 합친 것으로 조작적 정의를 내릴 수 있으며, 조작적 정의는 연구자마다 다를 수 있다. 만약 어떤 속성의 조작적 정의를 잘못 내려서 잘못된 방식으로 측정하고 있는 경우에 오차는 체계적으로 발생하게 되며, 이러한 경우에 조작적 정의를 검사의 목적에 맞도록 바르게 수정하여 측정한다면 제거할 수 있는 오차이다. 따라서 체계적인 오차를 제거하기 위해 노력하는 일은 검사의 타당도를 높이고자 하는 노력과 관련이 깊다.

02 타당도의 종류

검사점수의 해석과 관련한 타당도는 내용타당도(content validity), 준거타당도(criterion validity), 구인타당도(construct validity)로 구분되며, 준거타당도는 예측타당도(predictive validity)와 공인타당도(concurrent validity)로 구분된다. 그 밖에 검사결과가 사회에 미치는 영향을 고려하는 결과타당도가 있다. 결과타당도는 검사 결과가 의도한 목적에 부합하는지를 중심으로 분석하며, 결과를 긍정적 또는 부정적, 실제적 또는 잠재적, 의도적 또는 의도하지 않은 결과로 구분할 수 있다. 본 장에서는 검사점수의 해석과 관련한 타당도에 한해서 구체적으로 설명하고자 한다.

그림 8-1   타당도의 종류

1) 내용타당도

내용타당도는 타당도의 개념을 내용적 측면에 적용한 타당도이다. 즉, 측정 도구가 측정하고자 하는 속성을 '내용적 측면'에서 얼마나 충실하게 측정하고 있는가를 의미한다. 이를 파악하기 위해서는 내용 전문가의 판단이 필요하다. 이후에 제시할 다른 타당도들과 달리, 내용타당도는 주로 질적인 판단에 기초한다. 다시 말하면, 값으로 수치화하는 것이 아니라 내용적으로 타당한지 검토를 한다는 의미이다. 하지만 내용타당성에 대한 전문가 견해의 일치도 혹은 문항의 적절성에 대한 평점 평균 등 질적인 결과도 양적으로 표현이 가능하다.

학업성취도 검사의 경우, 검사를 구성하고 있는 문항들이 얼마나 학업성취를 잘 측정하고 있는지를 검토할 필요가 있다. 이 때 문항들이 측정하고자 하는 영역을 잘 대표하는지를 검토하는 절차가 필요한데 이것이 바로 내용타당도 검증이다. 이는 마치 전집에서 표본을 추출할 때 대표성을 띠는 것과 마찬가지라고 생각하면 된다.

전집(population): 연구자가 관심을 가지고 있는 전체 집단을 의미한다.
　　예를 들면, 우리나라 중학생에 관심을 갖는 경우, 전국 중학생 전체 집단이 전집이다.
표본(sample): 전체 집단에서 추출된 집단을 의미한다.
　　예를 들면, 전국의 중학생을 모두 조사하기 어렵기 때문에 1,000명의 학생만 뽑아서 조사한 후 그 결과를 일반화할 수 있다. 이 경우에 조사된 1,000명의 학생이 표본이다.

　전체 내용 영역이 전집이 되고, 검사 문항들이 표본인 셈이다. 전체 영역에 해당하는 모든 내용을 다 문항으로 제작하여 검사를 실시하면 학업성취를 가장 잘 측정할 수 있겠지만, 현실적으로 여러 가지 제약이 따르기 때문에 엄선된 문항들로 학업성취를 최대한 효과적으로 측정하는 것이 필요하다. 만약 문항이 어느 한쪽 영역들에 치우쳐서 구성된다면 이는 학업성취를 제대로 측정할 수 없게 된다. 예를 들어, 수학에 대한 학업성취를 측정하기 위해 수학 시험을 구성할 때, 총 20문항으로 구성한다면, 그 20문항이 시험 범위 전반을 대표할 수 있어야 한다. 시험 범위가 집합, 수열, 확률, 도형, 함수, 방정식인 경우에 출제된 문항들이 해당 범위를 골고루 포함해야 한다는 의미이다. 어떤 부분은 누락되고 어떤 부분에 너무 많은 문항이 분포되어 있다면 내용적으로 타당하다고 할 수 없다. 내용타당도에 있어서 내용영역을 검토할 때 범위를 검토하는 것도 중요하지만 동시에 어떤 수준의 행동영역을 포함하는지도 고려해야 한다. 즉, 각 내용에 적합한 교육목표 수준(수학의 경우, 일반적으로 계산, 이해, 추론, 문제해결로 구분할 수 있음)을 포함하고 있는지를 살펴볼 필요가 있다. 만약 방정식의 경우에 '이차방정식의 실근과 허근 뜻을 알고 구할 수 있다'라는 성취기준을 측정하기 위해서는 해당 문항이 '이해'의 수준을 내포하고 있는지 살펴보아야 한다.

표 8-1 이원분류표의 예

과목	내용영역	계산	이해	추론		문제해결		문항수
				발견적	연역적	수학내적	수학외적	
수학	행렬과 그래프	1	2	1				4
	지수함수와 로그함수	1				2	1	4
	수열	1	1		1	1		4
	수열의 극한	1		1		1		3
미적분과 통계 기본	함수의 극한과 연속	1	1	1				3
	다항함수의 미분법		3					3
	다항함수의 적분법				2	1		3
	확률			1			2	3
	통계		1				2	3
합계		5	8	6	1	5	5	30

출처: 2013학년도 대학수학능력시험 수리영역 (나형) 문항 이원분류표.

　이러한 내용타당도 검증을 위해 문항 개발 시 '이원분류표(table of specification)'를 작성하는 것이 필수적이다. 이원분류표는 검사가 측정하고자 하는 내용영역과 그에 해당하는 행동영역(인지능력수준)을 표로 나타낸 것으로 간단히 예를 들면 [표 8-1]과 같다.

　일반적으로 문항 제작 전에 이원분류표를 작성하면서 검사 전체의 틀을 작성한다. 이는 문항이 대표성을 띠도록 구성하는 데에 큰 도움을 주기 때문에 내용타당도 검증 시에도 이를 바탕으로 내용적인 검증 절차를 거쳐야 한다. 내용타당도 검증은 주로 전문가들에 의해 질적으로 검토되므로 통계적인 검증은 할 수 없지만, 전문가들의 의견을 기술통계로 제시할 수는 있다. 내용타당도 검증 결과를 제시한 논문을 예로 들면 [표 8-2]와 같다.

<table>
<tr><td>표8-2</td><td>내용타당도 검증을 기술한 예</td></tr>
</table>

(1) 내용타당도 검증: 1차

본 연구에서는 1차 선정된 38문항에 대해 내용타당도를 검증하기 위하여 전문가 15인(유아교육과 교수 1인, 영유아교육기관의 원장 2인, 현직 유아교사 10인, 사회복지학과 노인학 전공교수 1인)에게 각 문항별 내용을 검토하도록 의뢰하였다. 전문가들은 각 문항들이 척도의 목적에 부합되는지, 내용 및 검사 방법에 대한 이해가 용이한지, 각 문항별 형용사의 쌍이 적절한지, 영유아기 손자녀를 둔 조부모의 자아상을 적절히 반영하고 있는지 등을 평가한 후, 각 문항별로 내용의 적합성 정도를 '적합하다'와 '적합하지 않다'로 표시하고 비고란에 의견을 기록하였다. 1차 내용 타당도 검증 과정에서, 38문항 모두 '적합하다'고 응답하였으며, '적합하지 않다'의 응답빈도는 1인으로 10% 미만이었다.

(2) 내용타당도 검증: 2차

본 연구에서는 38문항에 대해 2차 내용타당도를 검증하기 위하여 기초조사 과정에서 선정되었던 영유아의 조부모 15인에게 설문조사를 실시하였다. 조부모들에게 각 문항별 내용을 검토한 후, 문항별 내용의 적합성 정도를 5단계로 표시하도록 의뢰하였다. 문항의 내용타당도는 각 문항별로 내용의 적합성 정도에 따라 '전혀 적합하지 않다'에 1점, '적합하지 않다'에 2점, '보통이다'에 3점, '적합하다'에 4점, 그리고 '매우 적합하다'에 5점으로 배점되어 있으며, 각 문항별 점수의 범위는 최저 1점부터 최고 5점까지 분포되었다. 2차 내용타당도 검증 결과, 전체 평균은 4.40으로 나타났으며, 각 문항별로 최저 4.16에서 최고 4.84까지 평정되었을 뿐만 아니라, 4.0미만의 평균을 받은 문항은 없었다. 따라서 최종적으로 38문항이 요인분석 문항으로 선정되었다.

출처: 양진희(2014). 영유아기 손자녀를 둔 조부모의 자아상 척도 개발 및 타당화 연구. *한국보육학회지, 14*(1), 113-138.

위의 예는 영유아기 손자녀를 둔 조부모의 자아상 척도에 대한 내용타당도 검증 결과를 기술한 것이다. 일단 내용타당도 검증을 위한 전문가는 1차적으로 유아교육과 교수, 영유아교육기관 원장, 현직 유아교사, 사회복지학과 노인학 전공교수를 대상으로 하였다. 이를 통해 문항 검토 대상을 다양한 측면의 전문가로 구성한 것을 알 수 있다. 2차적으로는 실제적인 대상이 되는 영유아의 조부모를 대상으로 하였다. 이와 같이 다양한 측면으로 내용이 타당한지 검증할 수 있는 절차를 따르는 것이 바람직하다. 예를 들어, 청소년의 자아존중감 척도에 대한 내용타당도 검증이 필요한 경우에는 청소년 전문가, 자아존중감과 관련된 심리학 분야의 전문가, 실제 대상인 청소년 등이 내용타당도 검증을 하는 역할을 하면 될 것이다.

이와 더불어 위의 예시에서는 적합성의 정도를 각 문항별로 점수화하게 하여 평균과 최저점, 최하점을 제시하는 등의 기술통계값을 제시하고 있다. 내용타당도의 특성상 통계검증을 통해 수치화하는 것은 불가능하지만 빈도 또는 점수의 평균과 같은 기술통계값으로 제시하는 것은 가능하다.

2) 준거타당도

준거타당도는 검사가 측정하고자 하는 것을 얼마나 잘 측정하는지를 알 아보기 위해 다른 변수와의 관련성을 검증한다. 다시 말하면, 검사의 측정 점수가 또 다른 측정 점수와의 관련성을 파악하는 방법을 사용하여 타당도 를 검증한다. 준거(criterion)란 '판단의 근거'를 의미하며, 타당한 정도를 판단 하기 위한 근거로 '검사와 관련된 다른 검사'를 활용하는 것이다. 이 때 타 당성을 검증하고자 하는 검사와 준거가 되는 검사는 관련성이 높아야 하며, 준거로 활용하는 측정 점수는 신뢰롭고 타당해야 한다.

준거타당도의 준거를 예로 들면, 적성검사는 피험자들의 이후 직장에서 의 수행을 예측하기 때문에 직장에서의 수행 점수가 준거가 될 수 있고, 대 학수학능력시험은 피험자들이 대학에 진학한 이후에 수행 능력을 예측하므 로 대학에서 받게 되는 학점이 준거가 될 수 있다. 또 다른 예로는 단축형 우울증 검사를 개발하는 경우에 기존에 타당하다고 입증된 우울증 검사가 준거가 될 수 있다. 적성검사나 대학수학능력시험에서의 준거로는 미래 측정 치가 필요한 반면, 기존의 검사보다 짧게 제작한 단축형 우울증 검사의 준거 로는 기존의 우울증 검사를 사용하면 되므로 미래 측정치가 필요없다. 단축 형 우울증 검사와 기존의 우울증 검사를 동시에 측정하면 된다. 이처럼 준거 의 성격은 검사의 목적에 따라 두 가지로 구분될 수 있는데, 검사가 미래 행 동을 예측하는 목적으로 개발된 경우에는 예측타당도라 하고, 검사가 기존에 공인된 검사의 또 다른 목적으로 개발되는 경우에는 공인타당도라 한다.

표 8-3　준거타당도의 예

타당도 검증이 필요한 검사		준거(미래/현재)
적성검사	--- 상관 ---	직장에서의 수행점수
대학수학능력시험	--- 상관 ---	대학에서의 학점
단축형 우울증 검사	--- 상관 ---	기존에 타당성이 검증된 우울증 검사

(1) 예측타당도

예측타당도(predictive validity)는 검사가 미래의 행동을 예측하는 목적으로 개발된 경우에 검증할 수 있는 타당도로, 앞에서 제시한 적성검사와 대학수학능력시험이 그 예가 될 수 있다. 검사를 통해 미래의 행동을 예측한다는 것은 검사 결과로 인재를 선발하거나 배치하는 등의 실질적인 목적을 가지고 검사를 활용할 수 있다는 의미이다. 검사 점수가 높으면 미래에 수행을 잘 할 것이라고 예측이 가능하며, 검사 점수가 낮으면 미래에 수행을 잘 하지 못할 것이라고 예측이 가능하다. 예측을 잘 할 수 있는지를 파악하기 위해서는 미래의 수행을 측정해 보아야 하며, 검사 점수가 신뢰롭고 타당하게 미래의 수행을 측정한 결과와 관련성이 높다면 예측타당도가 높다고 할 수 있다.

법학적성시험, 의학적성시험 등의 경우 예측타당도가 높으면, 해당 시험에서 높은 점수를 받은 피험자가 미래에 법학 관련 일을 하거나 의학 관련 일을 하게 될 때 높은 수행을 보일 것이다. 그러면 검사가 예측의 목적을 잘 달성한 것으로 볼 수 있다. 이처럼 예측타당도를 검증하면 선발, 배치 등의 목적에 따라 검사를 잘 활용할 수 있는 장점이 있다. 하지만 예측타당도를 검증하기 위해서는 미래의 행위를 측정해야 한다는 어려움이 있다. 미래의 행위를 측정하기 위해서는 일정 시간이 지나야 하며, 검사를 실시한 해당 피험자들의 미래 행위 점수를 측정해야 한다. 이 때 모든 피험자들의 미래 행위 점수를 구하는 것이 불가능한 경우가 많다. 예를 들어 [그림 8−2]의 (a)와 같이 대학수학능력시험의 경우 대학수학능력시험을 치른 모든 피험자들이 대학에 진학하고 모든 학생의 미래 행위 점수를 수집하는 것은 이상적이다. 하지만 현실적으로는 (b)와 같이 일정 점수 이하를 받은 피험자들은 대학에 진학하지 못하기 때문에 미래 행위 점수, 즉 대학에서의 학점은 측정할 수가 없다. 이러한 경우 일정 점수를 받지 못한 학생들의 대학 학점 자료는 수집할 수 없기 때문에 자료가 절단된다. 또 다른 예로 의학적성검사의 경우 의학적성검사를 치른 모든 피험자들이 의사가 될 수는 없기 때문에 일정 점수 이하를 받은 피험자들의 미래 행위 점수, 즉 의사로서의 수행 점수는 측정할 수가 없다. 따라서 자료가 절단될 수밖에 없다. 자료가 절단된다는 것을 그림으로 표현하면 [그림 8−2]와 같다.

참고로 자료가 절단되면 상관 값은 줄어들게 되므로, 예측타당도는 실제보다 낮게 추정, 즉 과소추정되는 특징이 있다.

| 그림 8−2 | 예측타당도에서 자료 절단의 예 |

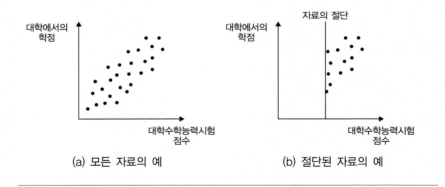

(a) 모든 자료의 예   (b) 절단된 자료의 예

(2) 공인타당도

공인타당도는 검사점수와 기존에 관계가 있어야 할 변인들과의 상관을 확인함으로써 타당도를 입증하는 방법으로, 예측타당도와 달리 검사와 관련 변인이 동시발생하며 둘의 상관을 바로 확인할 수 있다는 점이다. 기존에 검사가 있는데 이와 유사한 검사를 개발하는 경우는 종종 있다. 어떤 경우에는 실제 검사의 길이가 너무 길어서 피험자들이 응답하는 데 지치는 등의 어려움이 있을 수 있으므로 단축형 검사를 개발하기도 하고, 기존의 검사에서 측정하고자 하는 변수와 유사하지만 조금 다른 정의를 가진 변수를 측정하게 되는 경우도 있다. 성격검사의 경우 그 종류가 매우 다양한 것도 그러한 이유 때문이다. 공인타당도를 검증하고자 할 때, 검사의 점수와 그것의 준거가 되는 또 다른 검사의 점수 간 관련성을 보기 위해 예측타당도와 같이 시간적 여유를 가질 필요는 없다. 동일한 피험자에게 시간적 간격 없이 두 가지 검사를 모두 실시해도 무방하다. 두 검사 점수의 상관 분석 결과, 새로 개발한 검사 점수가 준거로 사용되는 기존 검사의 측정 점수와 상관이 높으면 측정하고자 하는 것을 잘 측정하고 있다. 즉 타당하다고 말할 수 있다.

공인타당도가 높은 검사는 기존의 검사를 대체해서 사용할 수 있다. 기존에 타당성이 입증된 우울증 검사가 있지만 검사의 길이가 길어 사용하기 어렵다면, 단축형 우울증 검사를 만들 수 있다. 이 때 단축형 우울증 검사가 기존의 우울증 검사와 관련성이 높게 나타나 단축형 검사의 타당성이 입증되었다면, 기존 검사 대신 단축형 검사를 사용해도 무방하다. 시간이 부족하거나 피험자들의 피로도를 고려해야 하는 경우에 단축형 우울증 검사를 활용하여 보다 효율적으로 측정할 수 있다는 점에서 공인타당도의 장점이 있다.

3) 구인타당도

구인타당도는 검사가 측정하고자 하는 심리적 구인(psychological construct)이 조작적 정의에 적합하게 잘 측정하고 있는지를 검증한다. 구인은 인간의 심리적인 특성을 설명하는 구성개념과 관련이 있으며, 이는 직접적으로는 측정이 불가능하기 때문에 간접적으로 측정이 가능하다. 따라서 추상적인 개념이 대부분이며, 지능, 성격, 능력, 적성 등이 그 예가 될 수 있다. 인간의 심리적인 특성들은 추상적인 개념이기 때문에 그에 관련한 전문가들이 심리적 특성이 어떤 구성개념으로 이루어져 있는지에 대해 조작적으로 정의를 내리고 그것을 간접적으로나마 측정이 가능하도록 검사를 개발한다. 조작적으로 정의한다는 것을 '우울'이라는 특성을 예로 들어보겠다. 우울은 우울한 기분 또는 흥미나 즐거움의 상실 등 정서적 증상과 식욕 감소 및 피로, 무기력 등의 신체적 증상, 그리고 자신이 무가치하다는 느낌이나 자살에 대한 생각 등의 인지적 증상으로 구분될 수 있다. 이론 전문가들에 의해 세부적인 정의는 서로 다를 수 있지만 일반적으로 이렇게 세 가지 증상으로 구분되는 데에는 합의가 되어 있다. 우울을 측정하기 위해서는 우울을 구성하고 있는 개념들을 제대로 측정할 수 있는 문항들을 제작하여 검사를 구성해야 하며, 그 검사도구의 타당성을 검증하기 위해서 구성개념들을 제대로 측정하고 있는지, 즉 검사의 내적 구조를 파악하는 것이 필요하다. 이 때 사용하는 타당도가 구인타당도이다.

조작적 정의에 따라 문항을 제작하여 검사를 구성하고, 검사가 측정하고자 하는 구성개념을 제대로 잘 측정하고 있는지를 파악한다면 측정의 결과를 제대로 잘 이해할 수 있다. 예를 들어, 정서적 증상에 대한 문항들과 신체적 증상에 대한 문항들, 인지적 증상에 대한 문항들의 점수의 합이 높으면 우울 증상이 높은 사람이라고 추측을 할 수가 있다. 더 세부적으로는 정서적 증상에 대한 문항들(예: 나는 우울한 기분을 느낀다, 나는 슬프다, 나는 일상생활이 즐겁지 않다 등)에 대한 점수가 높으면 우울의 정서적 증상이 높다고 이해할 수 있다. 만약 신체적 증상에 대한 문항들(예: 나는 요즘 식욕이 없다, 나는 피곤하다, 나는 전보다 몸무게가 줄었다 등)에 대한 점수가 낮다면 우울의 신체적 증상이 낮다고 이해할 수 있다. 즉, 우울의 전반적인 특성이 어느 정도인지, 그 중에서도 정서적, 신체적, 인지적 특성의 수준은 각각 어떠한지를 파악할 수 있다. 따라서 측정하고자 하는 구성개념에 따라 검사를 개발

그림 8-3 우울의 구성개념

우울	정서적 증상	우울한 기분, 흥미나 즐거움의 상실 등
	신체적 증상	식욕 감소, 피로, 무기력 등
	인지적 증상	자신이 무가치하다는 느낌, 자살생각 등

하는 것이 중요하고, 검사를 활용하려면 검사가 측정하고자 하는 구성개념에 따라 제대로 측정하고 있는지, 즉 구인타당도를 검증하는 일이 반드시 선행되어야 한다.

구인타당도를 검증하는 방법은 여러 가지가 있지만, 여기서는 상관계수 방법과 요인분석 방법에 대해 소개하고자 한다. 이 두 가지는 구인타당도를 검증하기 위해 주로 사용되는 방법들이다.

(1) 상관계수 방법

일반적으로 하나의 검사를 구성하는 하위 구성개념들은 서로 관련성이 있을 것이다. 관련성이 없는 구성개념들을 하나의 검사에 포함시키는 것은 매우 부자연스러운 일이며, 측정하고자 하는 의도를 제대로 담고 있지 못할 가능성이 크다. 그런 의미에서 검사에서 측정하고자 하는 개념의 하위 구성개념들 간 관련성을 살펴보는 절차를 통해 이 검사가 측정하고자 하는 구성개념들을 제대로 설정하고 측정하고 있는지 파악할 수 있다. 이를 위해 사용할 수 있는 방법이 하위 구성개념들 간 상관계수를 구하는 방법이다.

앞에서 든 예 중 우울을 측정하는 검사에 대한 구인타당도를 검증하기 위해서는 우울을 구성하는 하위 구성개념, 정서적 증상, 신체적 증상, 인지적 증상에 대한 총점 또는 평균 점수를 만들고, 그 점수들 간 상관계수를 구해 볼 필요가 있다. 이와 더불어 각 구성개념들과 전체 개념인 우울 간의 상관계수도 구해 볼 필요가 있다. 그 예를 제시하면 [표 8-4]와 같다.

표 8-4 우울 검사의 하위요인 간 상관계수 분석 결과

	정서적	신체적	인지적
정서적	1.00		
신체적	.673	1.00	
인지적	.518	.572	1.00
전체(우울)	.655	.791	.604

[표 8-4]에서 볼 수 있듯이 각 하위요인 간에는 어느 정도 상관관계가 존재하고, 전체 개념인 우울과도 어느 정도 상관관계를 나타내면 하위개념들이 제대로 구성되어 측정되고 있다고 할 수 있다. 하지만 특정 하위요인 간 상관관계가 너무 높은 수준으로 나타나는 경우에는 중복이 심해서 그 하위요인들이 고유의 개념을 측정하지 못하는 것으로 이해할 수 있으며, 특정 하위요인이 다른 하위요인들과의 상관관계가 너무 낮은 수준으로 나타나는 경우에는 그 하위요인이 전체 개념을 구성하는 요인으로 부적절할 수 있다.

(2) 요인분석 방법

상관계수 방법이 하위요인들 간 관계를 통해 검사가 구조적으로 제대로 측정되고 있는지 파악하는 방법인 반면, 요인분석 방법은 하위요인을 구성하고 있는 문항 수준까지 구조를 파악할 수 있는 방법이다. 만약 4요인을 기대하고 만든 검사를 대상으로 요인분석을 했을 때 4요인을 지지하는지 결과를 얻을 수 있는가에 주목한다. 검사를 개발할 때 하위요인이 있으면 각 하위요인에 해당하는 문항들을 여러 개 개발하여 측정하게 된다. 요인분석 방법은 각 문항들이 해당 하위요인에 제대로 속하는지를 파악할 수 있는 분석 방법이다. 전체가 몇 개의 요인으로 구분되고 각 문항들은 어떤 요인과 가장 관련이 있는지를 요인계수를 통해 파악할 수 있다. 요인분석을 한 결과의 예는 [표 8-5]와 같다.

표 8-5 부모-자녀 관계를 측정하는 검사의 요인분석 결과

번호	문항내용	요인			
		감독	의사소통	폭력	애착
1	부모님과 나는 많은 시간을 함께 보내려고 노력하는 편이다	.071	.378	-.006	.327
2	부모님은 나에게 늘 사랑과 애정을 보이신다	-.001	.088	-.013	.687
3	부모님과 나는 서로를 잘 이해하는 편이다	-.013	.247	.007	.621
4	부모님과 나는 무엇이든 허물없이 이야기하는 편이다	-.016	.605	.034	.197
5	나는 내 생각이나 밖에서 있었던 일들을 부모님께 자주 이야기하는 편이다	.018	.855	-.011	-.134
6	부모님과 나는 대화를 자주 나누는 편이다	.005	.779	-.017	.058
7	내가 외출했을 때 부모님은 내가 어디에 있는지 대부분 알고 계신다	.751	.043	-.037	-.003
8	내가 외출했을 때 부모님은 내가 누구와 함께 있는지 대부분 알고 계신다	.837	-.005	.009	-.042
9	내가 외출했을 때 부모님은 내가 무엇을 하고 있는지 대부분 알고 계신다	.849	-.024	.003	.001
10	내가 외출했을 때 부모님은 내가 언제 돌아올지를 대부분 알고 계신다	.613	.020	.026	.041
11	나는 부모님이 서로에게 욕설을 한 것을 본 적이 많이 있다	-.012	-.051	.714	.098
12	나는 부모님이 상대방을 때리는 것을 본 적이 많이 있다	.030	-.088	.789	.179
13	나는 부모님으로부터 심한 욕설을 자주 듣는 편이다	-.003	.095	.676	-.227
14	나는 부모님으로부터 심하게 맞은 적이 많이 있다	-.015	.078	.565	-.174

주: 요인계수가 .3 이상인 부분에 음영표시하였음.

앞서 표에서 제시한 것은 부모-자녀 간 관계에 대해 측정하는 검사에 대한 요인분석 결과이다. 예상되는 요인구조는 [그림 8-4]와 같다.

그림 8-4　요인구조

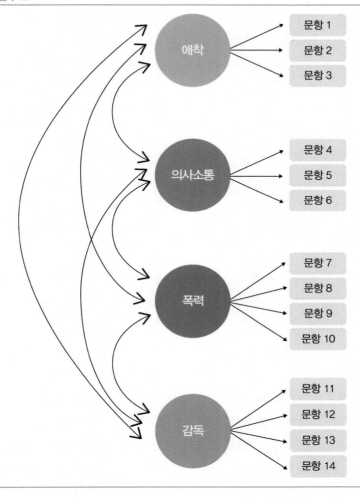

[표 8-5]는 한국청소년정책연구원에서 조사한 패널 설문 조사 응답 자료의 일부를 추출하여 분석한 결과이다. 총 14문항으로 구성된 이 검사에서 크게 네 가지의 하위 구성개념이 존재한다. 이러한 검사는 이미 검사를 개발할 당시에 요인을 고려하고 각 요인당 3-4문항씩을 개발하였을 가능성이 크다. 요인분석을 할 때에 요인 수를 지정할 수 있는데 이 경우 4로 지정

하여 탐색적으로 분석한 결과이다. 문항 내용을 보았을 때 네 가지의 요인으로 구성되어 문항이 개발되었다고 판단했기 때문이다. [표 8-5]에 제시된 수들은 요인계수로, 각 문항이 각 요인과 얼마나 관련이 있는지를 나타내며, 정확히는 해당 문항이 측정하고자 하는 구인에 의해서 설명되는 정도를 의미한다. 보통 요인계수의 경우 .3 또는 .4 이상이면 해당 문항이 해당 요인에 속하는 것으로 간주한다. 위의 분석 결과의 경우 대부분의 문항이 하나의 요인에 속하며, 그 내용도 각 요인에 부합하는 것으로 보인다. 요인계수가 .3이 넘는 부분에 음영 표시한 것을 살펴보면, 1번 문항부터 3번 문항까지는 4번째 요인(애착)에, 4번 문항부터 6번 문항까지는 2번째 요인(의사소통)에, 7번 문항부터 10번 문항까지는 1번째 요인(감독)에, 11번 문항부터 14번 문항까지는 3번째 요인(폭력)에 속하고 있었다. 각 요인의 요인명은 분석 결과에 나타나는 것은 아니고 내용적 측면을 고려하여 결정한다. 하지만 1번 문항의 경우는 4번째 요인 이외에 2번째 요인에도 속하는 것으로 나타났다. 이 경우 2개의 요인에 속하는 것으로 타당도 측면에서는 바람직하지 못한 문항일 수 있다. 일반적으로 하나의 문항은 하나의 내용을 담는 것이 기본이기 때문이다. 요인분석 결과에 의해 1번 문항이 2개의 요인에 속하였기 때문에 내용적 측면에서도 검토한 결과, '부모님과 나는 많은 시간을 함께 보내려고 노력하는 편이다'라는 내용은 부모와의 애착과 부모와의 의사소통을 모두 포함하고 있는 것으로 보인다. 따라서 이러한 경우에는 하나의 내용을 담는 문항으로 수정할 필요가 있다. 즉, 구인타당도 검증을 위해 요인분석을 한 결과 이렇게 2개 이상의 요인에 중복되게 관련성을 나타내거나, 또는 어떤 요인과도 관련성을 갖지 않는 문항들을 통계적 수치로 찾아낼 수 있고, 그렇게 찾아낸 문항이 정말 그러한지 내용적 검토를 통해 판단할 수 있다. 앞서 예에서는 1번 문항을 제외하고는 각 문항이 제대로 요인에 속해 있음을 확인할 수 있다. 즉, 1번 문항을 수정한다면 측정하고자 하는 것을 구조적인 측면에서도 적절하게 잘 측정한다고 할 수 있을 것이며, 이를 다시 말하면 이론적으로 기대하는 요인구조를 요인분석 결과(4요인)로 확인함으로써 구인타당도를 확보했다고 할 수 있을 것이다.

신뢰도와 타당도의 관계

완벽하게 신뢰롭다는 것은 오차가 없이 정확하게 측정되었다는 의미이다. 타당하다는 것은 검사가 측정하고자 하는 내용을 잘 담고 있어야 하기 때문에 문항들이 대표성을 띠는 것과 관련이 있다. 예를 들어, [그림 8-5]와 같이 측정 영역(domain)을 원으로, 문항(item)을 점으로 표현한다고 하자. 점이 한 곳에 모여 있을수록 신뢰도가 높은 것을 의미하고, 점이 원 안에 두루 펼쳐져 있으면 타당도가 높은 것을 의미한다. 따라서 첫 번째 그림은 신뢰롭지만 문항이 특정 내용만 반영하였기 때문에 타당성이 부족한 검사로 볼 수 있다. 두 번째 그림은 신뢰도는 다소 부족하나 문항이 다양한 내용을 포괄하고 있으므로 타당한 검사라 할 수 있다. 세 번째 그림은 신뢰롭지만 측정 영역을 벗어났기 때문에 타당하지 않은 검사이다. 위 예에서 볼 수 있듯이 신뢰도가 높다고 반드시 좋은 검사는 아니며, 신뢰도를 판단하는 절대적인 기준도 존재하지 않는다.

검사개발을 하거나 혹은 검사를 활용하고자 할 때 검사의 신뢰도와 타당도를 반드시 살펴야 하며, 신뢰도와 타당도를 올바로 해석하는 것이 중요하다.

그림 8-5 　신뢰도와 타당도의 관계

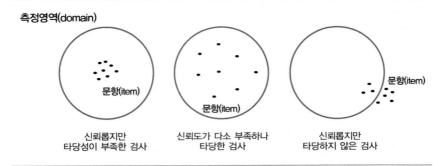

- 타당도는 측정 도구가 측정하고자 하는 속성을 얼마나 충실하게 측정하는지의 정도를 의미하며, 검사가 얼마나 목적에 부합하게 제작되었는지와 관련이 있다.
- 검사의 타당도는 내용타당도, 준거타당도, 구인타당도로 구분되며, 준거타당도는 예측타당도와 공인타당도로 구분된다.
- 구인타당도를 검증하는 방법은 상관계수 방법과 요인분석 방법이 있다.

- 타당도의 개념을 설명하시오.

- 내용타당도의 개념과 특징을 설명하시오.

- 준거타당도 중 예측타당도의 개념과 특징을 예를 들어 설명하시오.

- 준거타당도 중 공인타당도의 개념과 특징을 예를 들어 설명하시오.

- 구인타당도의 개념을 설명하시오.

- 구인의 개념을 예를 들어 설명하시오.

- 구인타당도를 분석하는 두 가지 방법이 무엇인지 제시하시오.

- 신뢰도와 타당도의 관계를 그림으로 설명하시오.

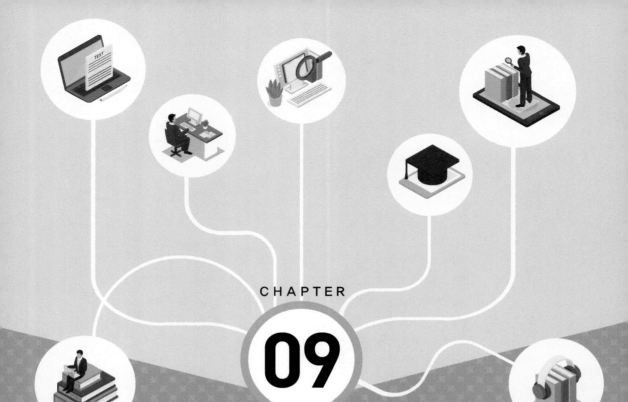

09

선택형 문항

시험은 응답자의 잠재적인 능력을 측정하는 검사 도구로써 피험자의 미래와 관련된 결정에 크고 작은 영향을 미친다. 따라서 출제자가 검사도구의 유형을 파악하고 피험자의 능력을 최대한 정확하게 평가할 수 있는 문항을 제작하는 것이 무엇보다 중요하다. 문항은 지시문, 진술문, 그리고 선택지로 구성되어 있다 ([참고 9-1]). 각 구성 요소는 검사 도구의 유형에 따라 제작 방법이 다르다. 검사도구의 유형은 크게 선택형 문항 및 서답형 문항으로 나뉘는데, 9장에서 설명할 선택형 문항은 피험자가 제시된 자료를 참고하여 선택지 중 알맞은 정답을 고르는 형태의 검사 문항이다. 선택형 문항은 다시 진위형 문항, 선다형 문항, 연결형 문항, 배열형 문항의 네 가지 유형으로 나눌 수 있다. 각 유형은 어떻게 문항을 제작하느냐에 따라 피험자의 단순 암기 여부에서 고등정신능력까지 측정할 수 있으므로, 문항 제작자는 각 유형의 특징 및 장·단점을 충분히 파악하여 이를 제작에 적용할 수 있어야 한다.

선택형 문항

【학습목표】

⇢ 선택형 문항의 유형을 이해하고 그 예를 들기
⇢ 선택형 문항이 어떤 학습 내용을 평가하기에 알맞은지 판단하기
⇢ 선택형 문항을 올바르게 제작하기
⇢ 제시된 선택형 문항의 개선점을 찾고 수정하기

참고 9-1 **문항의 구성**

2018 대학수학능력시험 사회탐구(법과 정치) 19번 문항 참고

19. 다음의 사연에 대해 법적 조언으로 옳은 것은?

> A는 퇴근 후 동료들과 회식 중, 사소한 시비로 동료를 때려 전치 6주의 부상을 입힌 후 구속되어 현재 조사를 받고 있습니다.

① 영장 실질 심사를 통해 석방될 수 있습니다.
② 진행 중인 수사 절차가 종결되면 석방됩니다.
③ 선고 유예를 받더라도 형사 보상을 받을 수 있습니다.
④ 형사 재판에서 배상 명령이 내려진 경우, 민사상 강제 집행을 받을 수 있습니다.
⑤ 피해자와 그 가족의 생활을 위한 범죄 피해자 구조금을 마련해 놓고 있어야 합니다.

지시문: 질문의 의도 및 가이드라인을 제시한다.

진술문: 학습 내용을 가공하거나 예시를 포함하여 작성한다. 제시문이라고도 한다.

선택지: 피험자가 선택해야 하는 정답지 및 복수의 오답지를 뜻한다.

표 9–1　선택형 문항의 요약

1. 진위형 문항	• 교정진위형 • 중다진위형 • 군집형 • 초점제시형
2. 선다형 문항	• 정답형 • 최선답형 • 다답형 • 불완전문장형 • 합답형 • 부정형 • 군집형
3. 연결형 문항	
4. 배열형 문항	

01　진위형 문항

- 교정진위형
- 중다진위형
- 군집형
- 초점제시형

1) 진위형 문항의 정의

진위형 문항은 어떤 진술문을 제시하고 피험자에게 진술문이 참인지 거짓인지 판단하도록 하는 문항이다. 이지선다형(two-option item) 또는 양자택일형(alternative-option item)이라고도 부른다. 진위형 문항은 비교적 간단한 유형의 문항이기 때문에, 일반적으로 초등학교에서, 또는 많은 피험자를 짧은 시간 내에 분류해야 하는 회사의 입사시험에서 주로 사용된다. 진위형 문항은 옳고 그름을 구분하는 진위형(true-false variety) 또는 진술문의 정확성을 판단하는 정오형(right−wrong variety), 그리고 긍정−부정형(yes−no variety)으로 구분한다.

예 9-1 진위형 문항

2017 국가수준학업성취도평가 중3사회 19번 문항 참고

진위형 (정오형)

다음 제시문이 참이면 T, 거짓이면 F에 표시하시오.

▶ <북학의>의 저자는 목민심서를 저술하였다. (T / F)

긍정−부정형

다음 제시문의 내용에 동의하면 '예'에, 동의하지 않으면 '아니오'에 표시하시오.

▶ <북학의>의 저자는 청 문물의 수용을 주장하였는가? (예/아니오)

2) 진위형 문항의 유형(Oosterhof, 1994)

진위형 문항은 단순한 구성의 문항이지만 다음과 같은 유형을 사용하여 난이도를 조정할 수 있다. 구체적으로 제시문을 수정해야 하는 교정진위형 문항(true−false requiring correction item), 응답을 복수 선택하는 중다진위형 문항(multiple true−false item), 단계적으로 맞고 틀림을 선택하는 연계성−진위형 문항(sequential true−false item), 제시된 기준에 따라 여러 진술문을 평가하는 군집형 문항(cluster true−false item), 진술문을 완성시키는 초점제시형 문항(focused item)의 다섯 가지 유형으로 나눌 수 있다.

(1) 교정진위형 문항

교정진위형 문항에서 피험자는 제시문이 참인지 거짓인지 판단한 후, 거짓인 경우 틀린 부분을 수정해야 한다. 틀린 부분을 수정하는 점이 10장에서 배울 단답형의 대입형 문항과 비슷하지만, 전체 제시문의 참과 거짓을 가린다는 점에서 진위형 문항에 속한다. 유사한 유형으로는 오류지적형

(identification item)이 있는데, 교정진위형과는 달리 틀린 부분을 수정하는 대신 표시만 하는 유형으로 교정진위형보다 난이도가 낮다.

예 9-2 교정진위형 문항

2016 국가수준학업성취도평가 중3사회 01번 문항 참고

아래 제시문에서 틀린 부분을 표시하고, 바르게 고치시오.
우리나라와 리우의 밤낮이 정반대인 이유는 우리나라와 브라질의 <u>위도</u> 차이가 크기 때문이다. (×)   → 경도

해설 위 진술문에서 틀린 부분은 "위도"인 부분이다. 위 문항은 교정진위형 문항이므로, "위도"를 논리적으로 맞는 단어로 수정해야 한다. 정답은 "경도"이다.

(2) 중다진위형 문항

중다진위형 문항은 제시문에 대해 나열된 여러 진술문 중 피험자가 옳은 진술을 전부 선택하는 유형이다. 복수응답이 가능하므로 복수의 진술문이 동시에 참일 수 있다.

예 9-3 중다진위형 문항

2008 초등학교 3학년 진단평가 초3쓰기 14번 문항 참고

연못에 대한 관찰 일기를 쓸 때, 그 내용으로 알맞은 것을 <u>모두</u> 고르시오 (복수응답 가능).
① 연못에 사는 생물
② 연못을 관찰한 도구
③ 연못에 함께 갈 친구
④ 연못을 관찰하게 된 이유

해설 정답은 ①, ②, ④이다. 복수응답이 가능하다는 것을 표현하기 위해 "모두"라는 문구 및 괄호 안에 "복수응답 가능"이라는 문구가 삽입되었다.

(3) 연계성-진위형 문항

연계성-진위형 문항은 논리를 전개하거나 수리적인 문제를 계산하는 단계들을 제시하고, 각 단계가 맞는지 틀리는지 묻는 문항이다. 계열형 문항이라고도 한다. 단계별로 진위형 문항들이 순서대로 제시되어 있으며, 각 문항의 정답은 앞의 문항에서 제시한 조건을 만족해야만 선행문항에 명시되어 있는 조건에 의존하는 형식이다. 따라서 문제를 푸는 여러 단계 중 이전의 단계가 다음 단계의 문제를 푸는데 필요한 정보를 제공할 경우 사용하기에 적합하다.

예 9-4　연계성-진위형 문항

2017 고등학교 신입생 선발고사 수학 15번 문항 참고

아래는 $(8x^2 - 4xy) \div (-2x)$를 계산하는 절차다. 각 절차가 맞는지 틀리는지 표시하시오.

① $(2)(4x^2 - 2xy) \div (-2x)$　　　　　　　　　　　　　　　(O)

② $(2x)(4x - 2y) \div (-2x)$　　　　　　　　　　　　　　　(O)

③ $(-2x)(-4x + 2y) \div (-2x)$　　　　　　　　　　　　(O)

④ $4x - 2y$　　　　　　　　　　　　　　　　　　　　　　　(×)

해석　①번부터 ④번 식은 진술문의 $(8 \times x^2 - 4xy) \div (-2x)$를 계산하는 절차를 정리해놓은 것이다. ①번부터 ③번 식까지 정확하게 계산되었지만, ④번 식의 계산은 계산의 실수가 있으므로 계산 절차상 오류가 있는 ④번이 정답이다.

---

(4) 군집형 문항

군집형 문항은 피험자가 문항에서 제시된 어떤 기준을 바탕으로 진술문이 옳은지 혹은 틀린지 판단하는 문항이다. 아래 예시에서 진술문 <설명>이 제시하는 개념이 바로 기준이 되며, 선택지는 해당 개념에 대한 설명을 담고 있다. 피험자가 논리적으로 기준과 연결되는 선택지를 고르게 함으로써 학습 내용에 대한 피험자의 응용력을 평가할 수 있다.

예 9-5 군집형 문항

2017 고등학교 신입생 선발고사 사회 33번 문항 참고

다음 <설명>과 관련 깊은 내용을 보기에서 읽고 옳으면 O를, 틀리면 X를 괄호 속에 쓰시오.

> <설명> 지구 내부의 힘에 의한 지각 변동이 지표면에 전달되면서 땅이 흔들리거나 갈라지는 현상

① 물 부족 문제와 적조 현상을 완화시킨다. (×)
② 피해를 줄이기 위해 건물의 내진 설계가 필요하다. (O)
③ 발생 횟수 감소를 위해 기후 변화 협약을 실천해야 한다. (×)
④ 알프스-히말라야 조산대, 환태평양 조산대에서 많이 발생한다. (O)

해석 위 <설명>에서 의미하는 개념은 '지진'이다. 위 군집형 문항은 총 4개의 진위형 문항으로 이루어져 있는데, ①번에서 ④번까지의 문항에 대해 '지진'과 연관되었는지를 판단하여 O, X를 표시하는 문항이다.

(5) 초점제시형 문항

초점제시형 문항은 문항의 논점을 구체화하기 위해 괄호 안에 복수의 단어 또는 구를 제시한 후 피험자가 주어진 단어 또는 구 중 하나를 선택하여 진술문을 가장 논리적으로 완성하도록 하는 유형이다.

예 9-6 초점제시형 문항

2006 초등학교 3학년 진단평가 읽기 16번 문항 참고

다음 제시문 중 A, B 중에서 올바른 번호를 골라 문장을 완성하시오.

> 우리나라 남부 지방과 북부 지방은 다른 점이 많습니다. ① 남부 지방은 큰 강을 따라 (A. 들 B. 계곡)이 많고, 북부 지방은 산이 많습니다. ② 또한, 남부 지방은 북부 지방보다 (A. 춥고 B. 따뜻하고) 비도 더 많이 내리는 편입니다.

해석 위 문항은 ①번과 ②번의 총 2개의 진위형 문항으로 구성되어 있다. 두 문장 모두 A와 B의 단어 중 더 논리적인 것을 선택하여 문장을 완성하는 유형이다. ①번은 'A. 들', ②번은 'B. 따뜻하고'가 정답이다.

3) 진위형 문항의 장·단점

(1) 장점

- 문항 제작이 쉽고 빠르다. 진술문으로만 문항을 작성할 수 있고 선택지를 따로 제작하지 않아도 되기 때문이다.
- 정답의 표기가 분명하여 객관적이고 신속한 채점이 가능하다. 채점 논란의 여지도 적다.
- 시간 및 지면 대비 많은 문항을 출제할 수 있으므로 상대적으로 넓은 교과 영역을 평가할 수 있다.
- 선다형 등 다른 유형의 문항 제작의 토대가 될 수 있다.
- 진술문에 대한 진위를 명확하게 응답해야 하므로 피험자가 기본적인 학습 내용을 이해했는지 효율적으로 측정할 수 있다.

(2) 단점

- 선택지가 참·거짓 등으로 간단하게 이분되어 있기 때문에 정답을 모르는 피험자가 추측으로 정답을 맞힐 확률이 높다.
- 문항의 평균적인 변별력이 다른 문항 유형보다 비교적 낮다.
- 진위형 문항의 단순한 형식상 피험자의 심층적인 학습상태를 평가하기보다 학습내용의 피상적인 암기 여부를 평가하기 쉽다.
- 정답에 논란이 없을 만큼 확실하게 응답이 가능한 진술문을 작성하기가 어렵다.
- 진술문이 복잡한 경우 피험자가 어느 부분에서 틀렸는지 오답의 원인을 알기 어렵다.

4) 진위형 문항의 제작

진위형 문항을 제작할 경우 다음과 같은 원리를 준수해야 한다.

(1) 하나의 진술문은 하나의 주제로만 해석될 수 있어야 한다

두 개 이상의 주제가 포함되어 있을 때, 각각의 진위가 판단되어야 하므로 하나만 모르는 경우라도 두 주제를 모두 모르는 경우와 같이 정답을 맞히지 못하게 된다. 따라서 복수의 주제가 담긴 진술문으로는 학생들의 능력 수준을 정확히 구분할 수 없다.

예 9-7

2017 고등학교 신입생 선발고사 도덕 5번 문항 참고

지속가능한 삶을 영위하기 위한 행동의 일환으로 고장난 물건을 고쳐서 다시 쓰거나 폐식용유로 재활용 비누를 만들어 사용할 수 있다. (참 / 거짓)

해석 위 진술문은 지속 가능한 삶을 기준으로 '고장난 물건을 고쳐서 다시 쓰는 것'과 '폐식용유로 재활용 비누를 만들어 사용하는 것'의 두 가지 예시를 포함하고 있다. 이 경우 피험자는 두 예시가 동시에 지속 가능한 삶에 포함되는지 알고 있어야 정확한 응답을 할 수 있다. 반대로, 한 가지 예시만 정확하게 알고 있을 때 다른 예시는 추측으로 응답을 할 수 있으므로 문항의 변별도를 떨어뜨리게 된다.

(2) 진위형 문항에 나타나는 진술문은 절대적인 진위를 판단할 수 있어야 한다

일반화되지 않은 내용, 일부의 견해 혹은 의견은 진위를 판단할 수 없으므로 포함하는 것이 적절하지 않다. 또한 어떤 상황에서는 참이지만 어떤 상황에서는 거짓인 진술문도 학생의 응답이 어느 상황을 가정한 것인지 알수 없으므로 피한다.

예 9-8

2018 대학수학능력시험 사회탐구 영역(사회·문화) 7번 문항 참고

노인 소외의 원인은 가족 구성원들이 노인을 의존적인 존재로 여기고, 노인도 이를 수용하면서 위축되기 때문이다.

해석 위 진술문은 일반화되지 않은 일부의 관점을 나타낸다. 따라서 사회 현상을 바라보는 관점에 따라 참이 되기도 하고, 이를 보편적인 주요 원인으로 보지 않는 관점에서는 거짓이 되기도 한다.

(3) 부정문은 가능한 사용하지 않는다

부정형 문장은 긍정형 문장으로 잘못 인식될 가능성이 높아 답을 알고 있으면서도 맞히지 못하는 실수가 잦으므로 가급적 사용하지 않는다. '않는', '못한' 등의 부정형을 꼭 사용해야 하는 경우 밑줄을 그어 학생이 주의하도록 한다. 이중부정형은 더욱 삼가는 것이 바람직하다.

예 9-9

2018 대학수학능력시험 사회탐구 영역(경제) 1번 문항 참고

시장 경제 체제하에서는 민간 경제 주체의 사익 추구가 <u>불가능</u>하지 않다.

해석 위 진술문은 이중부정형의 형태를 띠고 있다. 이 경우 피험자가 단순히 실수로 인해 오답을 선택할 수 있으므로, "시장 경제 체제하에서는 민간 경제 주체의 사익 추구가 <u>가능하다.</u>" 등 긍정형으로 바꾸어 질문하는 것이 바람직하다.

(4) 진술문은 간단명료하게 작성한다

조건이 붙거나 복문인 진술문, 또 단문이 여러 개 연결된 질문은 주제가 불명확할 수 있을 뿐 아니라 진위가 서로 다를 수 있다. 특히 복잡한 진술문은 주제에 대한 진위 외에 독해능력을 요구하기 때문에 검사의 신뢰도를 저하할 수 있으므로 피한다.

예 9-10

2018 대학수학능력시험 사회탐구 영역(경제) 13번 문항 참고

엔/달러 환율이 변동함으로 인해 일본에서 임금을 달러화로 받아 엔화로 환전하여 생활하는 사람은 불리해졌을 것이다.

해석 위의 진술문은 조건이 있을 뿐 아니라 복문으로 작성되어 복잡한 느낌이 든다. 이 경우 피험자가 진술문을 독해하는 과정에서 학습 성과와 달리 독해력의 부족으로 인해 실수할 수 있으므로 보다 간단한 진술문이 되도록 작성해야 한다.

(5) 답의 단서가 되는 단어를 사용하지 않는다

오답의 대표적인 단서는 '절대, 항상, 모두, 결코, 반드시, 전혀, 단지, 오직' 등 절대적인 어구이다. 한편, 정답의 대표적인 단서는 '흔히, 대체로, 간혹' 등의 일반적인 어구이며, 학생들이 답을 모르면서도 단서를 좇아 응답할 수 있으므로 진술문 작성 시 피하는 것이 바람직하다.

예 9-11

2018 대학수학능력시험 사회탐구 영역(법과 정치) 6번 문항 참고

시민 단체는 반드시 자신의 활동에 대해 정치적 책임을 져야 한다.

> **해석** 위 진술문은 오답의 대표적인 단서인 '반드시'를 문장에 포함함으로써 은연중 위 진술문이 오답임을 시사하고 있다. 따라서 이와 같은 단서를 남기지 않기 위해 '반드시'를 제외하는 방향으로 수정해야 한다.

(6) 학생이 추측할 수 있는 응답 유형이 없어야 한다

먼저 응답이 참인 문항과 거짓인 문항의 수가 비슷해야 한다. 응답의 개수가 5:5이거나 한쪽으로 응답이 치우치면, 학생이 모르는 문제에 대해 문항 비율을 단서로 답을 추측할 수 있다. 또한, 응답이 참, 거짓, 참, 거짓 등 추측 가능한 규칙을 따르면 이를 단서로 답을 알 수 있으므로 응답이 임의적으로 배치되어야 한다.

예 9-12

2018 대학수학능력시험 사회탐구 영역(생활과 윤리) 6번 문항 참고

어떤 서양 사상가의 입장은 다음과 같다. '시인이나 설화 작가들이 모방할 경우에는, 용감하고 절제 있고 경건하며 자유인다운 사람들을 모방해야만 한다. 반면에 그 어떤 창피스러운 것도 모방하지 말아야 하며, 이런 것을 모방하는데 능한 사람들이 되어서도 안 된다.' 이와 동일한 관점이면 T으로, 다른 관점이면 F으로 응답하시오.

ㄱ. 예술은 선의 실현에 기여해야 한다. (T)

ㄴ. 예술은 진리를 왜곡할 경우 비판받아야 한다. (T)

ㄷ. 예술에서 미와 선의 내용은 유사해야 한다. (T)

ㄹ. 예술은 사물의 실제보다 외관을 아름답게 모방해야 한다. (F)

> **해석** 위는 응답이 참으로 치우친 경우의 예시이다. 이 경우 피험자가 마지막 문항마저 참일 확률이 낮다고 생각하고 응답을 '거짓'으로 유추할 수 있다. 따라서 응답 순서를 보다 무선적으로 배치할 필요가 있다.

02 선다형 문항

- 정답형
- 최선답형
- 다답형
- 불완전문장형
- 합답형
- 부정형
- 군집형

1) 선다형 문항의 정의

선다형 문항(multiple-choice item)은 많은 시험에서 쉽게 볼 수 있는 유형으로, 진술문에 대한 여러 개의 선택지 중 옳은 선택지를 고르는 문항이다. 진술문은 대개 의문문 혹은 불완전문의 형태를 띠며, 선택지는 정답지와 오답지(distractor)를 포함한 두 개 이상의 선택지로 구성되어 있다. 오답지를 정답지처럼 매력적으로 제작할수록 학생이 답지 하나하나를 신중하게 검토해야 하므로 문항의 난이도가 높아지며, 반대로 오답지를 단순하고 피상적으로 제작할수록 단순 암기력을 평가하는 문항이 된다.

선다형 문항의 선택지 수는 출제자의 의도에 따라 달라지지만, 답지가 4개인 사지선다형 혹은 5개인 오지선다형이 많이 사용되고 있다. 선택지가 2개인 경우 위에서 살펴본 진위형 문항이 되며, 이 때 진위형 문항은 선다형 문항의 한 유형으로 볼 수 있다. 단, 선택지 수는 문항 내용에 따라 달라야한다. 임의로 선택지 수를 정하는 경우 매력적이지 않은 답지(모두 정답 등)를 포함할 가능성이 크고, 문항의 질을 저하할 수 있다(Budescu & Nevo, 1985). 사지선다형이 적절한 문항 내용임에도 불구하고 오지선다형 문항이 필요하여 선택지를 임의로 늘릴 경우, 문항의 질은 사지선다형과 같기 때문에 전체적인 난이도 조절에 실패하게 된다.

2) 선다형 문항의 유형

선다형 문항은 크게 일곱 개 유형으로 나눠볼 수 있는데 정답형(correct-answer variety), 최선답형(best-answer variety), 다답형(multiple- esponse variety), 불완전문장형(incomplete statement variety), 합답형(combined response variety), 부정형(negative variety), 그리고 군집형(cluster variety)으로 나타난다.

(1) 정답형

정답형은 선다형 문항의 기본 유형이다. 복수의 선택지는 한 개의 정답지와 한 개 이상의 오답지로 구성되어 있으며, 피험자가 선택지 중 하나의 정답지를 선택해야 한다.

예 9-13 정답형 문항

2006 초등학교 3학년 진단평가 읽기 7번 문항 참고

<보기>의 (   )에 공통으로 들어갈 말로 알맞은 것은 어느 것입니까? (   )

<보기>
• 나는 겉옷을 옷걸이에 (   ).
• 형석이는 친구에게 전화를 (   ).
• 경미는 할아버지와 오솔길을 (   ).

① 걸었다   ② 뛰었다   ③ 주었다   ④ 던졌다

해설 본 문항은 〈보기〉의 모든 문장에 동일하게 해당하는 정답을 선택하는 문제이다. 정답은 "걸었다"에 해당하는 1번이며, 나머지는 일부 문장에만 적용되거나 아무 문장에도 적용할 수 없는 오답지로 구성되어 있다. 이렇게 한 개의 정답과 복수의 오답으로 이루어진 구성은 선다형 문항의 일반적인 형식이다.

(2) 최선답형

최선답형 문항은 정답형과 유사하나, 오답지가 완전히 틀린 것이 아니라 부분적으로 옳은 내용을 담고 있어서 정답형보다 상대적으로 어렵다는 차이점이 있다. 따라서 피험자는 부분적으로 옳은 여러 선택지 중 가장 문제에 적합한 정답지를 골라야 하며, 이 때문에 난이도가 높은 편이다. 최선답형을 출제할 경우 출제자는 피험자들이 '가장 옳은 답'을 고를 수 있도록 해당 문항이 최선답형을 고르는 문항이라는 것을 명시해 주어야 한다.

예 9-14   최선답형 문항

2013 국가수준 학업성취도 평가 중3 사회 30번 문항 참고

다음 대화에서 B의 주장에 따른 대책으로 <u>가장</u> 적절한 것은?

> A: 교칙 위반 학생에 대한 처벌을 강화해야 합니다.
> B: 처벌을 강화하기보다는 교칙을 준수하고자 하는 의식을 기르는 것이 더
>   효과적입니다.

① 교칙 위반 행위에 대한 벌점을 높인다.
② 상황과 사람에 따라 교칙을 다르게 적용한다.
③ 교칙 위반 학생에 대한 징계 방법을 다양화한다.
④ 추가적인 교칙 제정을 통해 규율 범위를 확대한다.
⑤ 교칙 준수의 필요성을 주제로 한 학생 수필을 공모한다.

해설 본 문항의 정답은 5번이다. 1번부터 4번까지의 오답지도 '교칙 위반'을 감소시키려는 방안으로는 부분적으로는 옳은 선택지지만, 문항의 초점이 '교칙 준수의식'에 대한 방안에 맞춰져 있으므로 가장 적합한 5번이 정답이 된다.

(3) 다답형

다답형 문항은 선택지에 정답지가 한 개 이상 있는 선다형을 의미한다. 정답을 모두 고르라는 지시문이 있어야 하지만, 정답이 몇 개 포함되어 있는지 명시하는 것은 출제자의 의도에 따른다. 단, 피험자가 선택지를 보고 정답지들을 유추할 수 있어서 선택지를 구성할 때 특히 유의해야 한다.

> **예 9-15** 다답형 문항
>
> 2016 국가수준 학업성취도 평가 중3 과학 27번 문항 참고
>
> 지구계에서 수권과 기권의 상호작용에 의해 나타나는 현상을 <보기>에서 모두 고른 것은?
>
> ㄱ. 바다에서 태풍이 발생하였다.
> ㄴ. 해저지진에 의해 해일(쓰나미)이 발생하였다.
> ㄷ. 물이 증발하여 구름이 생성되었다.
>
> ① ㄱ   ② ㄴ   ③ ㄱ, ㄷ   ④ ㄴ, ㄷ   ⑤ ㄱ, ㄴ, ㄷ
>
> **해설** 위 문항의 선택지는 보기 ㄱ, ㄴ, ㄷ의 조합을 거의 모두 포함하고 있어 피험자가 선택지에서 정답을 유추하기 어려운 문항이다. 이처럼 다답형의 선택지를 구성할 경우 피험자가 하나의 선택지만 명확히 알 때 나머지 정답을 추측하기 어렵게 제작해야 한다. 정답은 ③번이다.

(4) 불완전문장형

불완전문장형의 문구는 의문문이 아닌 불완전문인 문항으로, 선택지 중 불완전문장을 완성할 수 있는 답지를 선택하는 문항이다.

> **예 9-16** 불완전문장형 문항
>
> 2015 국가수준 학업성취도 평가 중3 과학 9번 문항 참고
>
> 물은 수소와 (   )가 반응하여 생성된다.
>
> ① 리튬   ② 이산화탄소   ③ 황   ④ 산소   ⑤ 질소
>
> **해설** 피험자는 위 진술문 괄호 안에 들어갈 단어를 유추해야 하며, 물에 대한 학습 내용을 알고 있어야 위 문항을 풀 수 있다. 정답은 ④번이다.

(5) 합답형

합답형 문항은 여러 개의 주제에 대한 진위형 문항들을 묶어 질문하는 유형이다. 선택지는 2개 또는 3개 이상의 응답으로 구성되며, 문항 구조가 복잡하여 제작 및 채점이 어렵다는 특징을 가진다. 진위형 문항이 여러 개 합쳐진 형태이므로 각 진위형 문항에 대해 부분점수를 주는 것이 바람직하나, 대개 부분점수를 허용하지 않기 때문에 일부만 틀려도 문항 전체가 오답이 되어 피험자들에게 어렵게 느껴지는 유형이다.

예 9-17 **합답형 문항**

2014 국가수준 학업성취도 평가 중3 사회 14번 문항 참고

㉠의 시기에 일어난 내용으로 옳은 것을 <보기>에서 고른 것은?

1420년 집현전 설치 ——— ㉠ ——— 1446년 훈민정음 반포

<보기>
ㄱ. 호패제 도입
ㄷ. 측우기 제작
ㄴ. 현량과 실시
ㄹ. 『농사직설』 편찬

① ㄱ, ㄴ ② ㄱ, ㄷ ③ ㄴ, ㄷ ④ ㄴ, ㄹ ⑤ ㄷ, ㄹ

해석 위 문항은 네 가지 진위형 문항, 즉 ㄱ~ㄹ 보기를 선택지로 구성한 합답형 문항이다. 피험자는 ㄱ~ㄹ 보기의 내용이 1420년부터 1446년 사이에 일어났는지 참·거짓으로 응답할 수 있으며, 이 응답을 조합하여 선택지를 선택하게 된다. 단, 선택지가 의도치 않게 피험자들에게 응답에 대한 힌트로 이용될 수 있으므로 유의해야 한다.

---

(6) 부정형

정답형 문항과 반대로, **부정형** 문항은 하나의 오답지와 여러 개의 정답지로 구성된 문항이다. 이 때 피험자는 복수의 정답지 대신 한 개의 오답지를 찾아 선택해야 한다. 진술문에 알맞은 정답이 여러 개 있을 경우 제작하기 쉬우며, 피험자들이 실수로 정답을 찾지 않도록 '아닌 것은' 혹은 '다른 것은'에 밑줄을 그어 질문의 의도를 명시해야 한다.

부정형 문항

2016 국가수준 학업성취도 평가 중3 사회 29번 문항 참고

자료에 대한 설명으로 옳지 <u>않은</u> 것은?

> A: ㉠치킨 한 마리 배달해 주세요.
> B: ㉡치킨 전문점입니다. 종업원이 ㉢배달 중이라 30분 정도 기다려야 합니다.

① ㉠은 재화이다.
② ㉡은 이윤을 추구한다.
③ ㉢은 분배 활동이다.
④ A는 소비 활동의 주체이다.
⑤ A와 B는 경제 활동에 참여하고 있다.

해석 지금까지의 선다형 문항과 달리, 부정형 문항은 선택지 중 하나의 오답지를 골라야 하는 특징이 있다. 나머지 선택지는 참인 문장이다. 정답은 ③번인데, '㉢배달'은 분배 활동이 아님을 의미한다.

(7) 군집형

군집형 문항은 하나의 자료에 대해 여러 개의 선다형 문항이 군집해 있는 유형을 의미한다. 이 때 하나의 군집에 속한 선다형 문항은 모두 하나의 자료(지문, 그림, 지도 등)를 근거로 응답하게 된다.

군집형 문항

2019 대학수학능력시험 국어 영역(홀수형) 1~2번 문항 참고

[1~2] 다음은 라디오 방송이다. 물음에 답하시오.

> 혹시 어두운 밤길을 걸어 본 적이 있으신가요? 예전에 제가 밤길을 혼자 걸은 적이 있는데요, 처음엔 어둡고 무서웠지만 달빛 덕분에 어렵지 않게 걸었답니다. 여러분의 삶에 든든한 달빛 같은 방송, 청취자의 사연을 읽고 상담해주는 '나에게 말해 줘' 시간입니다. 저는 이 방송의 진행자인 심리 상담가 ○○○입니다. 오늘의 사연을 읽어 드릴게요.

> 저는 고등학생 □□라고 해요. 제 친구는 자꾸 친구들과 비교하면서 자신이 못났다고 생각해요. 차분하고 손재주도 좋은 친구인데 스스로를 그렇게 생각하는 게 안타까워요. 또 작은 실수에도 "난 항상 이래."라며 자책하고 우울해해요. 그런 생각을 안 하도록 돕고 싶은데 방법을 모르겠어요.

□□님은 스스로를 못났다고 생각하는 친구를 돕고 싶은데 방법을 모르신 다는 거네요. 친구를 생각하는 마음이 참 따뜻하게 느껴져요. 저도 □□님 처럼 안타깝네요.

자신의 능력과 가치에 대한 전반적인 평가와 태도를 나타내는 말을 자존감이라 고 합니다. 자존감이 낮은 원인은 다양하지만 일반적으로 알려진 것에는 남과 비교하는 버릇이 원인인 경우와 자책하는 태도가 원인인 경우가 있습니다. 사 연 속 친구는 자신을 다른 사람과 비교해서 열등감을 느끼고, 사소한 실수에도 자신을 탓하며 스트레스를 받아서 자존감이 낮아진 것으로 보이네요.

이러한 경우에는 '장점 말해 주기'와 '감정 헤아려 주기' 방법이 도움이 될 수 있어요. (후략)

1. 위 방송 진행자의 말하기 방식에 대한 설명으로 가장 적절한 것은?
① 사연 내용을 정리하고 사연 신청자의 마음에 공감하고 있다.
② 사연 신청자의 궁금증을 해소하고 다음 방송을 예고하고 있다.
③ 사연 내용을 선정하게 된 동기를 밝히고 청취자의 참여를 독려하고 있다.
④ 사연과 관련된 자신의 과거 경력을 소개하고 전문성을 부각하고 있다.
⑤ 사연에 대한 상담 중에 질문을 던지고 사연 속 상황을 다양한 관점에서 생각 해 보도록 유도하고 있다.

2. 다음은 위 방송을 진행하기 위해 진행자가 세운 계획이다. 방송에 반영되지 않은 것은?

[오프닝] 방송의 취지를 드러내기 위해 '달빛 이야기'로 시작
[사연 소개 및 고민 진단]
사연 신청자가 보낸 사연 소개

내용의 이해를 돕기 위해 자존감이라는 용어의 의미 제시 … ㉠

자존감이 낮은 원인 중 일반적으로 알려진 원인을 제시하고 사연의 문제
상황에 적용 … ㉡

사연의 문제 상황을 설명하기 위해 유사한 문제 상황 제시 … ㉢

[방법 제시]

'장점 말해 주기' 방법을 안내하고 효과 제시 … ㉣

'감정 헤아려 주기' 방법을 예를 들어 소개하고 효과 제시 … ㉤

[클로징] 청취자 게시판에 관한 안내 및 인사말로 마무리

① ㉠　　② ㉡　　③ ㉢　　④ ㉣　　⑤ ㉤

해석 군집형 문항의 자료는 지도 혹은 그림으로 주어지는 경우도 있으나 본 예시는 자료가 지문인 경우이다.
1번과 2번의 선다형 문항은 모두 이 지문을 근거로 답하도록 구성되었다. 하나의 군집형 문항에 포함된 선다형
문항은 이보다 많을 수 있으며, 한 면에서 한 눈에 볼 수 있도록 2개 또는 3개 정도의 선다형 문항이 하나의 자
료를 토대로 구성된다. 위 예시 또한 3번까지 같은 군집형 문항으로 구성되어 있었으나 지면 상 생략하였다.

3) 선다형 문항의 장·단점

(1) 장점

- 넓은 학습 범위를 포괄적으로 측정할 수 있으므로 선택형 문항 중 가
  장 대표성이 높다.
- 시간 대비 많은 문항으로 검사할 수 있으므로 피험자의 학습 성과에
  대한 검사의 타당도가 높다.
- 선택지의 내용과 선택지 수를 조정하여 난이도를 조정할 수 있다. 오
  답지를 매력적으로 작성할수록, 선택지의 수를 늘릴수록 문항의 난이
  도가 높아진다.
- 채점이 기계적으로 이루어지므로 객관적이고 신속하여 검사의 신뢰도
  가 높다.

(2) 단점

- 매력적인 오답지 제작이 쉽지 않기 때문에 문항 제작에 많은 시간과 노력이 든다.
- 주어진 선택지 중 하나를 선택하는 형식이기 때문에 피험자가 직접 논리적으로 응답해야 하는 논술형보다 복합적인 평가 및 고등정신 능력의 측정이 상대적으로 어렵다.
- 선택지의 수에 한계가 있으므로 추측으로 정답을 선택할 가능성이 있다.
- 문구 및 선택지를 일일이 검토해야 하므로 시험에 소요되는 시간이 길다.

4) 선다형 문항의 제작

선다형 문항을 제작할 경우 다음과 같은 원리를 준수한다.

(1) 평가해야 하는 중요한 학습 내용을 문항으로 제작한다

제작자는 피험자가 꼭 알아야 하는 지식 또는 요점을 이원분류표 등으로 정리하여 먼저 결정한 후, 이를 중심으로 문항을 제작한다. 그렇지 않으면 선다형 문항의 특징상 교과 내용의 많은 분량이 선다형 문항의 답지를 제작하는 데 사용되므로, 지엽적이거나 중요하지 않은 지식이 문항에 포함되기 쉽다. 이는 문항의 타당도를 저해하고, 피상적인 암기 위주의 학습을 조장할 수 있으므로 양질의 문항 제작을 위해 중요한 사항이다.

(2) 문항 및 선택지는 명확하고 간결해야 한다

문항 및 선택지를 작성할 때 어렵거나 복합적인 단어 또는 구문을 피한다. 피험자들이 문항을 이해할 수 없을 경우 선택지를 참조하거나 정답을 추측하게 되며, 이는 문항이 교과내용 뿐 아니라 학생의 언어능력까지 요구하는 것이므로 부적절하다. 선택지를 간결하게 제작하면 학생들이 이를 해석하는데 시간이 지나치게 소요되는 것을 막아준다.

(3) 매력적인 오답지를 만든다

매력적인 오답지란 학생이 각각의 오답지에 대해 해당 지식이 꼭 있어야 응답할 수 있으며, 추측으로는 해결할 수 없는 선택지이다. 이러한 오답지가 많을수록 해당 문항은 고차적인 학습 성과를 측정하는 좋은 문항이 된다. 한편, 정답지만 지문이 자세하거나 길고 오답지들은 짧은 경우, 또 '항상', '절대로' 등 정답 혹은 오답에 대한 단서 문구가 포함된 경우 오답지의 매력도가 떨어지게 된다. '모두 정답' 또는 '정답 없음'이라는 선택지는 대개 선택지 수를 늘리기 위해 쉽게 제작되는데, 문항의 질을 낮추고 교육적 효과도 떨어지므로 지양하는 것이 좋다.

(4) 답지 간의 중복을 피한다

반복적인 단어나 문장은 시간을 소요시키고 독해에 지루함을 주게 된다. 따라서 반복되는 문구는 형식에 변화를 주거나 제시문에 포함하여 피험자가 선택지를 읽는데 걸리는 시간을 절약할 수 있도록 한다. 또한, 답지에 기간 혹은 범위가 중복되는 경우 정답의 수가 두 개 이상이 되어 피험자의 응답에 혼란을 줄 수 있으므로 주의한다.

예 9-20

2018 대학수학능력시험 사회탐구 영역(세계사) 19번 문항 참고

(가)에 들어갈 내용으로 옳은 것은?

이 건물은 한때 교황청으로 이용되었습니다. 필리프 4세의 압력을 받던 교황 클레멘스 5세는 교황청을 아비뇽으로 옮겼습니다. 그레고리우스 11세가 로마로 돌아가기까지의 시기를 아비뇽 유수라고 부르는데, 이 시기 유럽에서는 (가).

① 라틴 제국이 성립되었습니다.
② 백년 전쟁이 시작되었습니다.
③ 황제 레오 3세가 성상 파괴령을 내렸습니다.
④ 노르망디 공 윌리엄이 잉글랜드를 정복하였습니다.

⑤ 콘스탄츠 공의회가 후스를 이단으로 규정하였습니다.

> **해석** 위 문항의 선택지들은 본래 '이 시기 유럽에서는'이라는 부분이 앞에 모두 포함된 문장들이다. 그러나 이를 제시문에 포함하여 문장의 반복을 막고 피험자의 독해 시간을 줄이고자 하였다.

(5) 문항은 긍정문으로 작성한다

선택지를 부정문으로 작성하는 경우 정확한 부정문으로 해석되지 않으면 다른 학습 내용을 측정하는 문항이 될 가능성이 커진다(Simpson, Rentz, & Shrum, 1976). 또한 긍정문보다 피험자의 이해도가 떨어져 문항의 타당도가 낮아진다는 연구 보고도 있다(Schriesheim & Hill, 1981). 지시문을 부정문으로 작성하는 경우 부주의한 학생은 문제 풀이에 실수할 수도 있으므로, 되도록 문항을 긍정문으로 작성하되 부정문이 불가피한 경우에는 지시문에 '~이 아닌 것은?'과 같이 밑줄을 그어 표시하는 것이 바람직하다.

(6) 개념 및 정의에 대한 문항을 제작할 경우 문구에서 개념을 제시하고 답지에서 관련된 설명을 고르도록 한다

문구에서 설명한 후 선택지에서 개념을 고를 경우, 답지는 단어의 구분 능력만을 측정하게 되어 바람직하지 않다. 반대로 문구에서 개념을 제시하고 선택지에서 올바른 설명을 고르도록 하면, 학생은 개념을 정확하게 알고 있어야 정답을 고를 수 있다. 이 때문에 매력적인 오답지를 제작하기가 쉬워지며, 고등정신 능력을 측정할 수 있는 좋은 문항이 된다.

> **예 9-21**
>
> 2018 대학수학능력시험 사회탐구 영역(법과 정치) 5번 문항 참고
>
> 우리나라 헌법 기관 A, B에 대한 설명으로 옳은 것은?
>
> A는 국무 회의의 심의를 거친 '○○의정서' 비준안을 결재하였다. 그러나 국회는 A가 '○○의정서'의 체결·비준에 대한 국회의 동의를 요구하지 않는 행위가 국회의 권한을 침해하였다고 주장하면서 B에 권한 쟁의 심판을 청구하였다.

① A는 국무총리 해임 건의권을 가진다.

② A는 국가 예산의 결산 심사권을 가진다.

③ B는 위헌 법률 심판 제청권을 가진다.

④ B는 하급 법원의 판결에 대한 상고심을 담당한다.

⑤ A는 B의 재판관 9인을 임명한다.

해석 피험자들이 진술문을 읽고 개념을 유추하도록 난이도를 높인 문항이다. 선택지는 각 개념에 대한 설명들로 구성되어 있으며, 피험자는 이 중 개념에 대해 올바르게 설명한 선택지를 고르게 된다.

(7) 답지만으로 정답을 유추할 수 없도록 답지를 구성한다

답지 내용을 분석하여 정답을 알 수 없게 하도록 유의해야 한다. 답지들이 서로 상충되거나 상호 관련될 경우, 학생은 논리적으로 어떤 답지와 관련된 다른 답지를 배제할 수 있을 것이다. 오지선다형에서 이런 문제가 발생하는 경우, 해당 문항은 사지선다형 문항과 다를 바가 없어진다. 또한 합답형 문항일 경우 답지 배열만으로 정답을 유추할 수 없도록 특별한 주의가 필요하다. 즉, 학생이 오답에 대한 정확한 지식으로만 정답을 찾을 수 있도록 답지를 구성해야 한다.

예 9-22

2013 국가수준 학업성취도 평가 중3 사회 21번 문항 참고

밑줄 친 '제정일치 사례'로 옳은 것을 <보기>에서 고른 것은?

> 이집트 사람들은 왕을 태양신의 아들이라 생각하고, 파라오라고 불렀다. 신과 같은 존재로 여겨졌던 파라오는 최고 제사장으로서 종교를 주관하며 강력한 왕권을 행사하였다. 이런 <u>제정일치 사례</u>는 다른 나라의 역사에서도 찾아볼 수 있다.

<보기>

ㄱ. 교황이 성직자 임명권을 요구하였다.

ㄴ. 은나라에서 왕이 갑골을 이용해 점을 쳤다.

ㄷ. 오스만 제국에서 술탄-칼리프제가 확립되었다.

ㄹ. 삼한의 소도에는 군장의 권한이 미치지 못하였다.

① ㄱ, ㄴ   ② ㄱ, ㄷ   ③ ㄴ, ㄷ   ④ ㄴ, ㄹ   ⑤ ㄷ, ㄹ

[해석] 위 답지를 분석하면 (ㄱ)이 2개, (ㄴ)이 3개, (ㄷ)이 3개, (ㄹ)이 2개이므로 (ㄴ) 및 (ㄷ)이 가장 많이 열거된 답지로써 정답일 확률이 높음을 알 수 있다. 따라서 다른 답지와 열거될 확률을 유사하게 작성해야 한다.

(8) 답지의 수가 두 개 이상인지 분명하게 표시해야 한다

문항 제작자는 문항의 정답이 복수인지 여부를 분명히 파악해야 하며, 해당 정보를 학생에게 알려주어야 한다. 가령 답이 두 개 이상인 문항이 있는데 제작자가 이를 알지 못했다면 채점과정에서 심각한 결함이 생길 것이다. 따라서 답이 두 개 이상인 문항일 경우 반드시 '가장' 알맞은 최선의 답을 찾도록 명시해야 한다. 정답을 두 개 고르도록 하는 방법도 있으나, 이는 두 개의 정답 중 하나만 알았던 학생 및 모두 몰랐던 학생 모두 오답 처리가 되므로 정확한 평가가 어려울 수 있다.

예 9-23

2015 대학수학능력시험 언어 영역(홀수) 19번 문항 참고
㉠의 문맥적 의미와 가장 가까운 것은?

　필수 아미노산의 이용 효율이 ㉠높다.

① 가을이 되면 그 어느 때보다 하늘이 <u>높다.</u>
② 우리나라는 원자재의 수입 의존도가 <u>높다.</u>
③ 이번에 새로 지은 건물은 높이가 매우 <u>높다.</u>
④ 잘못을 시정하라는 주민들의 목소리가 <u>높다.</u>
⑤ 친구는 이 분야의 전문가로서 이름이 <u>높다.</u>

[해석] 위 문항은 선택지 중 최선의 정답을 선택하게 하기 위해 '가장' 가까운 것을 고르라고 명시하고 있다.

(9) 답지는 내용에 따라 논리적으로 배열한다

일반적으로 답지는 무선적으로 배열하지만, 논리적으로 일관성이 있게

배열한 답지는 학생들에게 답지 간 혼동을 줄여준다. 내용이나 구조가 유사한 답지는 인접하게 배치하고, 답지 길이가 부득이하게 다르다면 짧은 답지부터 배열한다. 답지에 수가 나올 경우 작은 수부터, 간단한 단어일 경우 가, 다, 나 혹은 A, B, C 순으로, 또 시대적 근거가 있는 경우 시간 순으로 배열한다. 이는 학생이 답지를 쉽게 독해할 수 있게 하므로 학생의 능력을 보다 정확하게 추정할 수 있게 한다.

예 9-24

2016 중졸 검정고시 사회 17번 문항 참고

다음 유물들을 처음 제작한 시기는?

　　<가락바퀴>　<빗살무늬 토기>

① 구석기 시대
② 신석기 시대
③ 청동기 시대
④ 철기 시대

해설 위 문항의 선택지는 시대적인 순서로 제시되어 피험자가 선택지를 읽을 때 논리적으로 혼동이 오지 않도록 배치되었다. 이 경우 피험자는 선택지를 이해하는 시간을 줄일 수 있다.

(10) 문항에 그림, 도표, 그래프 등이 포함될 경우 답지를 포함하여 모두 한 면에 나오도록 문항을 배치한다

만일 문항이 길어져 페이지가 넘어갈 경우 학생은 서로 다른 면을 번갈아 보며 문제를 푸는 불편함을 감수해야 할 뿐 아니라 불필요한 시간을 소요하게 되기 때문에 한 문항에 포함된 내용은 한 눈에 볼 수 있도록 배려가 필요하다.

(11) 시험지 정답의 번호는 무선적으로 배열하여 학생이 추측할 수 없도록 한다.

정답이 한 번호에 치우쳐 있거나(①①①①① 또는 ⑤⑤⑤⑤⑤), 어떤

규칙을 따르고 있으면(①③①③①) 학생은 정확한 지식이 없이도 정답의 수나 배열을 따라 유추하여 응답할 수 있다. 우연히 이러한 현상이 나타나는 경우 임의로 문항의 순서를 바꾸어야 한다.

03 연결형 문항

1) 연결형 문항의 정의

연결형 문항이란 한 문항 내에서 한쪽에 전제들을, 한쪽에 답안들을 나란히 배열하여 각 전제에 대한 답안을 연결하는 문항이다. 배합형 혹은 결합형 문항이라고도 한다. 연결형 문항은 일반적인 선다형과 달리 답안이 많은 선다형 문항의 일종으로 볼 수 있다.

연결형 문항은 두 가지 내용의 연관성에 대한 지식을 측정하는 데 사용된다. 대표적인 '전제-답안'의 예를 들자면, '용어-정의', '작품-저자', '업적-사람' 등을 들 수 있으며, 연관성이 있는 다양한 내용을 학생이 알고 있는지 검증할 수 있다. 연결형 문항은 선택지에 동일한 내용이 반복될 경우, 혹은 지면이 좁아 선다형으로 출제할 수 없을 경우에 사용한다.

예 9-25   연결형 문항

2017 고등학교 신입생 선발고사 도덕 3번 문항 참고

다음은 상부상조하는 우리 조상들의 전통을 설명한 것이다.
(가)~(다)에 해당하는 것을 고른 것은?

(가) 마을의 공동 작업을 한 후 대가를 받는 공동 노동 조직이다.

(나) 노동력이 부족할 때 수시로 이웃 사람끼리 도움을 주고받는 일대일의 노동 교환 방식이다.

(다) 좋은 행실을 권장하고 어려운 일을 함께하며 잘못된 일을 스스로 규제하는 마을의 자치 규약이다.

(순서대로 가, 나, 다)

① 두레, 향약, 품앗이

② 두레, 품앗이, 향약

③ 향약, 두레, 품앗이

④ 품앗이, 향약, 두레

⑤ 품앗이, 두레, 향약

[해설] 위 문항에서 전제 그룹은 '(가), (나), (다)'이며, 답안 그룹은 '두레, 향약, 품앗이'이다. 피험자는 각 전제에 대응되는 답안을 선택하여 바른 순서로 적혀 있는 선택지를 골라야 한다.

2) 연결형 문항의 장 · 단점

(1) 장점

- 선다형과 마찬가지로 넓은 학습 범위에서 다수의 문항을 제작할 수 있어 대표성이 높다.
- 주관을 배제한 객관적이고 신속한 채점이 가능하다.
- 전제와 답안이 동시에 구성되기 때문에 제작이 용이하다.
- 피험자가 전제와 답을 정확하게 연결해야 하므로, 연관성이 있는 복잡한 내용을 구별하여 이해하고 있는지 측정할 수 있다.
- 상대적으로 신속하게 응답할 수 있는 유형이므로 피험자에게 많은 문항을 주어 검사할 수 있다.

(2) 단점

- 고등정신능력을 측정하는 문항은 만들기 어려운 반면, 단순정신능력을 측정하는 문항은 만들기 쉬워 암기 위주의 학습을 유도할 수 있다.
- 문항 내에서 전제들과 답안들 간의 동질성을 상실한 경우 정답 추측이 가능하다. 또한 일부의 전제와 답안을 연결한 후 남은 전제와 남은 답안이 자동으로 연결되기 때문에 배경지식이 없는 학생도 정답을 유추할 수 있다.

3) 연결형 문항의 제작

(1) 명확하게 지시문을 작성한다

전제와 답안의 연결 기준이 무엇인지 명시한다. 또 답안은 한 번만 사용하는 것인지 혹은 두 번 이상 사용하는 것인지 언급하여 피험자에게 혼동이 없도록 한다.

(2) 전제보다 답안의 수가 많도록 작성한다

전제와 답안의 수가 같아야 한다고 생각하기 쉽지만, 수가 동일한 경우 학생이 문제를 풀다 마지막으로 남은 답안을 자연스럽게 단서로 사용할 수 있다. 따라서 정확한 지식이 없는 학생도 선택의 범위가 좁아져 정답을 맞힐 수 있다. 따라서 답안의 수는 전제의 1.5~2배 정도 더 많게 하는 것이 바람직하다. 단, 전제와 답안은 문항의 동질성을 유지하고 응답 시간을 줄이기 위해 10개 이하로 각각 유지하도록 한다.

예 9-26 연결형 문항

2017 국가수준 학업성취도 평가 중3 사회 24번 문항 참고

제시문에서 제시된 사회 집단(①, ②)과 그 집단이 지니고 있는 사회 집단(㉠, ㉡, ㉢)의 의미를 바르게 연결하시오

> 스포츠면: [야구 선수 A 1군 진출 꿈꾸다!]
> 훈련 부족으로 현재 2군 선수단에 속해 있는 A는 다음 시즌 1군 선수단으로 올라가기 위해 오늘도 캠프에서 구슬땀을 흘리고 있다. (생략)

<사회 집단>	<사회 집단의 의미>
① 1군 선수단	㉠ 내집단
② 2군 선수단	㉡ 외집단
	㉢ 준거 집단

해석 <사회 집단의 의미>의 선택지가 2개 뿐이라면 피험자가 <사회 집단> 중 하나만 정답을 알고 있어도 자연스럽게 나머지 한 문제의 정답을 맞출 수 있다. 따라서 <사회 집단의 의미>의 선택지를 <사회 집단> 선택지보다

늘려 피험자가 정확히 정답을 알아야만 맞출 수 있도록 제작된 문항이다. ① 1군 선수단의 사회 집단적 의미는 ⓒ 준거 집단인데, 그 후에도 피험자는 ② 2군 선수단의 사회 집단적 의미가 ⓐ 내집단인지, ⓑ 외집단인지 명확하게 구분할 수 있어야 한다.

(3) 전제와 답안은 일관적으로 배치하고 번호를 각각 달리한다

대개 전제는 왼쪽 혹은 위쪽에, 답안은 오른쪽 혹은 아래쪽에 배치한다. 번호는 서로 다른 번호를 사용하는데, 전제가 ①, ②, ③, ④의 번호를 사용했다면 답안은 ㉠, ㉡, ㉢, ㉣, 혹은 ⓐ, ⓑ, ⓒ, ⓓ의 번호를 사용해야 응답에 혼동이 없다.

(4) 전제 및 답안은 각각 범위의 동질성을 유지해야 한다

예를 들어, 답안이 포유류에 한정되어 있다면, 포유류가 아닌 동물을 답안으로 사용하면 안된다. 이질적인 답안은 학생에게 단서를 제공하므로, 모든 내용이 같은 범위 내에 존재해야 한다.

예 9-27

2013 국가수준 학업성취도평가 중3 사회 5번 문항 참고

(가)~(다) 지형의 형성 작용에 가장 큰 영향을 미친 요소로 옳은 것은?

(가) "많은 모래가 쌓여 큰 언덕이 되었네. 이러한 언덕은 모양이 바뀌기도 하지."
(나) "골짜기가 마치 U자 모양으로 깊게 파여 있네. 알프스 같은 높은 산지에서도 볼 수 있는 경관이야."
(다) "촛대와 같은 돌기둥들이 뾰족하게 솟아있네. 경관이 수려해 관광자원으로 활용되지."

① (가) 바람 (나) 파도 (다) 빙하
② (가) 바람 (나) 빙하 (다) 파도
③ (가) 빙하 (나) 파도 (다) 바람
④ (가) 빙하 (나) 바람 (다) 파도
⑤ (가) 파도 (나) 빙하 (다) 바람

해석 위 문항에서 모든 답안은 지형의 형성 작용에 영향을 미치는 자연 현상에 포함된다.

(5) 전제와 답안의 내용은 가능한 한 짧게 제시한다

연결형 문항의 특성상 문제가 복잡하지 않은 단순기억능력 측정의 문항일 경우가 많으므로, 전제와 답안을 짧게 작성하여 소요시간을 줄인다. 특히 답안을 상대적으로 짧게 작성하는 것이 경제적인 시간 배분에 도움이 된다.

04 배열형 문항

1) 배열형 문항의 정의

배열형 문항은 주어진 문장들을 논리적 순서에 맞게 재배열하는 문항 유형이다. 선택형 문항으로 분류할 수 있으며, 앞서 설명한 선다형과 연결형의 특징을 조금씩 따르고 있다. 배열형 문항은 배열할 수 있는 경우의 수가 다양하므로 응답자가 쉽게 추측하기 어렵다. 일반적인 시험의 경우 학생이 문장의 순서를 적어 응답하며, 최근 컴퓨터를 이용한 시험에서는 문장을 마우스로 끌어와 직접 모니터 상에서 배열하도록 한다.

예 9-28 배열형 문항

2017 대학수학능력시험 영어 영역(짝수) 36번 문항 참고

주어진 글 다음에 이어질 글의 순서로 가장 적절한 것을 고르시오.

Interestingly, being observed has two quite distinct effects on performance. In some cases, performance is decreased, even to the point of non-existence. The extreme of this is stage fright, the sudden fear of public performance.

(A) So, if you are learning to play a new sport, it is better to begin it alone, but when you become skilled at it, then you will probably perform better with an audience.

(B) There are many instances of well-known actors who, in mid-career, develop stage fright and simply cannot perform. The other extreme is that being observed enhances performance, people doing whatever it might be better when they know that others are watching.

(C) The general rule seems to be that if one is doing something new or for the first time, then being observed while doing it decreases performance. On the other hand, being observed while doing some task or engaging in some activity that is well known or well practiced tends to enhance performance.

① (A) − (C) − (B)
② (B) − (A) − (C)
③ (B) − (C) − (A)
④ (C) − (A) − (B)
⑤ (C) − (B) − (A)

[해석] 영어 지문에서 볼 수 있는 배열형 문항이다. 주어진 글을 읽고, A/B/C의 문장의 앞뒤 연결어 및 문맥을 활용하여 지문의 순서를 배열해야 한다.

2) 배열형 문항의 장·단점

(1) 장점

• 피험자가 선택지의 내용을 모두 이해해야 하므로 학습 내용이 논리적으로 학습되었는지 포괄적으로 평가할 수 있다.

(2) 단점

• 피험자가 부분적으로 정답을 배열한 후 나머지 정답을 추측할 수 있다. 즉, [예 9−28]처럼 세 가지 지문을 배열하는 경우 두 지문의 순서를 알면 나머지 지문의 배열을 추측할 수 있다. 단, 배열형 문항의 선택지가 많아 배열의 경우의 수가 많은 경우에는 이 같은 단점을 보완할 수 있다.

• 배열형이 평가하고자 하는 선택지의 배열이 확실하지 않은 경우 논란

이 될 여지가 있어 문항 제작이 어렵다.

3) 배열형 문항의 제작

배열형 문항에 포함되는 답지들은 서로 중복되지 않아야 한다. 내용이 겹칠 경우 어느 것이 먼저 와야 하는지 순서를 결정하는 데 혼란을 줄 수 있다.

배열형 문항의 답지들에는 논리적인 순서가 있어야 한다. 전후 관계 혹은 인과 관계가 뚜렷한 답지로 구성한다.

지필형 검사일 경우 답지 하나하나에 번호를 부여한다. 응답할 때 답지를 모두 쓰기보다는 번호만을 배열하여 응답할 수 있어야 소요되는 시간을 줄일 수 있다.

- 선택형 문항은 피험자가 주어진 선택지 중 정답을 고르는 문항으로, 진위형, 선다형, 연결형, 배열형 등의 유형이 있다.
- 진위형 문항은 간단한 지식수준을 측정할 수 있는 문항으로써 제시된 진술문이 맞는지 틀리는지 참, 거짓 등으로 판단하는 유형이다. 문항 제작 및 채점이 쉽고 빠르나 피험자가 추측으로 정답을 고를 확률이 높아 변별력이 상대적으로 낮다.
- 선다형 문항은 지시문과 답지로 이루어져 있으며, 피험자가 여러 개의 답지 중 맞는 것을 고르는 유형이다. 선택형 문항 중 가장 대표성이 높고 많은 문항 및 선택지 수로 인해 타당도와 신뢰도도 높은 편이다. 그러나 매력적인 오답지를 제작하려면 많은 시간과 노력이 든다.
- 연결형 문항은 여러 개의 전제와 답안을 각각 연결하는 문항이다. 문항의 제작 및 채점이 쉽고 응답 시간도 짧은 편이다. 피험자가 연관성이 있는 학습 내용을 구별하여 판단할 수 있는지 평가할 수 있다. 그러나 전제와 답안을 연결하는 문항의 특성상 정답을 유추할 가능성이 있다.
- 배열형 문항은 주어진 문장들을 논리적 혹은 시간 순서에 맞게 재배열하는 유형이다. 학습 내용을 논리적으로 이해하는지 평가할 수 있으나, 재배열해야 하는 선택지가 적으면 일부를 배열하고 나머지를 추측할 수 있다.

- 진위형 문항의 다섯 가지 유형을 정의하시오.

- 진위형 문항을 제작한 후, 제작 시 유의사항을 기준으로 평가하시오.

- 선다형 문항의 신뢰도를 높이는 방법을 설명하시오.

- 선다형 문항의 장점 및 단점을 비교하시오.

- 선다형 문항의 오답지를 제작할 때 지양해야 하는 문구가 있다면 어떤 것이 있는지 설명하시오.

- 선다형 문항과 연결형 문항이 어떻게 다른지 설명하시오.

- 피험자의 고등사고능력을 측정하고자 하는 경우, 어떤 선택형 문항 유형이 적절한지 설명하시오.

서답형 문항

검사도구의 두 번째 유형인 서답형 문항(supply-type item)은 선택지가 주어지는 선택형 문항과 달리 피험자 스스로 답을 작성하는 문항 유형이다. 회상형 문항(recall-type item) 또는 구성반응형 문항(constructed-response item)이라고도 한다. 응답의 길이와 구성에 따라 문장을 완성하는 완성형 문항, 주관적인 응답을 짧게 작성하는 단답형 문항, 피험자가 자신의 의견 또는 이해하고 있는 학습 내용을 논리적으로 작성하는 논술형 문항으로 나눌 수 있다. 서답형 문항은 선택형 문항에서 측정할 수 없는 피험자의 고차적 이해도를 측정할 수 있는 특징 때문에 대학의 시험 및 논술고사에서 많이 활용되고 있는 유형이다. 10장에서는 각 서답형 문항의 특징과 장·단점을 제시한 후, 문항 제작 시의 유의점을 알아보고자 한다.

서답형 문항

【학습목표】

⇢ 서답형 문항의 유형을 이해하고 그 예를 들기

⇢ 평가목적에 따라 적절한 유형을 선택하고 제작하기

⇢ 제시된 서답형 문항의 개선점을 찾기

표 10-1 완성형 문항의 요약

1. 완성형 문항	• 답란제시형 • 단서제시형 • 단어완성형 • 유추형 • 불완전도표형 • 제한완성형
2. 단답형 문항	• 연합형 문항 • 확인형 문항 • 대입형 문항
3. 논술형 문항	• 제한 반응형 • 확대 반응형

01 완성형 문항

1) 완성형 문항의 정의

완성형 문항은 진술문의 일부를 괄호 또는 밑줄로 비워놓고 피험자가 빈 자리에 알맞은 단어를 채워 넣어 문장을 완성하는 유형이다. 피험자의 독해력 및 이해도를 측정할 수 있으며, 문항 제작이 쉽고 채점이 객관적이므로 서답형 문항 중에서도 신뢰도 및 타당도가 높다. 단답형으로 출제하면 정답이 모호한 경우, 완성형 문항으로 보완하여 출제할 수 있다.

완성형 문항

2016 국가수준학업성취도평가 고2 영어 서답형 1번 문항 참고

대화를 듣고, 빈칸에 적절한 말을 주어진 철자로 시작하여 한 단어로 쓰시오.

> The members of Children Love Charity make b_____ and deliver it
> to local children in need.

해석 영어 지문을 해석하고 그 문맥에 맞게 밑줄의 생략된 단어를 기입하여 응답하는 완성형 문항의 예이다.
위 문항의 경우 첫 철자를 제시하여 난이도를 낮추고 정답을 유도하려 하였다.

2) 완성형 문항의 유형

(1) 답란제시형 문항(blank presentation item)

단어 수에 따라 칸을 제시하여 피험자에게 글자 수에 대한 힌트를 제공하는 형식이다.

답란제시형 문항

2017 고등학교 신입생 선발고사 도덕 · 수학 · 기술 · 가정 42번 문항 참고

> 아크릴, 스티로폼 등 열이나 압력을 가해 성형시킬 수 있는 고분자 물질을
> □□라고 한다.

해석 문맥에 맞게 생략된 단어를 완성해야 한다는 점에서 완성형 문항의 일종이다. 단, 답란제시형에서는 위와
같이 단어의 수가 단서로 제시되어 있다. 위 문항은 빈칸이 두 개 비워져 있으므로 정답이 두 글자로 이뤄져 있
다는 것을 고려하여 문제를 풀게 된다.

(2) 단서제시형 문항(cue presentation item)

답란제시형과 유사하나, 빈칸 중 일부를 공개하여 보다 많은 단서를 제시하는 유형이다.

단서제시형 문항

2017 고등학교 신입생 선발고사 도덕 · 수학 · 기술 · 가정 39번 문항 참고

아크릴, 스티로폼 등 열이나 압력을 가해 성형시킬 수 있는 고분자 물질을
□□라고 한다.

해석 답란제시형처럼 빈칸의 수가 단서로 주어져 있으나, 추가적인 단서로 정답의 일부가 공개되어 있다는 점
이 다르다. 위 문항에서는 재생 에너지의 일종이며, 세 음절로 이루어진 단어가 정답이다.

(3) 단어완성형 문항(word completion item)

단어완성형이란 단어 또는 기호 등의 일부를 비워놓고 피험자가 빈자리
를 채워 완성하는 유형이다. 알맞은 공식을 채워 넣는 기호완성형(sign
completion item), 덜 그려진 그림을 그리는 그림완성형(picture completion item),
계산과정을 완성하는 계산완성형(computation completion item) 등이 있다.

예 10-4 **단어완성형 문항**

2016 국가수준학업성취도평가 고2 수학 서답형 3번 문항 참고

다음은 이차함수 $f(x) = x^2 + 2x - 8$를 푸는 과정이다. 공식에서 빈칸에 알맞은
기호를 쓰시오.

$$f(x) = x^2 + 2x - 8$$
$$f(x) = x^2 + ((4)+(-2))x + (4)(-2)$$
$$f(x) = (x \,\square\, 4)(x \,\square\, 2)$$

해석 위 문항은 단어완성형 문항으로, 주어진 이차함수 공식을 풀 때 빈 칸에 어떤 기호가 들어가야 하는지 채
워 넣는 문제이다. 피험자가 공식의 원리를 잘 이해하고 있는지 평가할 수 있다.

(4) 유추형 문항(analogy item)

같은 단어가 비워진 두 개의 문장을 제시하고, 그 관계 및 설명에 대해
빈칸을 추측하여 문장을 완성하는 유형이다.

유추형 문항

2017 고등학교 신입생 선발고사 도덕 · 수학 · 기술 · 가정 12번 문항 참고

다음은 국가의 기원에 대한 입장이다. A에 공통적으로 들어갈 입장으로 가장 적절한 것을 쓰시오.

> A는 인간의 사회적 본성에 따라 자연적으로 집단이 생겨났고, 나아가 국가가 형성되었다고 본다. 또 A는 인간을 서로 협력하지 않는 개별적 존재이며 자신의 생존과 이익만을 추구한다고 하였다.

해석 두 문장은 모두 A의 입장을 설명하고 있다. 피험자는 두 문장으로 국가의 기원에 대한 입장을 유추하여 응답하게 된다. 따라서 피험자가 국가의 기원에 대한 여러 입장을 숙지하고 구분할 수 있는지 평가하는 문항이다.

(5) 불완전도표형 문항(incomplete figure item)

표의 내용 중 빠진 부분에 알맞은 말을 작성하여 표를 완성하는 유형이다.

예 10-6 불완전도표형 문항

2016 국가수준학업성취도평가 고2 영어 서답형 6번 문항 참고

다음 글을 읽고, 아래 표를 완성하고자 한다. 빈칸에 적절한 말을 제시된 주어로 시작하는 완전한 문장으로 쓰시오.

(글 생략)

Teacher's Suggestion	What I Will Do
To get information	I will go to the library.
To meet professionals in the field	I will visit a science center.
To have hands-on experiences	I_____.

해석 불완전도표형 문항의 경우 표의 다른 부분을 통해 비워진 칸이 다른 칸과 어떤 관계를 맺고 있는지에 따라 빈칸에 들어갈 말을 추측할 수 있다. 위 예시에서는 Teacher's Suggestion (선생님의 조언)에 따라 What I Will Do에 들어갈 말이 학생의 행동으로 연결되고 있기 때문에, 피험자는 동일한 맥락에서 'To have hands-on experience'에 연결되는 행동이 무엇인지 추측하여 응답할 수 있다.

(6) 제한완성형 문항(restricted completion item)

문장을 완성할 때 넣을 수 있는 단어들을 제시하고, 그중에서 응답하도록 제한한 유형이다.

예 10-7 제한완성형 문항

2017 고등학교 신입생 선발고사 도덕·수학·기술·가정 45번 문항

다음 표에 제시된 낱말 중에서 가장 적당한 말을 골라 괄호 속에 써넣어 문장을 완성하시오.

인슐린, 복제 동물, 바이오 디젤, 인공 씨감자, 무추(무+배추)

한 생물의 DNA 일부를 분리하고, 그 자리에 원하는 기능을 가진 다른 생물의 DNA 조각을 연결하여 재조합시킴으로써 필요한 특성을 가진 새로운 DNA를 만들어 내는 생명 기술을 통해 (   )를 얻을 수 있다.

해석 위 문항은 빈칸에 들어갈 말을 제시문 내의 다섯 항목으로 제한하였다. 주어진 항목 중에 고른다는 점에서 선다형 문항의 특징이 일부 보이나, 응답을 제한한 완성형 문항이라고 볼 수 있다. 피험자는 최선의 정답을 제시문에서 골라 응답하게 된다.

3) 완성형 문항의 장·단점

(1) 장점

- 문항 제작이 선택형 문항에 비해 쉽다.
- 포괄적인 학습 내용을 포함할 수 있으며, 학습 내용을 충분히 반영할 경우 시험의 타당도를 높일 수 있다.
- 응답이 짧아서 채점이 쉽고 객관적이며, 부분점수를 매길 필요가 없다.
- 응답이 짧아 점수가 피험자의 문장력에 영향을 받지 않는다.
- 선택지를 통한 단서가 없어 피험자가 추측으로 응답하기 어렵다.

(2) 단점

- 응답이 짧아 고차적 학습 성과가 아닌 단순한 지식, 개념, 사실만 측

정하기 쉽다.

- 여러 개의 유사 정답이 가능해서 어느 수준까지 정답으로 처리해야할지 판단하기 어려울 수 있고, 채점이 일관되지 않으면 점수의 신뢰도가 떨어질 수 있다.
- 충분한 신뢰도를 얻기 위해서는 선다형 문항보다 더 긴 시험시간이 필요하다.
- 응답 작성 시간을 고려하면 같은 시험시간 안에 평가할 수 있는 범위가 제한된다.

4) 완성형 문항의 제작

완성형 문항을 제작할 때 주의할 점은 다음과 같다.

(1) 문장의 가장 중요한 단어를 빈칸으로 하여 완성하도록 한다

문항의 중요도에 따라 빈칸의 수를 정하되, 너무 많거나 적은 것은 지양한다.

(2) 진술문 및 선택지는 하나의 의미로만 해석될 수 있도록 작성한다

진술문이 명료하지 않으면 문항에 대한 다양한 해석과 응답을 할 수 있으며, 유사 응답에 대한 채점 문제가 생길 수 있다. 선택지 또한 가능한 한 짧아야 한다.

(3) 괄호 또는 빈칸이 문장 끝에 위치하게 한다

의문문으로 먼저 진술문을 작성한 후 그것을 불완전 문장으로 변형하면 괄호 또는 빈칸을 문장 끝에 둘 수 있다(Oosterhof, 2001). 이 방법을 사용하면 피험자들이 문제를 자연스럽게 읽고 답할 수 있다.

2012 공립 유치원 · 초등학교 · 특수학교 교사 임용후보자 선정경쟁시험 교육학 4번 참고

의문문: 자기조절 학습전략 중 학습의 목표를 정하고 텍스트를 읽으면서 가끔씩 자신이 개념을 이해하고 있는지를 점검하는 전략을 <u>무엇이라고 하는가?</u>

불완전문: 자기조절 학습전략 중 학습의 목표를 정하고 텍스트를 읽으면서 가끔씩 자신이 개념을 이해하고 있는지를 점검하는 전략을 (_____)라고 한다.

해석 괄호 또는 빈칸이 문장 끝에 위치하게 하도록 먼저 의문문으로 질문을 작성한 후, 뒷부분만 수정하여 괄호 또는 빈칸을 포함한 불완전문으로 문항을 제작하였다.

(4) 교과서에 나오는 문장을 그대로 사용하여 문항을 제작하지 않는다

교과서의 문장이 그대로 시험에 사용되는 경우 피험자가 단순 암기 위주의 학습을 하게 되므로, 이해력 및 분석력을 측정하는 데 적절하지 않다. 따라서 다른 문장을 구성하거나 새로운 예를 사용하여 문제를 낸다.

(5) 괄호 또는 빈칸을 만들 때는 그 길이를 유사하게 한다

괄호 또는 빈칸의 길이가 다르면 답의 길이를 유추할 수 있다.

(6) 괄호 또는 빈칸 뒤에 조사를 통해 답을 추측할 수 없도록 한다

예를 들어, '이', '가', '을', '를'과 같은 조사는 이전 단어의 받침 유무에 대해 유추할 수 있는 여지를 남기는데, 이 경우 '이(가)' 또는 '을(를)'로 제시하여 조사로 인해 응답이 영향을 받지 않게 해야 한다.

2017 9월 수능모의평가 한국사 9번 문항 참고

A: 이제 우리 지역에서 집집마다 현물로 내던 공물을 토지 결수에 따라 쌀로 내야 한다네.

B: [수정 전] 이미 경기도에서는 (   )이 시행되고 있다고 합니다. 방납의 폐단을 없애기 위해서라지요.

[수정 후] 이미 경기도에서는 (   )이(가) 시행되고 있다고 합니다. 방납의 폐단을 없애기 위해서라지요.

해석 정답은 '대동법'인데, 조사가 '이'로 끝나는 경우 마지막에 받침이 있는 단어라는 힌트를 얻을 수 있으므로 [수정 후] 진술문에서는 두 가지 조사 '이', '가'를 모두 작성하였다.

(7) 채점 시 한 빈칸당 한 번의 채점을 한다

두 개 혹은 세 개의 빈칸을 묶어 채점하는 경우에는 그 기준이 불분명하여 논란이 일어날 수 있기 때문이다. 일부 빈칸만 맞으면 해당 빈칸에만 점수를 주되, 이때 빈칸들의 중요도가 같아야 배점을 표시하는 번거로움을 피할 수 있다.

(8) 채점 시 가능한 모든 정답을 출제자가 사전에 파악하고 있어야 한다

이때 문항의 의도가 언어능력을 측정하는 것이 아니므로 문법보다 정답을 알고 있는지에 비중을 두고 채점한다.

2017 9월 수능모의평가 영어 6번 문항 참고

다음 대화를 읽고 빈칸에 들어갈 적절한 말을 쓰시오.

W: Dad, look at this picture. It was taken at the zoo.

M: You went there last Saturday,_____?

해석 'right', 'didn't you' 등 복수의 정답이 있으므로 출제자가 이에 대한 기준을 마련해 둔다.

02 단답형 문항

1) 단답형 문항의 정의

단답형 문항(short-answer item)은 의문문 혹은 명령문으로 작성된 질문에 대해 짧은 답을 적는 유형이다. 단답형은 사실상 객관식 문항으로 분류되며, 고차적인 학습 내용을 측정하기보다 단순 기억, 암기 등 학습한 내용의 회상(recall) 수준의 학습 성과를 측정하는 데 유용하다. 도표 및 그림 등 제시문에서 나타난 용어의 정의, 수리 계산 문제의 정답을 구하는 문항으로 많이 사용되고 있으며, 국어 및 외국어에서 문법 또는 문맥을 알고 있는지 측정할 때에도 자주 쓰인다.

> **예 10-11** 단답형 문항
>
> 2016 중3 국가수준 학업성취도 평가 국어 [13~14] 제시문 참고
>
> 다음 물음에 알맞은 사항을 네 글자로 괄호에 쓰시오.
>
> > 최근 몇 년 사이 각종 방송 드라마나 오락 프로그램에서 출연자가 특정 회사의 상표가 드러나는 옷을 입거나 자동차를 타는 장면을 흔히 볼 수 있게 되었다. 이렇게 상업적 의도를 감춘 채 프로그램 내에 배치된 제품이나 기업의 상징물 등을 소비자가 인식하도록 만드는 광고를 무엇이라고 하는가? (   )
>
> **해설** 피험자가 제시문을 읽고 본 제시문이 의미하는 단어를 기억해내어 응답한다. 단답형의 경우 응답하는 피험자의 재량이 크기 때문에 지시문이 정확하지 않으면 다양한 응답이 나올 수 있다. 위 예시에서는 정답인 "간접광고" 외에 PPL, Product Placement와 같은 응답이 가능하므로 지시문에 '네 글자로'라는 문구를 넣어 혼란을 방지하였다.

2) 단답형 문항의 유형

(1) 연합형 문항(association item)

하나의 문항에 여러 개의 단답형이 포함된 유형이다.

연합형 문항

2015 대학수학능력시험 한국사 10번 문항 참고

(가), (나)에 들어갈 올바른 명칭을 빈칸에 쓰시오.

지난 3월 20일 개막된 (가)은(는) 임시 정부 수립을 위해 진솔한 토의를 거듭하여 공동 성명을 일곱 차례 발표하였다. 특히 제5차 공동성명에서는 조선의 민주주의 정당 및 사회 단체와 협의할 구체적 방법을 명시하여 임시 정부의 수립의 앞길이 밝혔다. 그러나 (나)의 결정을 지지하는 정당 및 사회 단체만 임시 정부 구성에 참여할 수 있다는 주장과 반탁 단체에도 의사 표현의 자유가 보장되어야 한다는 주장이 팽팽하게 맞서 결론을 내리지 못한 채 중단되고 말았다.

해석 (가)에 해당하는 단답형 문제와 (나)에 해당하는 단답형 문제가 함께 제시된 문항이다. 복수의 단답형 문제가 포함된 연합형 문항의 경우에는 부분점수가 있는지, 모두 정답이어야 점수가 부여되는지 사전에 명확히 채점 기준을 정해야 한다.

(2) 확인형 문항(identification item)

실물, 그림, 그래프 등을 제시한 후, 관련된 용어를 구하는 유형이다.

확인형 문항

2015 중3 국가수준 학업성취도 평가 영어 33번 문항 참고

빈칸 ①에 들어갈 색을 쓰시오.

What Color Makes You Feel Happy?

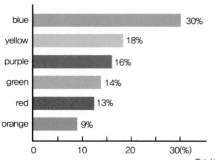

blue 30%
yellow 18%
purple 16%
green 14%
red 13%
orange 9%

0   10   20   30(%)

Total: 12,655 students

This graph shows the result of a survey that asked students what color makes them feel happy. ① _____ makes the most students feel happy.

> **해석** 위 예시는 그래프에 제시된 값을 확인하여 질문에 상응하는 정답을 적는 확인형 문항이다. 피험자의 지식이나 암기된 학습내용보다는 제시된 실물, 그림, 그래프를 올바로 이해하고 있는지 확인하는 문항이다.

(3) 대입형 문항(substitution item)

문장 또는 공식 내에 오류를 삽입해두고, 이를 알맞은 것으로 수정을 요구하는 유형이다. 단답형의 대입형은 선택형 문항 중 하나인 교정진위형 문항 및 선다형의 대입형과 유사하지만, 교정진위형과 달리 문장의 참과 거짓을 가리지 않는 점, 그리고 선다형의 대입형과 달리 정답을 지문에서 고르는 대신 직접 작성해야 한다는 점에서 차이가 있다.

> **예 10-14** 대입형 문항
>
> 2014 고2 국가수준 학업성취도 평가 영어 26번 문항 참고
> 다음 문장에서 밑줄 친 (A)의 단어를 알맞은 형태로 고쳐 쓰시오.
>
> For me, however, the most important tasks of every morning revolved around making sure my uniform looked (A) perfectly and my hair was neat.
>
> **해석** 문장의 밑줄 친 오류를 바로잡는 문항이다. 피험자가 오류를 수정하는 방법에 따라 다양한 응답이 나올 수 있다. 예를 들어, 지시문에서 '형태'에 대한 언급없이 단순히 (A)의 단어를 고쳐 쓰라고 지시한 경우, 피험자가 완전히 새로운 단어를 사용하여 응답할 수 있다. 위 지시문은 '알맞은 형태'라는 단어를 삽입하여 피험자가 혼동하지 않고 형태만 고치도록 유도하였다.

3) 단답형 문항의 장·단점

(1) 장점

- 선택지를 만들지 않으므로 선다형보다 문항의 제작이 쉽다.
- 넓은 범위의 학습 내용에 대해 질문이 가능하다.

- 응답자가 짧은 시간 내에 많은 문항에 대해 응답할 수 있다.
- 직접 작성해야 하므로 추측으로 응답할 가능성이 적다.
- 논술형보다 채점이 문장력에 좌우되지 않는다.
- 논술형에 비해 채점이 신속하고 객관적이다.

(2) 단점

- 띄어쓰기나 맞춤법을 실수한 응답의 경우, 채점의 기준이 모호하다.
- 하나의 정답을 구할 수 있도록 명료하게 질문하기가 어렵다. 조건을 제시할 경우 그것이 정답에 대한 단서가 될 가능성도 있다.
- 단순한 지식 및 개념을 질문하게 되므로 문제를 정교하게 내지 않으면 단순 암기 위주의 학습을 조장할 수 있다.
- 유사 정답이 많은 경우 채점의 객관성이 낮다.
- 정·오답의 여부가 명확한 선다형만큼 채점이 신속하고 정확하지 않다.

4) 단답형 문항의 제작

(1) 간단하게 답할 수 있도록 질문을 명확하게 한다

기준이나 내용이 불명확한 경우 정답의 범위가 넓어져 피험자들이 여러 개의 정답을 구할 수 있다. 이렇게 진술문에서 응답해야 할 범위가 불분명할 경우, 조건을 제시하여 응답의 범위를 제한하도록 한다.

예 10-15

2016 중3 국가수준 학업성취도 평가 국어 서답형 2번 문항 참고

<자료>의 '학생'을 설득하는 글을 쓰기 위해 다음과 같이 메모하였다. ㉠, ㉡에 들어갈 내용을 <조건>에 맞게 쓰시오.

<자료>

학생: 학교 운동장에 텃밭을 만들지 말자. 왜냐하면, 텃밭으로 인해 활동
　　　공간이 협소해지기 때문이다.

☐1 '학생'이 지적한 문제의 해결 방안
　○ 활동에 영향을 주지 않는 자투리 공간을 활용한다.
☐2 '운동장 텃밭 가꾸기'의 (㉠)
　○ 수확을 통해 보람과 성취감을 느낄 수 있다.
　○ 친구들과 함께 농작물을 가꾸며 단합을 도모할 수 있다.
　○ 우리의 정서를 순화하는 데 도움을 얻을 수 있다.

❑ 설득할 내용
운동장에 텃밭을 만들어도 활동에 문제가 되지 않는다.
오히려 '운동장 텃밭 가꾸기'는 (㉠)이/가 많다.
그러므로 (㉡).

<조건>
　○　㉠은 한 단어로 쓸 것.
　○　㉡은 <자료>의 '학생' 주장에 대한 반대 의견을 제시하되, 한 문장으
　　　로 쓸 것.

해석 〈조건〉을 활용하여 필요한 응답의 범위를 명료하게 하였다.

(2) 교과서에 있는 지문을 그대로 사용하지 않는다

완성형과 마찬가지로, 교과서의 지문을 사용하는 경우 피험자들이 암기 위주의 학습에 치우치는 단순형 질문이 된다. 지문은 변형하거나 새로운 문장을 작성하여 복합적인 이해도를 측정할 수 있도록 한다.

(3) 정답을 염두에 두고 진술문을 작성한다

유사 정답의 가능성을 줄이고 문항을 보다 명확하게 작성할 수 있다.

(4) 가능한 경우 정답은 한 개로 한정한다

부득이하게 2개 이상도 가능하지만, 피험자들의 혼란을 방지하기 위해 지시문에 반드시 정답의 개수를 명시해야 한다. 그러나 1개의 정답이 가장 바람직하다.

예 10-16

2016 중3 국가수준 학업성취도 평가 국어 서답형3

<자료>의 ㉠에 알맞은 말을 <조건>에 맞게 쓰시오.

<자료> ■ 새말을 만드는 이유 분석하기

새말을 만드는 이유	○ 엄지족: 스마트폰으로 메시지를 자주 보내거나 검색을 많이 하는 사람들이 새롭게 나타나서 이를 표현하기 위해서 만듦. ○ 불닭: 매우 맵게 양념하여 튀기거나 구운 닭고기 요리가 새로 생겨서 이를 표현하기 위해서 만듦
정리하기	새말은 ㉠_____을/를 표현하기 위해 만듦.
조건	○ ㉠은 새말을 만드는 이유와 관련하여 문맥에 맞게 쓸 것.

해석 ㉠에 들어갈 말은 '새로운 현상', '새로운 것' 등 다양하게 표현될 수 있는데, 이 경우 보다 정답의 범위를 좁혀주거나 채점자가 가능한 정답을 모두 파악하여 기준을 정하면 혼란을 피할 수 있다.

(5) 계산 문제에 대해 명료한 정답 범위 또는 수준을 제시한다

'소수점 둘째 자리에서 반올림하여 구하시오', 'ml로 답하시오' 등 계산의 정확성 또는 단위가 명시되어야 한다. 지시문이 엄밀할수록 피험자들이 문제를 이해하기 쉽고, 응답의 범위가 좁아지므로 채점의 혼란을 방지할 수 있다.

(6) 한 문항에서 빈칸 및 괄호가 여러 개인 경우, 같은 길이로 제작한다

서로 다른 길이는 그 자체로 단서가 된다. 또한, 채점이 쉽도록 빈칸 및 괄호에는 충분한 지면을 제공한다.

(7) 문법적인 오류는 가능한 한 채점에 반영하지 않는다

채점에 조사, 띄어쓰기, 맞춤법 등의 문법적인 오류를 반영할 경우 피험자들의 학습내용의 이해도가 아닌, 문장력 또는 문법에 대한 능력 등 다른 능력을 함께 측정하게 된다.

03 논술형 문항

1) 논술형 문항의 정의

논술형 문항(essay–type form)은 주어진 지시문에 따라 피험자가 자유롭게 여러 개의 문장으로 응답하는 유형이다. 응답에 제한이 없으므로 피험자가 지시문을 읽고 이해한 바와 견해에 따라 다양한 반응을 보일 수 있다. 따라서 선다형이나 다른 서답형에서 측정할 수 없는 사고력, 창의력, 비판력, 분석력, 종합력, 논리력, 문제해결력 등 여러 고등정신 능력을 평가할 수 있는 장점 때문에 대학입시논술, 임용고시, 대학 내 시험에서 많이 활용되고 있다.

2) 논술형 문항의 유형

응답의 범위에 따라 제한 반응형 및 확대 반응형으로 나뉜다.

(1) **제한 반응형**(restricted response form, restricted response essay item)

제한형 논술 문항이라고도 하며, 응답에 제한을 두는 유형이다. '~열거하시오', '~제시하시오' 등 논술의 범위를 지시문에서 축소하거나, 글자 수를 제한하여 간결하게 응답하도록 하는 유형이다. 확대 반응형보다 빠르고

객관적인 채점이 가능하나, 피험자가 제한된 범위 내에서 응답해야 하므로 논술형에서 의도하는 다양한 고등정신 능력을 모두 측정하기 어렵다.

(2) 확대 반응형(extended response form; extended response essay item)

확장된 논술형 문항이라고도 한다. '~를 분석하시오', '~를 논하시오' 등 자유롭게 응답하도록 허용하는 유형이다. 글자 수와 시간의 제한이 상대적으로 작으며, 서술 범위도 넓어 피험자의 고등사고능력까지 평가할 수 있다. 단, 객관적인 채점이 어렵고, 시험시간의 한계 때문에 다수의 문항을 출제할 수 없다.

3) 논술형 문항의 장·단점

(1) 장점

- 상대적으로 문항 제작이 쉬우면서도 피험자의 학습 성과를 폭넓게 확인할 수 있다.
- 모든 교과를 대상으로 문항을 제작할 수 있다.
- 피험자의 다양한 고등정신 능력을 평가할 수 있다.
- 정답의 단서가 없어 피험자가 응답을 추측하기 어렵다.
- 피험자가 학습 내용을 포괄적으로 알고 있어야 답안을 작성할 수 있으므로 암기보다 교과 내용을 충분히 이해하고자 하는 바람직한 학습 태도를 길러준다.

(2) 단점

- 하나의 답안을 작성하는 시간이 길어서 출제할 수 있는 문항의 수가 제한된다. 따라서 평가할 수 있는 교과 영역 범위가 상대적으로 좁아 대표성이 낮다.
- 초등학생 중 저학년 학생이나 언어능력이 낮은 사람에게 시행할 수 없다.

- 지시문이 모호한 경우 전혀 의도하지 않았던 방향의 답안이 작성될 수 있으며, 이 경우 채점이 어려울 수 있다.
- 채점에 많은 시간이 소요된다.
- 문장력이 채점에 영향을 미친다. 응답이 분명하지 않더라도 문장력이 뛰어나거나 논리적인 답안은 채점 시 좋은 점수를 받을 가능성이 커진다.
- 여러 채점자가 명확하지 않은 기준으로 채점할 경우, 채점의 일관성이 낮다. 평가자의 내재적인 채점 기준이 서로 달라 같은 응답이라도 다른 점수를 받을 수 있기 때문이다.

4) 논술형 문항의 제작

논술형 문항을 제작할 때에는 다음과 같은 사항을 주의한다.

(1) 피험자의 특성을 고려한 문항을 제작한다

피험자의 나이, 교육 수준 등의 특성을 사전에 고려하지 않으면 지나치게 다양한 응답이 나올 수 있으며 채점이 어려울 수 있다. 예를 들어, 지시문이 피험자의 수준보다 지나치게 어려우면 평가에 독해력 및 인지능력이 포함되어 평가가 부정확할 수 있다(Oosterhof, 1994).

(2) 명료하고 구조화된 문항을 만든다

고차적인 학습 성과를 측정할 수 있도록 문항을 제작한다. 종합 사고력, 분석력, 창의력, 논리력을 요구할 수 있는 논술형 문항의 장점을 살려 해당 인지능력을 평가할 수 있어야 하기 때문이다. 명확한 지시문은 요지에 어긋난 응답을 방지하기 때문에 채점에 도움이 된다.

(3) 지시문은 단순 기술문이 아닌 분석할 수 있는 자료를 제시하는 것이 다양한 인지능력을 측정하는 데 바람직하다

2017 고려대학교 수시모집 일반전형 인문계열 1번 문항 참고

1~4를 활용하여, '바람직한 공적 결정'에 관해 논술하시오. (75점)

1. 갑국과 을국은 각각 국민의 선거로 대표자를 선출한다. (…) 갑국의 국민은 선출된 대표자에게 정책 결정을 일임하고, 대표자의 결정이 자신들의 생각과 다르더라도 수긍하고 따른다. (…) 을국의 국민은 대표자가 비록 전문성이 있다 하더라도 각계각층의 다양한 정치적 견해를 대표하지 못하고 특정 집단의 이익만을 대변하여 계층 간의 불화를 초래할 수 있음을 우려한다.

2. 영국의 유럽연합(EU) 탈퇴를 의미하는 브렉시트(Brexit)에 관한 국민투표가 있기 전 영국에서 경제학자들을 대상으로 여론조사가 시행되었다. (…)

3. 소수의 우수한 전문가들보다 다수의 시민이 최고의 권위를 가져야 한다는 주장이 대체로 옳아 보인다. (…)

4. (…) 비류는 신하들의 말을 듣지 않고 백성을 둘로 나누어 미추홀로 돌아가 살았다. 온조는 강 남쪽 위례성에 도읍을 정하고 열 명의 신하를 보좌로 삼았다. (…)

해석 위 문항은 '바람직한 공적 결정'이라는 논제를 명확하게 제시하고 각 제시문 간의 연관관계를 논술하게 하여 피험자의 통합적인 사고력 및 논리력을 평가할 수 있게 구조화된 문항이다. 단순한 지시문이 아닌 분석할 수 있는 자료(①, ②, ③, ④)를 제시함으로써 피험자의 설득력, 체계적인 분석력 등 다양한 인지능력을 평가할 수 있도록 제작되었다.

(4) 지시문은 구체적이어야 한다

'~를 설명하라', '~를 기술하라'라는 단순한 지시 사항보다 '그 2가지 특징을 열거하고, 그것이 어떻게 서로 다른지 비교·분석하시오.'와 같이 구체적인 지시 사항이 필요하다. 이를 통해 피험자가 얼마나 알고 있는지 정확하게 확인할 수 있고, 채점할 때도 편리하다.

> **예 10-18**
>
> 2017 공립 유치원 교사 임용후보자 선정경쟁시험 유치원 교직 논술
>
> 다음은 교사 학습공동체에서 나눈 교사들 간 대화이다. 1) 유아교사의 역할 4가지를 대화에 근거하여 제시하시오. 2) 김 교사의 대화를 바탕으로 역할갈등의 개념을 설명하고, 이에 근거하여 최 교사와 박 교사의 역할갈등 내용을 각각 1가지씩 제시하시오. 그리고 3) 최 교사와 박 교사 각각의 역할갈등 해결 방안을 개인 차원에서 2가지씩 논하고, 4) 이러한 역할갈등 해결을 지원하기 위한 조직 차원의 방안 2가지를 논하시오. [총 20점]
>
> **해석** 위 문항은 정확하게 지시 사항을 제시하였다. 피험자가 응답해야 하는 주제 및 현실에서의 적용 상황을 묻고, 그 해결 방안을 다양한 관점에서 응답하게 하여 한 문항임에도 불구하고 다양한 사고력, 분석력을 요구하고 있다. 응답의 개수 및 배점도 표시하고 있어 피험자가 채점의 기준 및 출제 의도를 확인할 수 있다.

(5) 어떤 이슈에 대한 찬반 견해를 묻는 경우 어느 한쪽의 입장으로 응답을 제한하지 않는다

피험자가 자유롭게 자신의 견해를 밝힐 수 있게 해야 더 논리적인 응답을 전개할 수 있기 때문이다. 또한, 응답에는 명확한 근거를 제시하도록 하여 근거 없는 견해나 양 입장을 절충하는 방향의 응답을 방지한다.

(6) 응답의 길이를 제한한다

응답의 길이가 제한되어 있지 않으면 피험자들은 긴 응답이 좋다고 생각하기도 하고, 간결하게 응답하는 것이 좋다고 생각하기도 한다. 이렇게 같은 의견이라도 응답의 길이가 서로 다르면 채점의 논란이 있을 수 있으므로 출제자가 처음부터 응답의 길이를 제시하는 것이 적절하다.

2017 공립 유치원 교사 임용후보자 선정경쟁시험 유치원 교직 논술

<답안 작성 시 유의 사항>
주어진 원고지(1,200자)에 맞게 서술하시오. (1,100자 이하 또는 1,200자
초과 시 감점)

(7) 여러 문항 중 하나를 선택하여 답하게 하지 않는다

여러 문항의 난이도를 동일하게 만드는 것은 불가능하며, 피험자가 어떤 문항을 선택하는지에 따라 점수가 달라질 수 있다. 부분적으로만 학습한 응답자도 문항만 잘 선택하면 좋은 점수를 얻을 수 있다는 점에서 이는 바람직하지 않다. 여러 문항을 동시에 출제하여 모든 응답자가 모두 답하게 하거나, 꼭 필요하지 않은 문항이면 생략하는 것이 낫다.

(8) 넓은 범위의 문항을 소수만 출제하기보다 좁은 범위의 문항을 다수 출제한다

소수의 문항으로 광범위한 학습 내용을 측정하는 것은 세부적인 내용에 대한 인지능력을 평가하기 어려우므로 한계가 있다. 따라서 좁은 범위의 문항을 다수 출제하여 피험자가 어느 정도까지 인지하고 있는지 자세하게 평가하는 것이 바람직하다.

(9) 문항이 두 개 이상이면 모든 문항에 배점을 제시한다

배점을 제시하지 않는 경우 출제자가 생각하는 문항의 중요도와 피험자가 생각하는 문항의 중요도가 다를 수 있다. 따라서 피험자가 문항의 배점에 따라 전략적으로 시간을 배분할 수 있도록 해야 한다.

2017 공립 유치원 교사 임용후보자 선정 경쟁시험 유치원 교직 논술

<배점>
논술의 내용 [총 15점]
- 유아 교사의 역할 [4점]
- 역할갈등의 개념(3점)과 내용(2점) [5점]
- 개인 차원의 역할갈등 해결 방안 [4점]
- 조직 차원의 지원 방안 [2점]

논술의 체계 [총 5점]
- 분량 [1점]
- 맞춤법 및 원고지 작성법 [1점]
- 글의 논리적 체계성 [3점]

(10) 문항에 대한 응답 시간은 문항의 난이도에 따른다

문항이 어려운데 응답 시간이 짧은 경우, 이해도가 높은 피험자라도 전부 응답할 시간이 없어 낮은 점수를 받을 수 있다. 이는 문항의 신뢰도 및 타당도를 동시에 떨어뜨리므로 피험자가 충분히 응답할 시간을 가질 수 있도록 응답 시간을 조정해야 한다.

5) 논술형 문항의 채점

(1) 채점방법

논술형 문항의 채점방법은 분석적 채점방법과 총괄적 채점방법으로 나누어 볼 수 있다.

① 분석적 채점방법(analytical scoring method)

분석적 채점방법은 모범답안을 기준으로 사전에 명확하게 구분한 배점에 따라 응답을 분석하여 채점한 후, 그것을 합산하는 방법이다. 아래에서 설명할 총괄적 채점방법보다 신뢰도가 높고 효과적인 방법으로 평가받는다.

② 총괄적 채점방법(global scoring method)

총괄적 채점방법은 응답을 전반적으로 평가하여 점수를 부여하는 방식으로 채점한다. 분석적 채점방법처럼 채점 기준에 따라 응답을 일일이 확인하지 않아도 되기 때문에 채점 속도가 빠르나, 느낌에 따라 채점하므로 후광효과(Halo effect)가 발생할 수 있으며 모호한 채점 기준으로 신뢰도가 낮다.

논술형 문항을 채점할 때는 다음과 같은 사항을 주의한다.

(2) 채점시 주의사항
① 채점의 기준을 명확히 마련한다

채점 시간이 많이 소요되는 논술형 문항에는 다수의 채점자가 참여한다. 따라서 채점 기준을 구체적으로 마련할수록 채점자가 채점 기준을 잘 이해하지 못하는 **내용 불확정성 효과**(content indeterminacy effect)를 낮추고 공평하게 채점할 수 있다. 이를 위해서는 출제자가 문항을 제작할 때 가능한 모든 응답을 사전에 열거하여 배점 기준을 세워놓아야 한다. 채점 기준을 문제지에 명시하거나, 모범답안을 작성하여 채점에 대한 논란이 있을 때 이를 해명할 근거를 마련하는 것도 좋은 방법이다.

② 채점 시 개인의 편견이나 상황이 개입되지 않도록 한다

논술형 문항은 채점자가 직접 채점하는 방식의 문항이므로 주관적인 판단을 배제하기 어렵다. 이 경우 같은 학습 능력을 갖춘 피험자라도 서로 다른 평가를 받을 수 있으므로 채점자가 다음과 같은 유의점을 인지하고 최대한 객관적인 태도를 갖는 것이 중요하다.

- 피로 효과(fatigue effect): 채점자의 피로가 채점에 영향을 줄 수 있다. 따라서 채점자는 중간 휴식을 취하며 체력을 회복한 후 최대한 같은 기준으로 채점해야 한다.

- 순서 효과(order effect): 초반부에 채점한 답안지의 점수가 높고 후반부

에 채점한 답안지의 점수가 낮은 현상이다. 복수의 채점자가 있는 경우 답안지를 무작위로 중복 채점하여 합의된 점수를 부여하면 순서 효과를 낮출 수 있으나, 채점자가 한 명인 경우에는 그럴 수 없다. 이 때는 한 명의 채점자가 채점을 모두 마친 후 답안지를 다시 채점하여 초반부 답안지의 점수가 상대적으로 후하게 주어졌는지, 혹은 후반부 답안지의 점수가 초반부 답안지에 비해 낮게 매겨졌는지 재확인하도록 한다.

- 후광 효과(Halo effect): 답안 초반의 평가에 따라 전체 채점에 영향을 주는 현상이다. 예컨대, 답안 초반에 좋은 인상을 주었을 때 뒷부분의 답변이 미흡하더라도 긍정적으로 평가하게 되는 경향을 말한다.

- 필체 및 문장력: 응답의 내용이 아닌 정갈한 글씨와 답안지, 정확한 문법과 좋은 문장력이 채점에 영향을 주지 않아야 한다. 특히 응답이 명확하지 않은데도 논리적인 문장력으로 모두 알고 있는 것처럼 답안을 작성한 답안 과장(bluffing)을 주의해야 한다.

③ 채점 시 문항 단위로 채점한다

응답자 단위로 채점을 하는 것이 아니라, 모든 답안지의 1번 응답을 채점한 후 다시 모든 답안지의 2번 응답을 채점하는 방식인 '문항 단위 채점 방식'을 따르는 것이 바람직하다. 이는 한 문항이 다음 문항에 영향을 주는 문항 간의 시행효과(carry-over effect)를 방지하기 위함이다. 이를 따르면 1번 응답을 채점하는 동안 기준이 변할 가능성이 낮고, 같은 문항을 계속 채점하기 때문에 상대적으로 빠르게 채점할 수 있다.

④ 복수의 채점자를 둔다

한 명이 채점할 경우 개인적인 의견 및 편견이 개입되기 쉽다. 따라서 복수의 채점자를 두어 평균 점수를 구하면 점수에 대한 객관성 및 채점자 간 신뢰도(7장 참고)를 높일 수 있다.

- 서답형 문항은 피험자가 직접 응답을 작성하는 문항이다. 완성형, 단답형, 논술형의 세 가지 유형이 있다.
- 완성형 문항은 진술문에서 비어있는 괄호 또는 빈칸에 알맞은 단어를 작성하여 문장을 완성하는 문항이다. 선택형 문항보다 문항 제작이 쉽다. 부분점수가 없고, 피험자의 문장력에 영향받지 않아 채점이 쉽고 객관적이다. 그러나 채점의 기준이 분명하지 않으면 점수의 신뢰도가 낮아질 수 있으며, 선택형 문항보다 응답 시간이 길다. 고차적인 학습 성과를 평가하기에는 적절하지 않다.
- 단답형 문항은 진술문의 질문에 대해 짧게 응답을 작성하는 문항이다. 고등정신 능력보다 회상 수준의 학습 성과를 주로 측정한다. 문항 제작이 쉬우며 출제할 수 있는 학습 범위가 넓다. 채점이 피험자의 문장력에 영향받지 않는다. 그러나 하나의 정답을 유도할 수 있도록 지시문이 명확하지 않으면 채점하기 어렵다. 완성형 문항과 마찬가지로 고차적인 학습 성과를 평가하기에는 적절하지 않다.
- 논술형 문항은 지시문에 따라 한 개 이상의 문장으로 응답하는 문항이며, 피험자의 고등정신 능력 및 사고력을 평가하는 데 주로 쓰이는 유형이다. 다양한 범위에서 문항을 제작할 수 있고, 피험자의 학습 성과 및 고등정신 능력도 폭넓게 평가할 수 있다. 그러나 응답 시간이 길어 출제할 수 있는 문항의 수가 제한되며, 지시문이 명확하지 않으면 범위에서 벗어난 응답이 가능하므로 채점하기 어렵다. 채점 시간이 길며 채점자에 따라 채점의 일관성이 떨어질 수 있다.

◉ 완성형 문항의 유형을 두 가지 제시하고, 예시 문항을 제작하시오.

◉ 완성형 문항의 장점 및 단점을 비교하시오.

◉ 완성형 문항의 예시 문항을 주의할 점과 비교하여 평가하시오.

- 단답형 문항이 논술형 문항과 어떻게 다른지 피험자의 학습 성과를 기준으로 분석하시오.

- 단답형 문항의 예를 기출문제 중에서 찾아 제시하고, 문항을 개선할 수 있는 방안을 제시하시오.

- 논술형 문항의 유형 중 제한 반응형과 확대 반응형의 차이점을 제시하시오.

- 제시문 및 구체적인 지시 사항을 포함하여 논술형 문항을 제작하고, 출제 의도를 설명하시오.

문항 제작의 요건

앞서 9장과 10장에서는 문항의 두 유형인 선택형 문항과 서답형 문항에 대해 알아보았다. 11장에서는 문항의 제작 단계를 알아보고, 문항 제작자가 어떤 요건을 갖추었을 때 바람직한 문항을 만들 수 있는지 논의할 것이다. 여기서 바람직한 문항이란 평가하고자 하는 학습 내용을 포괄적으로 담고 있으며, 피험자의 잠재능력을 정확하게 측정하는 문항이다. 문항의 질은 제작자의 특성에 따라 크게 달라진다. 문항 제작자가 문항을 제작한 경험이 풍부하고 충분한 능력을 갖추고 있을수록 바람직한 문항을 만들 수 있다. 또한, 문항이 만들어졌더라도 편집 방식에 따라 검사 도구의 질은 다시 달라질 수 있다. 따라서 피험자의 능력을 올바르게 측정하기 위해 어떻게 문항을 편집해야 하는지 그 유의점들을 알아볼 것이다.

문항 제작의 요건

【학습목표】

⇢ 문항 제작이 이루어지는 과정을 이해하기
⇢ 문항 제작할 때 유의할 점 알기
⇢ 문항 제작자에게 필요한 요건알기
⇢ 바람직한 문항의 요건이 무엇인지 서술하기
⇢ 문항을 편집할 때 유의할 점 알기

01 문항 제작

문항을 효율적으로 제작하기 위해서는 먼저 문항을 어떻게 제작하고자 하는지 체계적인 계획이 필요하다. 필요한 제작 단계를 거치지 않고 문항이 제작될 경우 학습 내용이 충분히 반영되지 못하거나 피험자의 학습 성과를 효과적으로 측정하지 못할 수 있다. 따라서 문항 제작계획에 따라 단계적인 검토를 거쳐 문항을 만드는 것은 검사도구의 타당성을 확립하기 위해 필수적인 과정이다. 문항 제작은 총 8가지 단계로 나누어 볼 수 있다.

표 11-1 문항 제작의 단계

- 목적 규정
- 측정내용 설정
- 제작계획 수립
- 문항 제작
- 검사 실시
- 문항평가
- 규준점수 개발 ⎤
- 사용설명서 제작 ⎦　규준참조평가인 경우 추가적인 단계

1) 목적 규정

(1) 검사의 목적

목적 규정 단계에서는 검사의 목적과 문항의 형식을 결정한다. 검사의 목적은 문항의 성격, 문항의 유형, 내용 및 채점 방식을 결정하므로 문항을 제작하기에 앞서 결정해야 하는 중요한 단계다. 앞서 평가 시기 및 결과 해석 기준에 따른 평가의 유형을 알아보았는데, 이는 문항을 제작할 때 가장 먼저 규정해야 하는 검사의 목적과 같다. 따라서 이 장에서는 검사의 목적에 따른 평가 유형을 간략히 정리한다.

① 시점에 따른 검사의 목적

평가 시기에 따른 검사 목적은 시기별로 **진단평가**(diagnostic evaluation), **형성평가**(formative evaluation), **총괄평가**(summative evaluation)로 나뉜다. 진단평가는 수업 시행 전에 학생들의 실력을 파악하기 위해 실시되는 시험이다. 피험자의 현재 학습 수준과 특성을 파악하고, 학습 부진이 있는지 평가하는 것이 목적이다(Huhta, 2008). 검사 도구가 이 목적을 잘 달성할 경우 피험자의 수준에 맞는 학습 내용을 제공할 수 있고, 학습 부진 혹은 결손이 있는 경우 보완할 수 있는 학습 계획을 세울 수 있다. 형성평가는 학습하는 도중에 또는 배움이 일어나는 과정에서 학습을 증진시킬 목적으로 시행하는 검사이다. 형성평가는 학습자의 학습 과정 뿐 아니라 교수 방법도 평가하는데, 예를 들어 새로운 교수법이 학습에 사용되었을 경우 학습이 잘 이루어졌는지에 대해서만 평가하는 것이 아니라 해당 교수법이 학습에 효과적이었는지도 판단할 수 있다. 마지막으로 총괄평가는 학습이 끝난 이후의 시기에 이루어진다. 수업 목표를 기준으로 학습자 및 학습 과정이 이를 달성했는지 확인하는 것이 특징이며, 결과를 표준화하여 일반화 및 학습자 간 비교가 가능하도록 한다. 자세한 내용은 3장에 서술되어 있다.

② 결과해석 기준에 따른 검사의 목적

결과해석에 따라 검사의 목적은 **규준참조평가**(norm-referenced evaluation), **준거참조평가**(criterion-referenced evaluation)로 나눠진다. 먼저 규준참조평가는 개인의 점수를 비교집단(규준집단)의 기준과 비교하여 평가하는 검사이다. 점수가 상대적으로 파악되어야 하므로 문항의 변별력이 있도록 제작하는 것이 중요하다. 다음으로 준거참조평가는 규준참조평가의 상대적 평가와 달리 학습자 수준의 절대적인 평가를 목적으로 한다. 즉, 학습 후에 달성해야 하는 특정 점수 기준이 존재하며, 그 기준과 비교했을 때 개인의 학습 수준이 해당하는 기준에 도달했는지 평가한다. 따라서 검사 도구에 포함된 문항들이 교과 내용을 이해했을 때 달성해야 하는 최저 수준을 포괄적으로 대표하고 있는지 여부가 중요할 것이다. 두 평가에 대한 자세한 설명은 4장과 5장에서 다루고 있다.

(2) 문항 형식 결정

검사의 목적을 결정했다면 문항의 형식을 결정한다. 선택형 혹은 서답형 중 어떤 형식의 문항을 만들 것인지 결정하는데, 문항 형식에 따라 측정할 수 있는 학생의 사고력 수준이 다르다. 예를 들어, 간단한 지식 및 기억을 측정하고자 할 때는 선택형 중 진위형이 적절할 수 있고, 복합적인 지식에 대한 이해력 및 비교 분석력을 측정하고자 할 때는 서답형 중 논술형이 적절할 수 있다. 검사의 목적이 학생의 수준을 알고자 할 때는 난이도를 점차 높여가는 문항들이 필요하다. 예를 들어, 학생이 문제를 맞히다가 연속해서 세 개 이상 틀리기 시작하는 지점을 교육이 개입할 시점으로 볼 수 있다. 마지막으로 검사의 목적이 같은 시간 내에 피험자가 얼마나 많은 학습 성취를 보여줄 수 있는지에 관한 것이라면 많은 양의 문항을 출제해야 한다. 이 외에 고려해야 하는 사항은 다음과 같다.

① 검사 환경

검사 환경이란 시험지 형태, 응답 방식, 검사 장소 등을 의미하는데, 이 조건에 따라 문항 형태가 달라질 수 있다. 먼저 시험지 형태가 필기식이고 시청각 자료가 없다면 듣기시험이 불가능하지만, 컴퓨터로 시험을 치는 형태라면 듣기 및 동영상 자료를 활용한 시험이 가능하다. 응답 방식이 OMR 카드에 정답을 표기하는 것이라면 짧은 시간 내에 많은 문항을 출제할 수 있지만, 주로 선택형 문항이 쓰인다.

② 검사영역 특성

검사영역에 따라 문항의 유형이 결정되기도 한다. 대표적으로 검사영역이 간단하고 쉬운 기술 수준일 때 선택형 및 단답형을 사용하고, 검사영역이 고등정신 능력을 측정하는 것일수록 학생이 직접 논리적으로 전개할 수 있는 서술형이 적절하다. 검사영역 특성에 따른 문항 유형 결정은 절대적인 것은 아니며, 어떻게 제작하느냐에 따라 다양하게 활용될 수 있다.

③ 장애를 가진 피험자의 특성

피험자가 신체적인 손상 때문에 문항을 이해하고 응답하는 데 문제가 있을 때, 피험자의 신체적인 특성을 고려하여 문항 유형을 변경할 수 있다. 따라서 같은 문항이더라도 유형만 달리하여 여러 개의 문항이 출제될 수 있다. 예를 들어, 시각이 손상된 경우에 문항을 듣기문제로 제작하거나, 청각이 손상된 경우 듣기시험에서 지문을 제시하는 식이다. 글씨를 쓸 수 없는 학생의 경우 구두로 문항에 응답할 수 있게 하며, 난독증이 있는 학생의 경우 지문 이해를 돕는 등의 조정이 필요하다.

2) 측정내용 설정

어떤 학습 내용을 평가할 것인지 측정할 내용 범위를 결정하고, 어떤 평가방법을 사용할 것인지에 대해 정한다. **Bloom의 교육목표 분류체계**(Bloom's

Taxanomy of Educational Objetives; Anderson et al., 2001)를 활용하여 측정내용에 대한 피험자의 사고력에 따라 분류하면 추후 문항을 작성할 때 편리하다. Bloom의 교육목표 분류체계는 측정하고자 하는 피험자의 사고력을 지식, 이해, 적용, 분석, 종합, 평가로 분류해왔으나, 후에 기억하기, 이해하기, 응용하기, 분석하기, 평가하기, 창조하기의 분류로 개정되었다. '기억하기'가 인지하기와 떠올리기 등 단순한 인지능력을 평가한다면, '창조하기'에 가까워질수록 복잡하고 고차원적인 정신능력을 측정하게 된다. 이는 앞서 8장에서 배운 이원분류표의 행동영역(인지능력 수준)을 작성하는 데 사용된다.

표 11-2 Bloom의 교육목표 분류체계

분류	예시
기억하기 (remember)	인지하기(recognizing), 떠올리기(recalling)
이해하기 (understand)	해석하기(interpreting), 예시화하기(exemplifying), 분류하기(classifying), 요약하기(summarizing), 추론하기(inferring), 비교하기(comparing), 설명하기(explaining)
적용하기 (apply)	실행하기(executing), 시행하기(implementing)
분석하기 (analyze)	차별하기(differentiating), 구조화하기(organizing), 파악하기(attributing)
평가하기 (evaluate)	확인하기(checking), 비평하기(critiquing)
창조하기 (create)	생성하기(generating), 계획하기(planning), 생산하기(producing)

3) 제작계획 수립

문항 제작계획을 세운다. 이원분류표 작성, 소요시간, 문항 수, 문항 유형, 지시 사항, 채점방법, 점수 배정, 문항 난이도에 관한 결정이 필요하다.

이원분류표에 대한 설명은 8장에서 다룬 바 있다. 실제 이원분류표는 교육과정 평가원 및 학교 내에서 필요에 따라 다양하게 작성하여 활용되고 있다. [표 8-1]에서 제시한 이원분류표 예를 보면 수리영역에 대한 내용영역이 어떤 것인지 확인할 수 있게 되어 있으며, 행동영역에 대한 평가로써 어떤 사고를 측정할 수 있는지 표현하였다. 이를 통해 문항 제작자가 사전에 제작계획을 세울 수 있으며, 제작 후에도 어떤 내용을 평가하는 문항이 더 필요한지, 어떤 행동을 평가하는 문항이 너무 많지는 않은지 확인하여 문항을 조정할 수 있다.

특히 소요시간에는 피험자들의 학년에 따른 고려가 필요하다. 초등학생은 상대적으로 짧은 검사만 가능하나, 고등학생으로 갈수록 더 긴 검사를 통해 능력을 평가할 수 있다. 일반적으로 교과 시간만큼의 검사시간이 적절하다. 예를 들어, 교과 시간이 50분이면, 시험시간도 50분으로 같게 할 수 있다.

문항 수는 소요시간을 정한 후 1분당 몇 문항씩 풀 수 있는지 계산하여 안배할 수 있지만, 문항의 난이도에 따라 1분당 출제 문항 수가 달라지기도 한다. 대부분 문항 제작자 혹은 교과 담당자의 경험으로 문항 수를 결정하게 된다.

문항의 쉽고 어려운 정도를 의미하는 문항 난이도(12장 참고)는 검사의 목적에 따라 다르게 결정된다. 상대평가인 규준참조검사인 경우 쉬운 문제부터 어려운 문제까지 내서 학생의 서열화를 목적으로 하지만, 개인의 점수가 사전에 정해진 기준을 충족해야 하는 준거참조검사인 경우에는 문항 난이도를 일괄적으로 정하여(예: 0.7) 유사한 난이도를 가진 문항들을 제작한다.

4) 문항 제작

제작계획 혹은 작성한 이원분류표에 따라 문항을 실제로 작성하는 단계이다. 문항을 검토할 때 삭제되는 문항이 있을 수 있으므로 문항 초안 수는 약간 더 많이 작성하는 것이 좋다. 바람직한 문항을 만들기 위해서는 문항 제작자의 역할이 무엇보다 중요하며, 모든 문항은 제작 후 전문적인 편집자의 검토를 거치도록 한다. 이때 편집자는 문항 내용이 명료해지도록 수정하고 도덕적, 윤리적인 문제가 없는지 확인한다. 또 검사 도구를 전체적인 시각에서 편집해야 하는데, 시험에 들어갈 문항을 결정한 후에도 어떻게 문항을 편집하느냐에 따라 검사 도구의 질은 달라질 수 있다. 자세한 내용은 '3. 문항의 요건' 및 '4. 문항의 편집'에서 다루고 있다.

5) 검사 실시

제작된 검사 도구를 사용하여 피험자들에게 검사를 시행한다. 준거참조평가의 경우에는 지금까지의 목적 규정, 측정내용 설정, 제작계획 수립, 문항제작 그리고 검사 실시의 다섯 단계까지만 실행하게 된다. 단, 규준 집단의 점수와 비교하여 평가하는 규준참조평가의 경우에는 검사 제작, 내용, 실행 및 채점이 모두 표준화된 **표준화 검사**의 제작을 위해 다음의 세 가지 단계가 추가로 필요하다.

6) 문항평가

문항의 질을 평가한다. 규준참조평가를 위한 문항평가 시 피험자의 응답 자료는 사전검사(pilot test) 자료로써 활용되며, 문항 난이도(문항의 쉽고 어려운 정도), 문항 변별도(능력이 높은 학생과 낮은 학생을 구분해 줄 수 있는 정도), 문항 추측도(해당 능력이 전혀 없음에도 정답을 추측하여 맞힐 확률) 및 검사의 타당도와 신뢰도를 검증할 수 있다. 검증한 문항 분석 결과에 따라 적절하지 않은 문항을 확인하고, 수정 및 삭제를 통해 문항을 보완하게 된다. 구체적인 과정에 대해서는 12장에서 자세하게 설명한다.

7) 규준점수 개발

시행된 검사를 바탕으로 **규준점수**를 개발한다. 규준점수란 충분한 대표성을 가진 표준화 집단의 점수 분포이며, 규준점수가 개발된 이후부터 피험자가 규준점수를 기준으로 상대적인 수준을 알 수 있게 된다.

8) 검사 사용설명서 개발

검사 사용설명서에는 검사시행 및 조건에 대한 지침을 포함하며, 시험감독관과 채점자에게 유의사항을 제시하고 검사 도구 및 문항에 대한 타당도와 신뢰도에 대한 정보를 담는다. 특히 다수의 피험자를 동시에 평가하는 규준참조평가의 경우에는 검사 사용설명서를 개발하여 언제 어디서 검사 도구가 사용되어도 피험자가 최대한 표준화된 환경과 조건에서 시험을 치를 수 있도록 하는 것이 중요하다.

02 문항 제작자의 요건

바람직한 문항은 충분한 실력 및 경험을 갖춘 문항 제작자에 의해 만들어진다. 평가하고자 하는 사항을 바르게 측정하는 문항을 제작하기 위해 문항 제작자가 구체적으로 어떤 요건을 갖추고 있어야 하는지 알아보자.

첫째, 문항 제작자는 교육 목표와 교과 내용에 대해 폭넓게 이해하고 있는 해당 영역의 전문가여야 한다. 포괄적인 지식을 갖추고 있어야 문항제작에 대한 청사진을 계획할 수 있고, 시험이 꼭 포함해야 하는 중요한 학습 내용을 구분할 수 있기 때문이다. 같은 학습 범위 내에서 선택형 문항과 서답형 문항을 아우르는 다양한 문항을 작성하기 위해서는 학습 내용에 대한 깊은 이해뿐 아니라 다양한 현실의 예시를 교과 내용과 관련된 문항으로 구성하는 응용력 및 창의력이 필요하다.

둘째, 피험자의 특성에 대해 충분히 이해하고 있어야 한다. 먼저, 문항 제작자는 피험자의 학습 수준 및 어휘 수준을 제대로 파악하고 있어야 한다. 피험자의 실력을 과대평가하거나 과소평가할 경우 문항이 너무 어렵거나 쉽게 출제되어 학습 성과를 제대로 측정하지 못하기 때문이다. 예를 들어, 지문이 지나치게 복잡한 경우, 학습 성과와 관계없는 독해력이 함께 측정되어 피험자들이 내용을 아는 것과 무관하게 답을 틀릴 확률이 높다. 또한, 교수·학습이론을 바탕으로 피험자들이 어떤 방식으로 교과 내용을 이해하는지, 또 어떤 수준의 검사를 치를 수 있는지 알고 있어야 한다. 이 경우 피험자들의 이해 단계를 반영한 문항을 출제할 수 있고, 쉬운 문항에서부터 고등정신 능력을 발휘하도록 하는 문항 중 피험자 수준에 맞는 문항을 출제할 수 있다. 마지막으로 피험자의 성별, 나이 등의 특성을 고려해야 한다. 특성이 서로 다를 때에도 동일하게 응답할 수 있는 문항인지, 즉 문항에 차별성이 없는지 검토해야 하기 때문이다.

셋째, 문항 유형에 따른 문항 제작에 능숙해야 한다. 학습 내용을 어떤 유형의 문항으로 출제하느냐는 출제자의 능력에 따라 다를 것이다. 따라서 문항 유형의 장·단점 및 세부적인 유의사항에 대해 인지하고, 학습 내용의 목표에 가장 알맞은 유형을 선택하여 신뢰도 높은 문항을 제작할 수 있어야 한다.

넷째, 문항을 작성하는 글쓰기 능력이 필요하다. 피험자가 문항 내 지시문, 진술문 및 제시문을 읽는 것에 시간을 지나치게 소요하지 않도록 해야 하기 때문이다. 피험자의 능력 외에 독해력 및 읽기 속도가 응답에 영향을 미치지 않도록 모든 문장은 쉽고 간결하게 표현되어야 한다.

다섯째, 문항의 질을 판단하는 검사이론에 대한 이해가 필요하다. 문항 제작자는 검사이론을 통해 문항난이도, 문항변별도, 문항추측도를 추정하고, 이를 문항 수정에 반영할 수 있어야 한다. 검사이론에는 고전검사이론 및 문항반응이론이 있는데, 고전검사이론(classical test theory)은 총점을 기반으로 문항을 분석하는 이론이며, 문항반응이론(item response theory)은 문항 각각에 근거하여 피험자의 잠재적 능력 및 문항 특성을 분석하는 이론이다. 두 검사이론에 대해서는 12장에서 자세히 살펴볼 것이다.

여섯째, 문항제작에 대한 풍부한 경험과 훈련이 필요하다. 문항제작 능력은 경험을 통해서 발전하기 때문에 단기간에 습득할 수 없으나, 많은 문항을 제작하고 평가하는 연습을 통해 발전시킬 수 있다. 초보자의 경우 구체적인 지시가 포함된 문항 제작 지침을 활용하고, 관련 워크숍에 참여하는 것도 좋다(Haladyna, 2004). 경험이 많은 전문가와 동료 교사의 피드백도 도움이 될 것이다.

03 문항의 요건

같은 학습 내용에 대해 문항을 제작한다고 하더라도 문항은 제작자의 수준과 경험, 제작자의 의도, 또는 피험자의 특성에 따라 완전히 달라질 것이다. 그뿐만 아니라 문항 유형에 따라 제작방법도 다르고 시험의 목적도 다르다. 따라서 문항의 질을 평가하는 것은 복합적인 판단이 요구되는 일이다. 바람직한 문항이 제작되기 위해서는 다음과 같은 요건이 필요하다.

1) 학습 내용과의 적합성

제작된 문항들은 피험자가 학습한 교과 내용을 벗어나지 않는 동시에 포괄적으로 담고 있어야 한다. 이를 위해서는 문항 제작자가 교육목표 및 교육내용을 정확하게 알고 검사의 목적에 부합하도록 문항을 제작해야 한다. 또 교과 내용 내의 지나치게 세밀한 부분보다는 피험자가 꼭 알아야 하는 요점을 중심으로 문항으로 제작하는 것이 바람직하므로, 교과 내용 범위에서 문항이 제작되는 동시에 내용의 중요도를 고려해야 한다.

2) 평가 내용의 융합성

바람직한 문항은 피험자의 다양한 사고능력을 융합적으로 평가할 수 있어야 한다. 문항이 단순하게 구성된 경우 피험자는 암기식으로 학습하기 쉬우며, 이는 Bloom의 교육목표 분류 체계 중 가장 낮은 단계인 기억하기 등을 평가하는 데 그칠 것이다. 따라서 피험자의 고등정신능력을 평가할 수 있도록 피험자가 학습 내용을 적용하거나 분석해야 하는 문항, 또는 진술문을 평가할 수 있는 다양한 문항 내용을 고민해야 한다.

3) 문항의 독창성

문항의 독창성이란 문항이 내용 혹은 구성 면에서 새롭거나, 색다른 관점에서 학습 내용을 바라볼 수 있도록 하는 것을 말한다. 시험을 준비한 피험자는 학습 내용에 대한 비슷한 문항들에 익숙해져 있으므로, 같은 내용이라도 복합적인 사고 또는 새로운 관점을 통해 문항에 접근할 수 있도록 제작해야 한다. 독창적인 문항은 학습내용에 알맞은 자료를 수집하고 해당 자료를 문항에 자연스럽게 반영하는 제작자의 능력에 의해 만들어지기 때문에, 학습 내용과 관련된 뉴스 및 데이터, 사회 트렌드, 또는 일상 생활에서 포착하는 새로운 시각을 도입하려는 노력이 필요할 것이다. 또한 내용이 독창적이지 않더라도 동일한 학습 내용에 대해 질문 형식 및 구성을 달리하는 방법으로 독창성을 확보할 수 있다.

4) 명확한 지시문

바람직한 문항의 지시문은 피험자가 구체적이고 체계적인 응답을 할 수 있는 질문이어야 한다. 문항의 지시문에서 해당 문항이 명확하게 무엇을 평가하는지 제시되어 있을 때, 피험자는 질문의 의도를 잘못 파악하지 않고 제작자의 의도에 따른 구체적인 응답이 가능하다. 예를 들어, '광합성이란 무엇인가?'라는 질문의 경우 피험자가 두루뭉술하게 광합성의 정의만 쓸 수 있으나, '광합성의 정의와 과정을 순서대로 쓰시오'라는 지시문에서는 문항의 의도가 광합성의 정의 뿐 아니라 과정을 묻고 있음을 알 수 있다.

5) 문항 형식의 일관성

문항 편집을 할 경우, 검사 도구를 제작하는 통일된 문항 지침을 확인하여 이에 따르는 것이 바람직하다. 즉, 어떤 기관 및 학교에서 제작된 모든 문항은 지시문 및 지문, 보기, 선택지, 자료 등이 같은 편집지침에 따라 제작되어야 한다. 문항 형식에 일관성이 없는 경우 피험자에게 혼란을 줄 수 있으며, 검사 도구가 피험자의 능력을 정확하게 측정하지 못할 수 있다.

6) 문항의 간결성

지시문이나 진술문의 시간 소요가 크면 피험자가 많은 문항을 응답할 수 없다. 따라서 평가에 꼭 필요한 내용 외에는 지문을 최소화하고, 지시문 또한 간결하게 작성하여 피험자가 문항의 요점을 빠르게 파악할 수 있도록 한다. 이때, 지문이나 내용은 학습 도구에서 그대로 가져와 쓰지 않고, 적절히 변경한 문장으로 쓰는 것이 피험자의 단순 암기를 지양할 수 있어 바람직하다.

7) 문항 내용의 교육성

시험 또한 교육의 일부라는 개념에서 문항 내용은 교육적으로도 적합한 것이어야 한다. 도덕적, 윤리적인 측면에서 문항이 적절한지 검토해야 하며, 피험자에게 문항이 부정적인 영향을 주지 않도록 주의를 기울여야 한다. 특히 새로운 문항을 개발하고자 할 때 문항의 독창성을 위해 새로운 지문을 제작하는 경우가 많은데, 이 때 학습 내용과 부합하면서도 교육적인 목적에서 벗어나지 않는 자료를 선정하는 것이 바람직하다.

8) 문항의 비차별성

문항의 내용이 어떤 집단에 유리하거나 불리한 경우가 있다. 예를 들어,

문화적인 측면에서 한 피험자 집단은 해당 문항 내용에 익숙한 반면, 다른 피험자 집단은 문항 내용을 낯설게 느낀다면, 이는 피험자의 능력과 무관하게 응답률에 영향을 미칠 것이다. 또한 이러한 문항은 서로 다른 집단에 대한 편견을 재생산할 수도 있다. 따라서 문항 제작자는 문항 내용을 자세히 검토하여 차별적인 문항을 수정할 수 있어야 한다.

04 문항의 편집

문항을 제작한 후에는 측정목적에 따라 문항의 순서, 문항의 배열 등 시험지에 문항들을 어떻게 나타낼 것인가에 대한 편집과정을 거치게 된다. 이때 편집자가 고려해야 할 사항은 다음과 같다.

1) 문항의 배열

(1) 문항의 난이도에 따른 배열

난이도가 쉬운 문항부터 어려운 문항을 섞어서 배치하되, 전체적으로는 문항 순서대로 난이도가 차차 어려워지도록 배치한다. 처음부터 너무 어려운 문항이 나오면 피험자가 불안해하거나 긴장하게 되어 실력을 충분히 발휘할 수 없기 때문이다. 선택형과 서답형이 섞이지 않고 순서대로 배치된 형식의 시험의 경우에도 두 형식 모두 첫 부분이 쉽고 점차 난이도가 높아지도록 배치한다. 예를 들어, 열 개의 선택형 문항 후에 다섯 개의 서답형 문항을 배치한다면, 선택형 문항 10번은 선택형 문항 중 난이도가 높은 편에 속하지만 서답형 문항 1번은 다시 쉬운 문항이 된다. 한편, 학기 초나 학습 이전에 시행하는 진단평가의 경우에는 문항의 난이도를 섞지 않은 채 난이도 순서대로 배치하기도 한다. 이렇게 하는 경우 학생들이 많이 틀리기 시작하는 지점을 파악할 수 있어 학습 계획을 세울 때 유용하기 때문이다.

난이도와 관계없이 측정하고자 하는 구인별로 배치하는 경우도 있으나, 구인별 배열은 피험자의 능력 측정에 큰 효과가 없다고 알려져 있다(Gohmann & Spector, 1989).

(2) 선택지의 배열

문항 내의 선택지는 일관적으로 배열해야 한다. 여러 형태를 섞어서 배열할 경우 학생들이 무의식적으로 답을 선택할 때 엉뚱한 응답을 선택할 수 있다.

예 11-1 선택지의 배열

선택지 배열 1	선택지 배열 2	
①	①	②
②	③	④
③	⑤	
④		
⑤		

해석 크게 많이 쓰이는 배열은 다음의 두 배열이다. 하나의 배열을 정한 후에는 전체 문항에 대해 같은 배열을 사용하도록 한다.

2) 내용 표현

(1) 한글 표현

문항 내의 모든 내용은 한글의 표준어로 표기하는 것이 원칙이다. 부득이하게 한문 혹은 영어가 표기되어야 할 경우, 괄호를 사용하여 표기한다.

(2) 문미 표현

모든 지시문은 '하오체'로 표현한다. 명확한 지시를 위해 간혹 '해라체'를 사용하기도 하지만, 교육적인 존중의 의미에서 높임말인 '하오체'를 사용하는 것이 바람직하다.

[1~3] 다음 글을 읽고 물음에 답하시오. (○)

[1~3] 다음 글을 읽고 물음에 답해라. (×)

해석 위 두 문장은 '하오체'와 '해라체'로 적힌 지시문이다. 주로 첫 번째 문항이 지시문에 많이 사용되고 있다.

(3) 서답형 표현

검사 도구에 선택형과 서답형이 혼재되어 있을 경우 피험자가 혼동하지 않도록 서답형은 번호를 다르게 부여하도록 한다. 예를 들어, 객관식 문항 번호가 1, 2, 3으로 진행될 때, 서답형은 서답형 1, 서답형 2, 서답형 3으로 따로 번호를 부여받는다. 이렇게 부여할 경우 채점하기에도 쉽다.

- 문항 제작을 위해서는 검사의 목적 및 환경을 고려한 적절한 유형을 결정해야 한다. 유형이 결정된 후에는 제작절차 및 이원분류표에 따라 문항을 제작하게 되며, 적절한 편집을 거쳐 검사를 시행한다. 규준참조평가를 제작하기 위해서는 문항평가, 규준점수 개발, 사용설명서 제작 등의 단계가 추가되어야 한다.
- 문항 제작자는 학습 내용 및 피험자에 대한 깊은 이해가 있어야 한다. 문항 제작에 대한 능력 및 검사이론을 통해 문항의 질을 평가할 수 있어야 한다.
- 바람직한 문항은 대개 측정하고자 하는 바를 적합하게 측정하는 문항이며, 지시가 명확하고 내용이 독창적인 문항이다. 문항의 유형은 간결하고 일관되어야 하며, 내용 또한 교육적이어야 한다.
- 문항 편집 시에는 난이도와 일관성을 고려하여 문항을 시험지에 적절하게 배열하는 것이 필요하다. 이때 항상 피험자들의 연령 및 수준을 고려하도록 한다.

학·습·문·제

- 문항 제작자가 이해하고 있어야 하는 피험자의 특성에는 어떤 것이 있는지 서술하시오.

- 문항의 요건 중 학습 내용과의 적합성을 위해서 문항 제작자는 어떤 단계를 밟을 수 있는지 논하시오.

- 진단평가는 난이도 순으로 문항을 배열하게 되는데 이 경우 검사도구가 가질 수 있는 이점은 무엇인지 서술하시오.

- 검사지 하나를 선택하여 문항의 편집 요건을 기준으로 평가하시오.

- 준거참조평가의 문항을 제작할 경우, 밟아야 하는 다섯 가지 문항 제작 단계를 설명하시오.

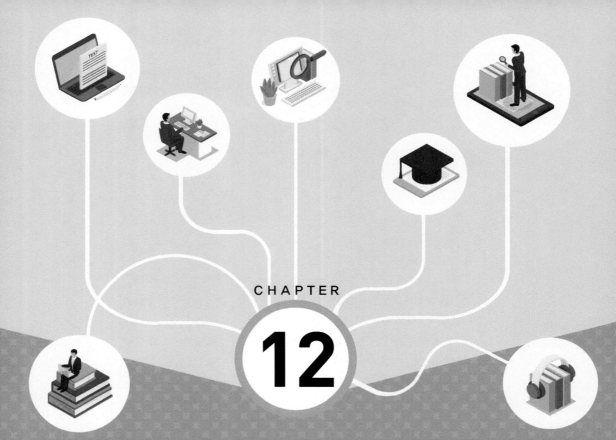

CHAPTER

12

고전검사이론 및 문항반응이론

검사를 통해 얻은 결과를 활용하기 위해서는 먼저 검사가 원래 의도했던 바대로 학생들의 능력 또는 기술 등을 잘 측정했는지에 대한 확인이 필요하다. 검사는 일반적으로 여러 개의 문항들로 구성되어 있다. 따라서 검사에 대한 평가는 검사를 구성하는 문항의 질(質)을 평가하는 문항 분석을 통해 수행된다. 이러한 목적 외에도 문항 분석을 통해 얻게 되는 문항과 관련된 정보인 문항 난이도, 문항 변별도, 오답지 분석 등은 검사가 원래 의도했던 목적에 적합한 양질의 문항들을 확보하는 기준이 된다. 문항 분석을 위한 검사 이론에는 고전검사이론(Classical Test Theory)과 문항반응이론(Item Response Theory)이 있다. 12장에서는 고전검사이론과 문항반응이론에 따른 문항 분석 방법과 특성을 설명하도록 한다.

고전검사이론 및 문항반응이론

【학습목표】
⇢ 고전검사이론과 문항반응이론의 기본 가정, 특성 이해하기
⇢ 고전검사이론에 따른 문항 난이도, 변별도, 오답지 분석의 개념 이해하기
⇢ 문항반응이론에 따른 문항 난이도, 변별도, 추측도 개념 이해하기
⇢ 고전검사이론과 문항반응이론에 따른 문항분석의 장·단점 이해하기

---

01 고전검사이론

1) 고전검사이론의 기본 가정

고전검사이론은 기본적으로 검사를 통해 얻은 총점을 바탕으로 문항 분석이 이루어지며, 다음과 같은 가정들을 전제로 한다.

① 관찰점수(X) = 진점수(T) + 오차점수(E)

A학생이 수학 기말고사에서 93점을 받았다면, 이 점수는 실제 A학생의 수학 능력에 해당되는 점수(T)와 시험을 보는 과정에서 발생한 오차점수(E)가 합산된 것이다. 예를 들어, A학생의 진점수가 90점이라면 오차점수는 3점이 된다.

② 진점수(T) = $\dfrac{\Sigma X}{n}$ = $E(X)$

관찰점수에서 A학생의 능력을 나타내는 진점수의 비율이 높고 오차점수가 낮을수록 시험을 통해 얻은 관찰점수의 신뢰도가 높다고 할 수 있다. 고전검사이론에서 진점수는 A학생이 무수히 많은 시험을 반복하여 얻은 관찰점수들의 평균값으로 가정한다. 공식 ②에서 분자는 여러 번 반복하여 얻은

관찰점수들의 총합(ΣX)을, 분모는 시험의 횟수(n)를 의미한다.

③ $\rho_{TE} = 0$

관찰점수를 구성하는 진점수(T)와 오차점수(E)와의 상관(ρ)은 0이다. 따라서 진점수가 높다고 해서 오차점수 또한 높거나 또는 반대로 낮다는 것과 같은 관련성은 없다.

④ $\rho_{E_1 E_2} = 0$

한 검사에서 얻은 오차점수(E_1)와 다른 검사에서 얻은 오차점수(E_2)와의 상관(ρ)은 0이다. 이는 각 검사에서 발생하는 오차점수는 각기 독립적이며 관련성이 없다는 것을 의미한다.

⑤ $\rho_{T_1 E_2} = 0$

한 검사에서 얻은 진점수(T_1)와 다른 검사에서 얻은 오차점수(E_2)와의 상관(ρ)은 0이다.

⑥ $\bar{e} = \dfrac{\Sigma e}{n} = 0$

오차점수의 평균($\bar{e}$)은 0이다.

⑦ $\sigma_X^2 = \sigma_T^2 + \sigma_E^2$

관찰점수의 분산(σ_X^2)은 진점수의 분산(σ_T^2)과 오차분산(σ_E^2)의 합으로 구성된다.

2) 문항 난이도(Item difficulty)

문항 난이도란 문항의 쉽고 어려운 정도를 뜻하며, 고전검사이론에서 문항 난이도는 문항에 응답한 전체 응답자 중 정답을 맞힌 비율, 즉 정답률을 통해 나타낸다. 따라서 고전검사이론에서의 문항 난이도는 0에서 1의 범위를 갖게 되며 값이 클수록 많은 학생이 해당 문항을 맞혔다는 것, 즉 문항이 쉽다는 것을 의미한다. 하지만 일반적으로 문항의 난이도가 높다는 것은 문항이 어렵다는 의미로 해석되기 때문에 주의가 필요하다. 즉, 고전검사이론에서 문항 난이도 값(정답률)이 높은 것과 일반적으로 문항 난이도가 높다는 것이 서로 일치되는 의미가 아님을 유의해야 한다.

문항 난이도의 공식은 다음과 같다.

$$P = \frac{R}{N}$$

P : 문항 난이도
N : 전체 피험자 수
R : 문항의 답을 맞힌 피험자 수

예를 들어, 수학 시험에 응시한 전체 학생 200명 중 1번 문항을 맞힌 학생이 130명이라면 수학 1번 문항의 난이도는 0.65가 된다.

$$P = \frac{130}{200} = 0.65$$

① 추측요인을 고려한 문항 난이도

선다형 문항의 경우, 문항에서 측정하고자 하는 속성이 없어도 학생들이 추측해서 정답을 맞힐 가능성이 존재한다. 이때 정답률은 실제보다 높아지게 되며, 문항 정답률을 통해 난이도를 나타내므로 문항 난이도도 실제보다 높게 추정된다. 따라서 추측요인을 고려하여 문항 난이도를 교정할 수 있다. 즉, 전체 정답자 중 우연에 의해 정답을 맞힌 학생의 수를 제외하고 문항 난이도를 산출하게 되면 공식은 다음과 같다.

$$P_c = \frac{R - \dfrac{W}{k-1}}{N}$$

P_c : 문항 난이도
N : 전체 피험자 수
R : 문항의 답을 맞힌 피험자 수
W : 오답자 수
k : 선택지 수

이때 추측해서 정답을 맞힌 학생의 수는 문항을 틀린 전체 오답자수 / (선택지의 수-1)로 추정할 수 있다. 수학 1번 문항의 답지 분포가 [표 12-1]과 같을 때 추측요인을 고려한 문항 난이도를 공식에 대입하여 계산해보자.

표 12-1 수학시험 1번 문항에 대한 답지반응분포

(전체=200명)

답지	①	*②(정답)	③	④
응답자 수	20	130	15	35

$$P = \frac{R - \dfrac{W}{k-1}}{N} = \frac{\left(130 - \dfrac{20+15+35}{4-1}\right)}{200} = \frac{130 - \dfrac{70}{3}}{200} = \frac{130 - 23.3}{200} = 0.53$$

위에서 볼 수 있듯이, 추측 요인을 고려하면 문항의 난이도가 0.65에서

0.53으로 낮아지는 것을 알 수 있다. 즉, 추측에 의해 정답을 선택한 비율을 고려하면, 수학시험 1번 문항은 고려하지 않았을 때보다 더 어려운 문항이 된다.

② 서답형 문항 난이도

앞서 설명한 문항 난이도를 구하는 공식은 일반적으로 0(오답) 또는 1(정답)로 채점되는 이분 문항에 적용된다. 서답형 문항의 경우 각 문항마다 배점이 상이할 수 있으므로 난이도를 구하는 공식 또한 수정된다.

$$P = \frac{R}{N \times A}$$

P : 문항 난이도
R : 전체 피험자들이 받은 점수의 합
N : 전체 응답자 수
A : 문항 배점

예를 들어, 배점이 10점인 서답형 문항에 대해 50명의 피험자가 시험에서 받은 총점이 360점일 경우 해당 문항의 난이도는 다음과 같다.

$$P = \frac{R}{N \times A} = \frac{360}{50 \times 10} = 0.72$$

산출된 문항 난이도를 바탕으로 문항의 양호도를 판단할 때 적용되는 절대적인 기준은 없다. 왜냐하면 문항 난이도는 검사의 시행 목적이나 상황 등 다양한 조건을 바탕으로 해석되기 때문이다. 예를 들어, 학기 초기 수업이 충분히 이루어지지 않은 상황에서 산출된 검사의 난이도는 높을 것으로 (문항의 정답률 낮음) 예측할 수 있다. 반면 전문적인 자격시험이나 충분한 교수학습과 준비가 이루어진 시험의 경우 어려운 주제와 관련된 문항들로 구성되었더라도 검사의 난이도는 낮을 것이라(문항의 정답률 높음) 예측될 수 있는 것이다. 절대적인 기준은 아니지만 일반적으로 0.2보다 작은 경우 매우 어려운 문항, 0.8 이상인 경우 매우 쉬운 문항으로 판단한다. 보통 검사 내 문항들이 0.2에서 0.8 사이의 난이도를 가지며 평균 문항 난이도가 0.5 정도를 유지하는 것이 적절하다고 본다(Ebel, 1965).

정의적 검사의 경우에도 동일한 방법으로 난이도를 산출한다. 예를 들어, 5점 척도 검사에서 10명의 전체 피험자가 3점으로 응답했다면 아래와 같이 계산된다.

$$P = \frac{R}{N \times A} = \frac{30}{10 \times 5} = 0.60$$

하지만 앞서 설명한 것과 같이 문항 난이도의 적정 수준은 검사의 목적이 무엇인지에 따라 달라지므로 이에 대한 고려가 필수적이다. 개별 학생들의 차이를 변별하는 것이 목적인 규준참조평가의 경우 쉬운 문항부터 어려운 문항까지 넓은 범위에 고르게 분포되어 있는 것이 바람직하다. 하지만 준거참조평가는 학생들이 목표로 설정한 기준에 얼마나 도달했는지의 여부가 목적이므로 문항의 난이도가 기준이 되는 지점 전후에 분포하는 것이 적절하다.

3) 문항 변별도(Item discrimination)

문항 변별도란 문항이 능력이 높은 학생과 낮은 학생을 구분해 줄 수 있는 정도를 의미한다. 만약 검사 총점이 높은 학생은 해당 문항을 맞혔고 총점이 낮은 학생은 틀렸다면, 이 문항은 학생들의 능력을 제대로 변별해 주고 있다고 볼 수 있다. 고전검사이론에서 문항의 변별도는 ① 문항점수와 총점과의 상관계수 또는 ② 상위능력집단과 하위능력집단의 정답률 차이를 통해 추정한다.

① 문항점수와 총점과의 상관계수

문항의 변별도를 판단하는 첫 번째 방법은 각 문항점수와 총점과의 상관계수를 이용하는 것이다. 문항점수는 문항의 정답 여부를 통해서 알 수 있으며 총점은 시험을 본 학생의 능력을 나타낸다. 상관계수이므로 값의 범위는 $+1.0$에서 -1.0의 범위를 갖게 되며, 상관이 $+1.0$에 가까울수록 해당 문항의 정답 여부와 총점과의 관련성이 크다는 것을 의미한다. 이는 문항의 변별력이 높다고 해석할 수 있다. 반대로 -1.0에 가까울수록 문항을 틀린 학생들의 총점이 정답을 말한 학생들의 총점보다 높은 경향이 있다는 것을 의미하므로 문항의 검토 및 수정이 요구된다. 0에 근접하는 경우 문항의 정답 여부와 총점과의 관련성이 없다는 것을 나타내므로 이 역시 검토, 삭제의 대상이 된다.

상관계수를 사용한 문항 변별도는 다음의 공식을 통해 추정된다.

$$r = \frac{N \Sigma XY - \Sigma X \Sigma Y}{\sqrt{N \Sigma X^2 - (\Sigma X)^2} \sqrt{N \Sigma Y^2 - (\Sigma Y)^2}}$$

r : 문항 변별도(상관계수)
N : 전체 피험자 수
X : 각 피험자의 문항점수
Y : 각 피험자의 검사 총점

10문항으로 된 수학시험을 10명의 피험자에게 실시한 결과가 [표 12-2]와 같을 때, 문항 1의 변별도를 문항-총점 상관계수를 통해 계산하면 0.41이 된다.

$$r = \frac{N \Sigma XY - \Sigma X \Sigma Y}{\sqrt{N \Sigma X^2 - (\Sigma X)^2} \sqrt{N \Sigma Y^2 - (\Sigma Y)^2}} = \frac{10(36) - (6)(54)}{\sqrt{(10)(6) - (6)^2} \sqrt{(10)(324) - (54)^2}}$$

$$= \frac{(360 - 324)}{\sqrt{(60 - 36)} \sqrt{(3240 - 2916)}} = \frac{36}{(4.90)(18)} = 0.41$$

표 12-2 수학시험 결과

피험자	문항 점수(X)										총점(Y)	Y^2	XY (문1)	X^2 (문1)
	문1	문2	문3	문4	문5	문6	문7	문8	문9	문10				
1	1	1	1	0	1	1	0	1	0	0	6	36	6	1
2	1	0	1	1	0	0	0	1	0	1	5	25	5	1
3	0	0	0	0	0	1	0	1	0	0	2	4	0	0
4	1	0	1	0	1	1	1	1	1	1	8	64	8	1
5	0	1	1	1	1	1	1	0	0	1	7	49	0	0
6	1	1	1	1	0	0	0	1	0	0	6	36	6	1
7	1	1	1	0	1	1	0	1	0	1	7	49	7	1
8	0	0	0	0	1	1	0	1	0	0	3	9	0	0
9	1	0	1	0	1	0	0	1	0	0	4	16	4	1
10	0	0	1	0	1	1	1	1	0	1	6	36	0	0
합계	6	4	8	3	8	7	3	9	1	5	54	324	36	6

각 문항별 문항 점수(X)는 문항에 대한 채점 결과로 정답을 맞힌 경우 1, 틀린 경우 0으로 표시되며 총점(Y)은 전체 10문항 중 정답을 맞힌 총합을 의미한다. Y^2는 총점(Y)에 대한 제곱 값, XY는 1번 문항의 문항점수 (X)와 총점(Y)을 곱한 값이며, X^2는 1번 문항 점수에 대한 제곱값을 나타낸다.

또한, 정의적 검사에서도 같은 절차에 따라 문항 점수와 총점과의 상관으로 변별도가 계산된다.

- SPSS 활용 예시

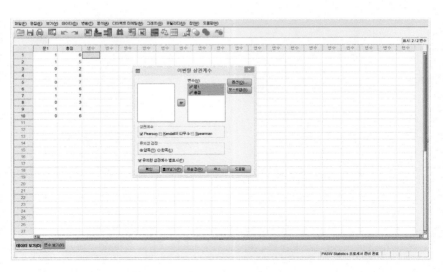

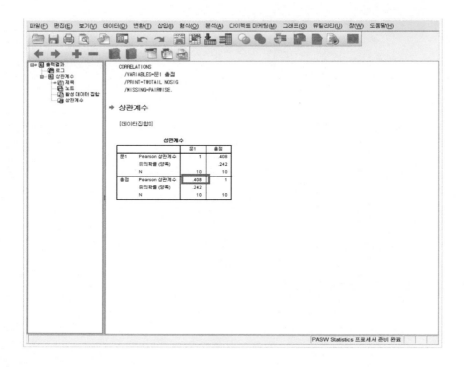

② 집단 간 정답률 차이

검사 총점을 바탕으로 특정 기준에 의해 전체 학생을 상위능력집단과 하위능력집단으로 나누었을 때, 상위능력집단의 정답률이 하위능력집단의 정답률보다 높으면 해당 문항은 변별력이 있다고 볼 수 있다. 이때 집단을 분류하는 기준은 상위 50%, 하위 50% 또는 상위 27%와 하위 27%(Kelley, 1939) 등을 적용할 수 있다. 각 집단의 정답률 차이를 통해 문항의 변별력의 정도를 파악하는 변별도 지수는 다음과 같이 구할 수 있다.

$$D.I = \frac{HR - LR}{N/2}$$

$D.I$: 변별도 지수
HR : 총점 상위집단의 문항 정답자 수
LR : 총점 하위집단의 문항 정답자 수
N : 전체 피험자 수

　공식에서 볼 수 있듯이 문항의 변별력은 상위 집단의 문항 정답자 수에서 하위 집단의 문항 정답자 수를 뺀 뒤 이를 전체 피험자 수의 1/2 값으로 나누어 주게 된다. 따라서 상위 집단의 문항 정답자 수가 많은 경우 변별도 지수는 양수(+)의 값을 갖게 되며, 반대로 하위 집단의 문항 정답자 수가 많은 경우 음수(−)의 값을 갖는다. 만약 두 집단의 정답자 수가 같거나 두 집단 모두 정답자 수가 아무도 없는 경우, 해당 문항의 변별도 지수는 0이 된다.

　예를 들어, 100명의 학생을 대상으로 시험을 본 뒤 검사 총점을 바탕으로 상위 집단과 하위 집단으로 분류하였다. 각 집단별 정답자 수와 오답자 수가 다음과 같을 때 이 문항의 변별도 지수 값은 0.4가 된다.

	정답자 수	오답자 수	
상위그룹(H)	40	10	50
하위그룹(L)	20	30	50
	60	40	100

$$D.I = \frac{HR - LR}{N/2} = \frac{40 - 20}{100/2} = \frac{20}{50} = 0.4$$

　문항 변별도 지수의 범위는 +1.0에서 −1.0의 범위를 가질 수 있다. 상위 집단에 속한 학생 모두가 정답을, 하위 집단에 속한 학생 모두가 오답을 선택한 경우 변별도 지수는 +1.0이 된다. 반대로 상위 집단은 모두 오답을, 하위 집단은 모두 정답을 선택한 경우 변별도 지수는 -1.0이 되는 것이다. 따라서 변별도 지수가 +1.0에 가까울수록 변별력이 양호하다고 판단할 수 있으며, 음수의 값을 갖는 경우 해당 문항은 총점이 낮은 집단, 즉 상대적으로 능력이 낮은 집단에서 정답률이 더 높다는 것을 의미하므로 문항을 수정하거나, 원인에 대한 검토를 하는 것이 필요하다. 하지만 집단 간 정답률 차이를 통해 문항 변별도를 확인하는 방법은 집단을 어떤 기준에 의해 구분하는지에 따라 변별도가 달라질 수 있으므로 유의해야 한다.

　　문항 변별도 지수를 바탕으로 문항의 양호도를 판단할 때 적용되는 절대적인 기준은 없으나 일반적으로 최소 0.2 이상은 되어야 하고 0.3 이상이면 양호함, 0.4 이상이면 매우 양호한 수준으로 본다. 변별도가 음수인 경우에는 능력이 높은 학생은 문항을 틀리고, 능력이 낮은 학생은 문항을 맞혔다는 것을 의미하므로 해당 문항의 검토를 통한 수정, 삭제가 필요하다(Ebel, 1965). 피험자들의 상대적인 위치를 통해 성취의 정도를 판단하는 규준참조평가의 경우, 능력이 높은 학생과 낮은 학생을 구분해 줄 수 있는 정도를 의미하는 문항의 변별도가 매우 중요한 역할을 한다. 따라서 문항 변별도가 낮은 문항에 대한 검토 및 수정 절차가 요구된다. 하지만 준거참조평가의 경우 해당 문항의 변별도가 낮더라도 설정된 교육목표 달성 여부를 측정하는 데 꼭 필요한 문항인 경우 검사에 포함되어야 한다. 더불어 문항 변별도는 문항의 난이도와도 관련되어 있다. 문항이 너무 쉬워 학생들 대부분이 정답을 맞히는 경우 또는 반대로 문항이 너무 어려워 학생들 대부분이 정답을 틀리는 경우, 능력이 높고 낮은 학생들을 변별하는 기능이 제한된다.

4) 오답지 분석

　　여러 개의 선택지로 구성된 선다형 문항에서 정답을 제외한 선택지들이 오답으로서의 역할을 적절히 수행하였는지 분석함으로써 문항의 양호도를 판단할 수 있다. 이를 위해서는 먼저 각 선택지들에 대한 반응비율이 어떠한지 살펴볼 필요가 있다. 문항의 목적은 해당 문항에서 측정하고자 하는 속성을 가지고 있는 사람과 그렇지 않은 사람을 구분해주는 것이다. 따라서 좋은 문항이 되기 위해서는 피험자가 문항에서 측정하고자 하는 속성을 충분히 가진 경우 정답을 선택하고, 반대의 경우 오답을 선택하도록 구성되어야 한다. 더불어 오답은 하나로 집중되지 않고 정답을 맞히지 못하는 학생들에게 골고루 선택되어야 한다. 이는 문항을 틀린 오답자가 정답을 제외한 각 오답지를 선택할 가능성이 확률적으로 동일하므로, 개별 오답지를 선택할 것으로 기대되는 학생의 수는 다음과 같이 계산할 수 있다.

특정 오답지를 선택할 것으로 기대되는 학생 수＝오답자 수/오답지 수

705명의 학생을 대상으로 실시한 시험의 문항1, 문항2, 문항3의 답지 반응 분포가 [표 12-3]과 같다고 하자. 문항 1의 경우 705명 중 471명이 정답이므로 전체 오답자는 234명이며, 4개의 선택지 중 정답을 제외한 오답지는 3개이므로 오답지별로 78명이 반응하는 것이 적절하다. 각 오답지별 응답자 수 및 응답비율을 보면 3개의 오답지에 고르게 반응하고 있다는 것을 확인할 수 있다. 따라서 문항 1은 오답지가 적절히 기능하고 있다고 볼 수 있다.

표 12-3 문항 1 답지반응분포

답지	응답자 수	응답비율
A	72	10.2
B*(정답)	471	66.8
C	79	11.2
D	83	11.8
합계	705	100.0

표 12-4 문항 2 답지반응분포

답지	응답자 수	응답비율
A	57	8.1
B	417	59.1
C	58	8.2
D*(정답)	173	24.5
합계	705	100.0

표 12-5 문항 3 답지반응분포

답지	응답자 수	응답비율
A*(정답)	619	87.8
B	81	11.5
C	5	0.7
D	0	0.0
합계	705	100.0

반면, [표 12-4]의 문항 2의 경우 705명 중 정답자가 173명, 오답자는 532명이며 정답인 D 선택지보다 오답인 B 선택지에 절반 이상의 학생들이 반응하고 있는 것으로 나타났다. 이는 정답이 적절하게 역할을 수행하지 못하고 있는 것으로 이에 대한 원인 파악과 오답인 B에 대한 매력도를 낮추는 것에 대한 검토가 필요하다.

[표 12-5]의 문항 3은 오답지 C와 D가 오답의 기능을 거의 하지 못하고 있는 문항으로, 4지선다로 구성되어 있지만 실제로는 두 개의 선택지 A, B 중에 고르는 양자택일의 문항과 같은 구조이다. 따라서 문항 3은 실제적으로 사용하는데 어려움이 있으며, 오답들에 대한 수정 또는 다른 문항으로의 대체 등이 필요하다.

또한, 오답지 선택 여부와 총점 간의 상관계수를 파악하여 오답지를 분석할 수 있으며, 이 상관이 높을수록 매력적인 오답지인 것으로 판단한다.

5) 고전검사이론에 따른 문항분석 예시

2017년도에 시행된 중학교 3학년 대상 국가수준학업성취도평가의 국어과 듣기·말하기 영역의 선다형 문항에 대한 분석결과이다. 문항의 정답률(난이도)와 변별도, 답지반응분포에 대한 결과를 살펴보면, 정답률이 가장 높은 문항은 2번 문항으로 97.44%였다. 2번 문항을 제외하고(0.27) 세 문항 모두 0.3 이상으로 전반적으로 변별력을 갖춘 것으로 나타났다. 3번 문항에 대한 오답지 분포를 살펴보면 1번 선택지의 선택 비율이 다른 선택지에 비해 상대적으로 낮았으나 전반적으로 고르게 반응하고 있음을 확인할 수 있다.

표 12-6 국가수준학업성취도평가 국어과 듣기·말하기 영역 선다형 문항 분석결과

문항 번호	영역	전체 정답률(%)	변별도	답지 반응 분포(%)					성취수준별 정답률(%)			
				①	②	③	④	⑤	우수	보통	기초	기초학력 미달
1	듣·말	90.02	0.35	90.02	1.32	2.14	2.64	3.82	98.48	91.49	70.94	37.99
2	듣·말	97.44	0.27	0.29	0.92	97.44	0.89	0.38	99.78	98.78	92.55	62.01
3	듣·말	84.56	0.33	1.34	4.80	3.25	5.90	84.56	96.03	84.93	61.72	32.52
4	듣·말	93.54	0.37	93.54	0.92	2.85	1.56	0.79	99.52	95.91	78.45	37.39

출처: 동효관, 김경주, 강민경, 홍경화(2018). 2017년 국가수준 학업성취도 평가 결과 분석: 국어. 한국교육과정평가원.

02 문항반응이론

일반적으로 검사가 활용되는 상황은 검사를 치르는 사람의 능력이나 기술의 수준을 파악하는 것이 주요 목적이다. 이를 위해서는 피험자가 가진 능력이나 기술의 수준에 따라 문항에 대한 응답(반응)이 어떻게 달라지는지 반드시 파악할 필요성이 있다. 더불어 검사를 구성하고 있는 개별 문항이 각 능력 수준을 얼마나 효과적으로 측정하고 있는지 또한 파악되어야 한다.

따라서 검사의 총점이 분석 단위로 사용되는 고전검사이론과 달리 문항반응이론은 개별 문항을 단위로 문항특성과 개인의 능력 값을 추정하게 된다.

1) 문항반응이론의 기본 가정

문항반응이론은 일차원성(unidimensionality)과 지역독립성(local independence), 두 가지 가정을 전제로 한다. 먼저 일차원성이란 한 개의 검사는 인간의 다양한 속성 중 하나의 특성만을 추정해야 한다는 것을 의미한다. 다시 말해, 한 검사를 구성하는 모든 문항들은 동일한 하나의 특성을 측정해야 하는 것이다. 예를 들어, 수학 능력을 측정하는 검사에서 길고 어려운 지문이 사용된 서술형 문제가 포함되어 개인의 어휘력이 해당 문항에 영향을 미치게 되는 경우 일차원성의 속성이 위배되었음을 의미한다. 문항이 측정하고자 하는 잠재적인 특성의 수가 2개 이상이라면 다차원 문항반응모형을 제안할 수 있다.

두 번째 지역독립성 가정은 어떤 능력을 가진 피험자가 하나의 문항에 한 응답은 다른 문항의 응답에 전혀 영향을 주지 않는다는 것을 의미한다. 즉, 1번 문항의 정답을 맞힐 확률과 2번 문항의 정답을 맞힐 확률은 상호 독립적이라 할 수 있다.

2) 문항 특성 곡선

피험자들의 능력에 따라 문항에 정답을 맞힐 확률을 그래프로 나타낸 것을 문항 특성 곡선(Item Characteristic Curve: ICC)이라 한다. 이때 해당 곡선은 피험자의 능력(θ)을 가로축에, 해당 문항을 맞힐 확률($P(\theta)$)을 세로축으로 그리며 이는 [그림 12-1]과 같다. 여기서 능력이란 해당 검사에서 측정하고자 하는 인간의 속성, 예를 들어 언어능력, 수리능력, 창의성 등을 의미한다.

그림 12-1 | 문항특성곡선

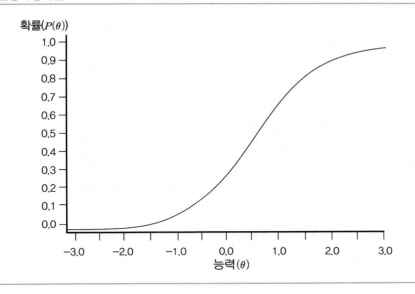

[그림 12-1]에서 볼 수 있듯이 문항특성곡선은 피험자의 능력이 높아질수록 정답을 맞힐 확률이 높아지지만 일반적으로 선형이 아닌 S자 형태를 나타낸다. 그래프에서 가로축은 피험자의 능력을 나타낸다. 이론적으로 개인의 능력 범위는 +∞ ~ -∞이지만, 일반적으로 -3.0 ~ +3.0에서 추정된다. 값이 클수록 측정하는 능력/기술의 수준이 높음을 의미한다. 세로축은 문항을 맞힐 확률로 1.0에 가까울수록 정답을 맞힐 확률이 높음을 나타낸다. 문항특성곡선은 해당 문항의 특성, 즉 난이도, 변별도, 추측도에 따라 다양한 형태의 각기 다른 문항특성곡선을 갖는다.

3) 문항모수

문항반응이론에서 문항의 특성은 문항 난이도, 문항 변별도, 문항추측도를 포함하는 문항모수를 통해 파악할 수 있다.

① 문항 난이도(item difficulty)

먼저 문항 난이도는 문항의 쉽고 어려운 정도를 나타내는 것으로 해당 문항에 정답을 맞히기 위해 어느 정도 수준의 능력이 필요한지를 나타내는 지수이다. 난이도는 문항의 정답을 맞힐 확률이 0.5가 되는 지점에 대응되는 능력 수준의 값을 말한다. 따라서 대응되는 능력 수준의 값이 커질수록 즉, 오른쪽에 위치할수록(+3에 가까울수록) 문항의 난이도가 높은 어려운 문항을 나타낸다. 이는 문항의 정답을 맞히기 위해 더 높은 수준의 능력이 필요하다는 것을 의미하기 때문이다.

[그림 12-2]에서 문항 1은 정답을 맞힐 확률이 0.5가 되는 지점에 대응되는 능력 값이 약 1.18인 반면, 문항 2는 대응되는 능력 값이 -0.03이다. 따라서 문항 1의 난이도는 1.18, 문항 2의 난이도는 -0.03이며, 확률이 0.5인 지점에서 대응되는 능력 수준의 값이 더 오른쪽에 위치한(정답을 맞히기 위해서 문항1이 문항2보다 더 많은 능력이 요구됨) 문항 1이 문항 2보다 더 어려운 문항임을 알 수 있다.

그림 12-2   문항 1, 문항 2 문항 난이도

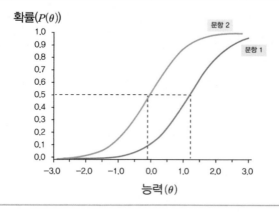

② 문항 변별도(item discrimination)

문항 변별도는 능력이 높은 학생과 낮은 학생을 구분해주는 정도를 나타내는 지수로 문항특성곡선의 기울기를 통해 파악할 수 있다. 문항특성곡선에서 난이도에 해당하는 지점의 접선의 기울기가 문항 변별도이며, 기울기가 가파를수록 문항의 변별도가 높다는 것을 의미한다. 이는 기울기가 가파를수록 능력이 높은 학생은 정답을 맞히고 낮은 학생은 오답을 하는 문항임을 나타내기 때문이다.

일반적으로 문항 변별도의 범위는 0에서 +2 사이의 값을 가지며 값이 +2에 가까울수록 변별도가 높은 문항이라고 판단할 수 있다. 반면 문항 변별도가 음수의 값을 갖는 경우 피험자의 능력이 높을수록 정답을 맞힐 확률이 낮아진다는 것을 의미하므로 원인에 대한 검토를 통해 문항을 수정하는 것이 필요하다.

그림 12-3 문항 3, 문항 4 문항 변별도

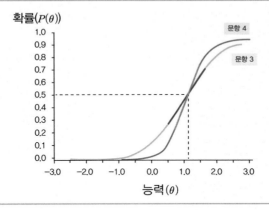

[그림 12-3]에서 문항 3과 문항 4의 난이도는 1.1로 동일하지만 문항 변별도에서는 차이를 보인다. 그래프 상에서도 문항 4의 기울기가 문항 3에 비해 가파른 것을 확인할 수 있으며, 추정된 문항 변별도 값 또한 문항 3은

1.1, 문항 4는 2.0으로 문항 4의 변별도가 문항 3에 비해 상대적으로 높은 것을 알 수 있다.

③ 문항추측도(item guessing)

문항추측도는 피험자가 측정하고자 하는 속성이나 능력이 전혀 없음에도 불구하고 정답을 추측하여 맞힐 확률을 의미한다. 따라서 값이 높을수록 좋지 않은 문항으로 판단된다. 추측도의 범위는 0부터 일반적으로 1/(선택지수) 사이이며, 위의 문항 1~4는 모두 추측도의 값이 0으로 능력이 전혀 없는 경우 해당 문항을 맞힐 확률은 0이 된다. 반면 [그림 12-4]의 문항은 능력이 전혀 없는 학생도(예: $\theta = -3$) 정답을 맞힐 확률이 0이 아닌 0.25이다. 즉, 개인의 능력이 아닌 추측을 통해서 문항을 맞힐 확률이 0.25인 것이다.

그림 12-4 추측도가 0.25인 문항

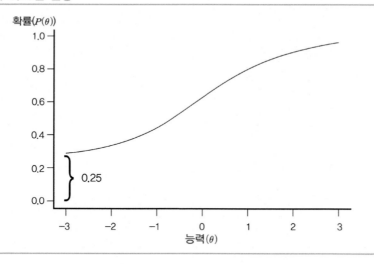

4) 문항반응이론의 특징

문항반응이론을 통한 문항분석의 가장 큰 특징 중 첫 번째는 문항의 특성(문항 난이도, 변별도, 추측도)이 피험자 집단에 영향을 받지 않는 불변성의 개념을 가진다는 것이다. 이는 분석 대상이 되는 집단의 능력 수준에 따라 문항의 특성이 달라지는 고전검사이론을 통한 문항분석과 가장 대비되는 차이점이라 할 수 있다. 예를 들어, 고전검사이론에서는 문항의 난이도를 정답률을 통해 판단하였기 때문에 상대적으로 능력이 높은 집단에서는 정답률이 높은 쉬운 문항이 능력이 낮은 집단에서는 정답률이 낮은 어려운 문항으로 판단되는 문제점이 있었다. 하지만 문항반응이론에서는 집단의 능력에 관계없이 문항의 특성값은 동일하게 추정된다.

두 번째 특징은 피험자의 특성 또한 문항, 검사에 영향을 받지 않고 측정된다는 점이다. 고전검사이론에서는 문항특성과 같이 피험자의 특성 또한 어려운 문항으로 구성되어 있는 검사의 경우 총점이 낮게 되어 능력이 낮게, 쉬운 문항으로 구성된 경우 총점이 높아져 능력이 높다고 추정된다. 하지만 문항반응이론에서는 검사를 구성하는 문항들의 난이도와 관계없이 개인의 능력을 추정, 변별할 수 있다.

하지만 문항반응이론은 고전검사이론에 비해 상대적으로 개념이 복잡하고 실제 문항 분석 적용을 위해 별도의 분석 프로그램과 많은 피험자가 필요하다는 점을 고려해야 한다. 더불어 앞서 설명한 기본 가정이 위배되는 경우 문항특성으로 추정되는 문항 모수의 값과 신뢰도 추정 등에 문제가 발생하게 되므로 고점검사이론에 비해 적용의 제약이 발생할 수 있다.

03 고전검사이론과 문항반응이론 적용 예시

다음은 학교에서 실시된 지필 검사를 고전검사이론과 문항반응이론을 적용하여 문항 분석(난이도, 변별도)을 통해 분석한 결과이다. 고전검사이론에 따라 정답률을 바탕으로 문항의 난이도를 살펴본 결과, 17번, 22번, 24번, 25번 문항의 정답률이 각각 94.8%. 96.3%, 95.6%, 98.1%로 시험을 본

거의 모든 학생이 정답을 맞춘 것으로 나타났다. 즉, 4개 문항은 난이도가 낮은 매우 쉬운 문항임을 확인할 수 있다. 다음으로 문항점수와 총점과의 상관계수인 점이연상관을 통해 문항의 변별도를 살펴보았다. 1번, 2번, 13번, 15번, 23번 문항이 −0.020~0.193으로 0.2 이하로 나타나 변별력이 다른 문항에 비해 상대적으로 낮았으며 특히 23번 문항의 경우 음의 상관 (−0.020)을 보여 해당 문항에 대한 검토가 필요함을 확인할 수 있다.

그림 12-5 고전검사이론에 의한 문항분석결과

문항	정답률	점이연상관	문항	정답률	점이연상관
1	25.6	0.146	14	63.7	0.246
2	82.6	0.193	15	43.3	0.155
3	64.4	0.404	16	56.7	0.314
4	65.9	0.319	17	94.8	0.314
5	50.7	0.259	18	68.1	0.369
6	80.7	0.335	19	77.0	0.378
7	81.9	0.301	20	85.2	0.460
8	84.4	0.358	21	75.2	0.273
9	64.4	0.368	22	96.3	0.479
10	89.6	0.423	23	31.5	−0.020
11	74.8	0.258	24	95.6	0.344
12	77.4	0.248	25	98.1	0.368
13	50.0	0.088			

출처: 이태구, 양희원(2016). 문항반응이론과 고전검사이론을 적용한 단위학교 체육 지필평가 양호도 검증.

동일한 문항들을 문항반응이론에 따라 난이도, 변별도, 추측도를 추정하였다. 난이도의 경우 고전검사이론의 분석결과와 동일하게 17번, 22번, 24번, 25번 문항이 난이도가 낮은 문항으로, 23번은 난이도가 높은 매우 어려운 문항으로 나타났다. 변별도의 경우 고전검사이론과 달리 검토나 수정이 필요한 문항이 없었다. 다만 추측도에서 13번 문항이 0.342로 개인의 능력이 아닌 추측을 통해 문항을 맞힐 확률이 높게 나타났다.

그림 12-6 문항반응이론에 의한 문항분석결과

문항	난이도	변별도	추측도	문항	난이도	변별도	추측도
1	1.932	0.816	0.166	14	−0.186	0.536	0.211
2	−1.573	0.519	0.228	15	1.349	0.467	0.213
3	−0.230	1.024	0.173	16	0.170	0.966	0.201
4	−0.363	0.635	0.186	17	−2.610	0.754	0.190
5	0.577	0.616	0.205	18	−0.469	0.758	0.172
6	−1.158	0.753	0.192	19	−0.925	0.765	0.186
7	−1.348	0.632	0.209	20	−1.277	1.073	0.155
8	−1.391	0.824	0.170	21	−0.940	0.552	0.216
9	−0.229	0.816	0.188	22	−2.110	1.665	0.163
10	−1.642	1.000	0.172	23	3.064	0.714	0.280
11	−1.120	0.471	0.189	24	−2.356	0.998	0.190
12	−1.320	0.474	0.191	25	−2.726	1.310	0.193
13	1.201	0.797	0.342				

- 고전검사이론은 검사의 총점을 바탕으로 문항에 대한 분석이 이루어진다.
- 고전검사이론의 문항의 난이도는 문항의 쉽고 어려운 정도를 나타내는 것으로 정답률을 통해 추정한다.
- 고전검사이론의 문항의 변별도는 능력이 높은 학생과 낮은 학생을 변별해 주는 정도를 나타내며 집단별 정답률 차이, 문항-총점 상관을 통해 추정한다.
- 답지 반응 분포를 통해 정답과 오답으로서의 적절성을 판단한다.
- 문항반응이론에서 문항에 관련된 모수는 문항 난이도, 문항 변별도, 문항 추측도가 있다.
- 문항반응이론은 문항의 특성과 피험자의 특성을 각각 고유하게 추정한다.

💬 고전검사이론의 기본 가정에 대해 설명하시오.

💬 문항반응이론의 기본 가정에 대해 설명하시오.

💬 고전검사이론과 문항반응이론에서 산출되는 문항 난이도의 개념을 설명하시오.

💬 고전검사이론과 문항반응이론에서 산출되는 문항 변별도의 개념을 설명하시오.

💬 고전검사이론과 문항반응이론의 장·단점을 서술하시오.

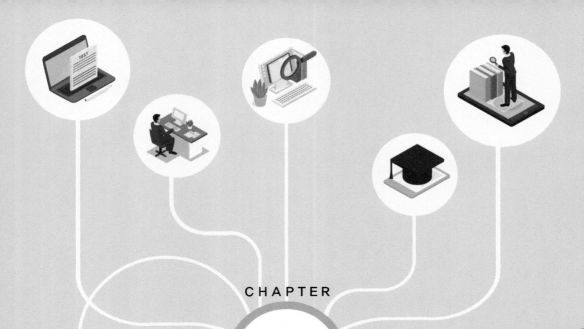

CHAPTER

13

검사 결과의 해석 및 보고

교육현장에서는 많은 평가가 이루어지며 이를 통해 받은 점수는 교수 활동에 필요한 의사 결정, 교육의 성과 평가, 교육정책 결정 등 다양한 교육적 상황에서 활용된다. 평가에 따른 결과는 평가 목적, 유형에 따라 여러 형태로 보고, 해석이 가능하다. 개인이 집단 내에서 상대적으로 어디에 위치하는지 또는 각 개인이 학습을 통해 습득해야 하는 기준선에 도달했는지를 파악해야 하는지에 따라 산출되는 점수가 다르다. 따라서 13장에서는 검사 결과의 해석 기준과 검사의 목적에 따라 다양하게 산출될 수 있는 평가 점수들의 특징과 산출 방법, 사용 예시 등을 살펴보고자 한다.

검사 결과의 해석 및 보고

【학습목표】
⇢ 검사 결과의 해석 기준에 대한 개념 이해하기
⇢ 규준과 준거에 대해 이해하기
⇢ 다양한 표준점수에 대해 이해하기
⇢ 다양한 준거설정 방법에 대해 이해하기

01 규준과 준거

　앞서 4장과 5장에서 소개된 것처럼 내가 가지고 있는 능력이 다른 사람과 비교했을 때 상대적으로 어느 정도의 위치에 있는지 파악할 때에는 규준(norms)이, 내 능력 수준이 특정 수준(기준)에 도달하였는지 절대적 평가를 할 때에는 준거(criterion)가 필요하다. A학생이 수학 기말고사에서 83점을 받았다고 했을 때, A학생의 성취수준이 어느 정도인지 파악하기 위해서는 다른 학생들에 비해 상대적으로 잘했는지 또는 못했는지를 기준으로 판단할 수 있다. 또한, 평가받는 내용에서 목표로 하는 성취 기준에 도달했는지 판단하기 위해서는 기준이 되는 점수가 있어야 한다. 한 집단 내에서 개인이 받는 점수를 바탕으로 개인의 상대적인 위치를 파악할 때 기준이 되는 것을 '규준'이라고 하며, 상대적인 서열을 파악할 수 있도록 원래의 점수를 변화시킨 형태를 '규준 점수'라 한다. 상대적인 위치나 서열과 관계없이 설정된 교육목표를 달성하였을 때 개인이 습득하게 되는 지적, 정의적 영역의 절대적 수준을 '준거'라 하며, 교육목표의 달성 여부를 판단하게 되는 점수를 '준거 점수'라 한다.

학생들이 평가를 통해 받은 점수는 다양한 형태로 변환되어 사용될 수 있다. 기본적으로 다른 형태로 변환되기 전, 해당 평가에서 받은 원래 점수를 원점수라 한다. 예를 들어, A학생이 문항당 배점이 1점인 총 30문항으로 이루어진 영어 시험에서 25문항의 정답을 맞혔다면 A학생의 영어 원점수는 25점이 된다. 만약 A학생의 수학 원점수가 20점이라면 A학생은 수학보다 영어를 더 잘한다고 판단할 수 있을까? 이 경우 그러한 비교가 무의미하다. 이는 점수 간 비교나 해석에 필요한 기준점이 없기 때문에 원점수 그 자체만으로는 큰 의미를 갖지 못하기 때문이다. 각 과목에서 받은 점수끼리 비교를 위해서는 각 원점수가 해당 과목에서 어느 정도에 위치하는지에 대한 정보가 필요하다. 예를 들어, 각 학생들의 점수를 일렬로 세웠을 때 수학 20점, 영어 25점은 각각 몇 번째 위치하는지, 또는 평균을 기준으로 각 점수는 평균보다 높은지 낮은지 등을 통해 비교하는 것이다. 따라서 원점수를 다른 점수로 변환하여 표시하는 경우가 일반적이다.

상대적인 서열을 파악할 때 비교의 기준이 되는 집단을 규준집단이라 한다. 이 규준집단(normative group)에서 검사를 실시하여 각 개인이 얻는 점수를 바탕으로 규준이 제작되며 각 개인의 점수는 규준을 기준으로 비교하여 수준을 판단하게 되는 것이다. 따라서 정확한 비교가 이루어지기 위해서는 해당 검사에서 목표로 하고 있는 검사 대상과 일치되며 가장 잘 대표할 수 있는 구성원들로 규준집단이 구성되어야 한다. 개인이 받은 점수를 다른 사람과 비교하여 상대적인 위치를 파악하기 위해서는 원점수를 이에 대응하는 다양한 규준 점수로 변환하는 과정을 거쳐야 한다. 대표적으로 사용되는 규준 점수로는 백분위와 표준점수가 있다.

1) 백분위(percentile rank)

백분위는 해당 점수보다 아래 있는 사람들의 비율을 나타내는 점수로 내 점수가 규준집단에서 어느 정도에 위치하는지 상대적인 서열을 알 수 있다. 만약 A학생 점수의 백분위가 45라는 것은 비교하는 집단의 45%가 A학생의 점수보다 낮은 점수를 받았다는 것을 의미한다. 백분위는 상대적으로 계산이 간단하고 쉽게 이해할 수 있으며, 다른 검사를 통해 얻은 점수들을 서로 비교할 수 있다는 장점이 있기 때문에 많은 교육, 심리검사에서 규준점수로 사용된다. 하지만 백분위는 서열의 정보만 제공하기 때문에 평균이나 표준편차를 계산할 수 없으며, 점수의 간격에 동일성이 없다. 따라서 백분위 40과 50, 백분위 80과 90은 동일하게 10만큼 차이가 나지만 차이 10이 의미하는 바는 동일하지 않다.

원점수를 바탕으로 백분위를 환산하여 계산하는 방법은 다음과 같다. 예를 들어, 10점 만점인 검사를 50명의 학생에게 실시한 검사에서 원점수 6점의 백분위가 얼마인지 파악하고자 할 때 먼저 전체 사례에 대한 원점수와 해당 원점수를 받은 학생의 수를 기입한다. 누적빈도는 원점수가 가장 낮은 부분부터 합산해서 기입한다. 마지막으로 동점자 수를 고려한 백분위는 다음 공식을 통해 계산한다.

$$PR(X) = \frac{cf(X) + (f(X)/2)}{N} \times 100$$

여기서 PR(X)는 원점수 X에 대한 백분위를, cf(X)는 X의 누적빈도, 즉 원점수 X보다 낮은 점수를 받은 학생의 수, f(X)는 원점수 X를 받은 학생 수를 의미한다. 따라서 원점수 6점의 백분위는 다음과 같이 구해진다.

$$PR(X=6) = \frac{23 + (12/2)}{50} \times 100 = \frac{29}{50} \times 100 = 58$$

표 13-1 원점수와 백분위

원점수(X)	빈도(f)	누적빈도(cf)	백분위(PR)
10	3	50	97
9	5	47	89
8	4	42	80
7	3	38	73
6	12	35	58
5	11	23	35
4	4	12	20
3	3	8	13
2	2	5	8
1	1	3	5
0	2	2	2

2) 표준점수

표준점수(standard score)란 평균과 표준편차를 고려하여 원점수를 변환한 척도로, 개인의 원점수가 평균을 기준으로 얼마나 떨어져 있는지를 표준편차로 나누어 표시하게 된다. 표준점수의 경우 백분위와 달리 피험자가 얻은 점수의 간격의 동일성이 유지되므로 점수의 차이가 능력의 차이로 해석될 수 있다. 이러한 특성을 바탕으로 동일한 규준집단을 가진다는 가정 하에 여러 검사를 통해 얻은 점수 간의 비교가 가능하다는 장점이 있다. 예를 들어, A학생이 수학에서 65점을 과학에서 80점을 받았을 때 각 시험의 평균, 집단의 점수 분포 등에 대한 정보가 없는 경우 상대적으로 어떤 시험을 더 잘 보았는지 판단할 수 없다. 이 과목들을 표준점수로 변환하였을 때 각각 수학이 2점, 과학이 1점이고 수학과 과학의 규준집단이 같은 반이라면 원점수는 과학이 더 높지만 집단 구성원들이 받은 점수의 분포를 고려하면 수학을 더 잘 보았다고 판단할 수 있다. 더불어 동일 과목에 대한 학생들 간의 비교 또한 가능하다. 원점수에서는 만점이 있지만 표준점수에서는 원점수 만점에 해당되는 표준점수의 최고점이 원점수의 분포에 따라 달라지기 때문에 이론적으로는 정해진 최댓값이 없다는 특징이 있다. 대표적인 표준점수로는 Z점수와 T점수, 스테나인 등이 있다.

① Z점수

Z점수는 원점수와 평균점수의 차이 값을 표준편차로 나눈 값으로 다음 공식으로 나타낼 수 있다.

$$Z = \frac{(X - \overline{X})}{S}$$

X = 학생의 원점수, $\overline{X}$ = 집단의 평균, S = 집단의 표준편차

예를 들어, 국어의 평균 점수가 60이고 표준편차가 10일 때, A학생의 점수가 80점이면 A학생의 표준점수는 2가 된다. 이는 A학생이 평균보다 2표준편차 높은 점수를 받았다고 해석할 수 있다. 원점수를 Z점수로 변환하는 경우, 평균은 0이고 표준편차는 1로 바뀌게 되므로 점수 간, 학생 간의 비교가 가능하게 되는 것이다. X와 Z는 척도는 다르지만 서로 대응되는 점수로 X가 Z점수로 변환이 되더라도 분포는 동일하게 유지된다.

정규분포는 수리적 확률밀도 함수로 나타나며 이를 적분한 전체 면적은 1이 되는 특성을 가지고 있다. 또한 분포가 대칭을 이루고 있으므로 평균에서 정확히 절반을 가르면 0.5의 면적이 된다. 이러한 특성을 이용해 특정 점수 이하 혹은 이상의 면적을 계산함으로써 특정 집단의 비율을 유추할 수 있다. 면적을 구하기 위해서는 적분을 해야 하는데, 검사점수를 Z점수로 변환한다면 미리 계산된 Z분포표(표준정규분포표)를 활용해 쉽게 계산할 수 있다.

예를 들어, 지능점수의 평균이 100, 표준편차 15인 정규분포에서 한 학생의 지능이 110이라면 이 학생의 Z점수는 .67((110－100)/15≈.67)이다. 만약 지능이 110, 즉 Z점수 .67보다 높은 점수를 받은 학생의 비율을 구한다면, 아래와 같은 계산 절차를 따른다.

1단계, 0에서 Z점수 0.67 사이 적분 면적을 Z분포표에서 확인하면 0.2486이다.

2단계, 평균 이상의 면적은 절반이므로 0.5에서 0.2486을 뺀다. $(0.5-0.2486=0.2514)$

3단계, 0.67보다 Z점수가 높은 부분의 면적은 0.2514이므로 해당 학생의 비율은 25.14%임을 알 수 있다.

그림 13-1 Z분포표를 이용한 면적 계산의 예

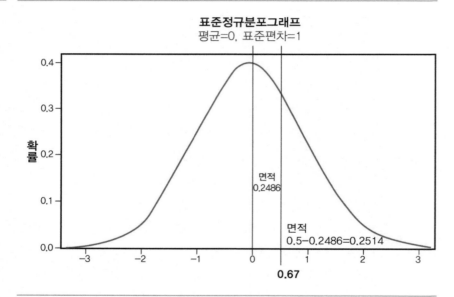

표준정규분포그래프
평균=0, 표준편차=1

② T점수

Z점수는 원점수가 평균보다 낮은 경우 음수로 표시되며 대부분의 점수가 소수로 표현되므로 사용에 불편함이 있다. 이를 해결하기 위해 Z점수를 평균이 50, 표준편차가 10인 형태로 변환한 점수를 T점수라 한다. Z점수는 평균이 0, 표준편차가 1이므로 아래 식과 같이 표준편차에 10을 곱하고 50

을 더해 T점수를 구할 수 있다.

$$T점수 = 10Z + 50$$

일반적으로 변환점수는 아래의 식으로 표현된다.

$$T점수 = \sigma Z + \mu$$
$$\mu = 평균, \ \sigma = 표준편차$$

앞서 설명한 A학생의 국어 Z점수를 통해 T점수를 구하면 $(10 \times 2) + 50 = 70$ 이 된다.

그림 13-2 | 원점수와 표준점수 변환

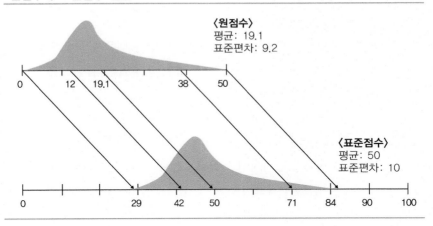

③ 지능점수

Wechsler의 지능점수는 평균 100, 표준편차 15인 변환점수이다. 본인의 IQ를 알면 비교집단에서 상대적으로 어느 위치에 있는지 percentile을 계산할 수 있다. 대중적으로 널리 알려진 멘사(Mensa)의 지능점수는 평균 100,

표준편차 24로서, Wechsler 지능보다 큰 표준편차를 가지고 있다. 만약 Wechsler 검사로 130을 받았다면 Z점수는 2이고, 이를 다시 멘사 기준으로 변환을 하면 148이 된다.

④ 스테나인(stanine)

스테나인 점수는 표준점수를 1부터 9지의 9개 구간으로 나눈 점수로 1은 전체 규준집단보다 상대적으로 제일 낮은 성취수준을, 9는 제일 높은 수준을 의미한다. 스테나인은 정상분포와 유사한 형태를 가지며 평균은 5, 표준편차는 2이다.

$$Stanine = 2Z + 5$$

Z점수가 .35인 경우, 계산된 값은 5.7(=2×(.35)+5)이고 이를 반올림한 6이 스테나인 점수가 된다.

각 스테나인 집단은 앞서 설명한 Z점수, T점수와 대응시킬 수 있다. [그림 13-2]와 같이 원점수가 정상분포인 경우 최하위 그룹인 1은 Z점수 -1.75 이하이며 등급이 한 단계씩 올라갈수록 Z점수는 0.5점씩 상승하게 되어 최상위 그룹인 9는 Z점수 1.75 이상이 된다.

각 그룹의 Z점수를 T점수로 환산하게 되면 그룹 1은 32.5점 이하이며 이후 5점 단위로 점수가 높아지게 되므로 그룹 9는 67.5점 이상이 된다. 각 구간에 대응되는 백분위는 [표 13-2]와 같다. 가장 높은 9점은 대응되는 백분위 서열이 96% 이상으로, 즉 상위 4%에 해당하며, 반대로 1점은 하위 3%에 해당하는 것으로 볼 수 있다.

그림 13-3   백분위, Z점수, T점수, 스테나인

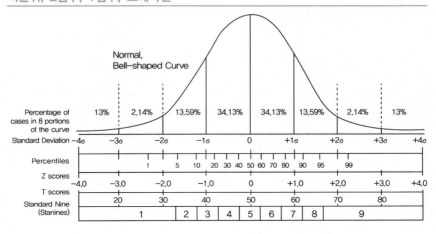

해석	스테나인	비율(%)
매우 높음	9	4
평균 이상	8	7
	7	12
평균	6	17
	5	20
	4	17
평균 55 이하	3	12
	2	7
매우 낮음	1	4

표 13-2 스테나인과 대응 비율

스테나인 점수는 그룹화하기에 매우 간단한 방법으로 특히 학생들을 집단으로 분류할 때 유용하게 사용된다. 하지만 같은 스테나인 구간에 있는 학생들은 모두 동일한 점수를 받게 되므로 정보의 손실이 발생할 수 있다. 예를 들어, 5번째 그룹은 백분위 40-59%인 학생들이 포함되는 구간으로 동일 집단 내 가장 성취수준이 가장 낮은 학생과 가장 높은 학생 간 차이가 약 20%가량 발생한다.

03

표준점수의 활용 예시

  2018년도 대학수학능력시험의 결과는 절대평가에 의해 등급만 제시하는 한국사와 영어 영역을 제외하고 영역/과목별 표준점수, 백분위, 등급을 제공한다. 수능은 한국사 영역을 제외한 모든 영역 및 과목을 학생이 임의 선택하여 응시하므로 각 영역/과목별로 응시자 수가 다르며 난이도를 일정하게 유지하는 것이 어렵기 때문에 원점수가 아닌 표준점수를 제공하고 있다. 이를 통해 응시자 간 상대적인 비교와 개인 내 영역/과목 간의 비교가 가능하게 된다.

그림 13-4   2018학년도 수능성적통지표 예시

〈2018학년도 대학수학능력시험 성적통지표(예시)〉

수험번호	성명		생년월일	성별	출신고교(반 또는 졸업연도)		
12345678	홍길동		99.09.05.	남	한국고등학교 (9)		
구분	한국사 영역	국어 영역	수학 영역 나형	영어 영역	사회탐구 영역		제2외국어 /한문 영역
					생활과 윤리	사회· 문화	일본어 I
표준점수		131	137		53	64	69
백분위		93	95		75	93	95
등급	2	2	2	1	4	2	2

2017. 12. 6.
한국교육과정평가원장

출처: 한국교육과정평가원, 2017.

  국어와 수학은 평균이 100, 표준편차가 20인 표준점수로 사회/과학/직업탐구, 제2외국어/한문은 평균이 50, 표준편차가 10인 표준점수로 제시한다. 국어와 수학의 표준점수의 범위는 0~200점이고 나머지 영역은 0~100점으로 이 범위를 벗어난 점수는 0점 혹은 200점(100점)으로 부여하게 된다.
  백분위는 앞서 설명한 것처럼 영역/과목 내 응시생 전체에서 개인의 상대적인 위치를 알 수 있는 정보이다. 즉, 본인보다 낮은 점수를 받은 응시생의 비율을 나타낸 것으로 A의 국어영역 백분위는 93으로 국어영역 응시생 중 A보다 낮은 점수를 받은 학생의 비율은 93%가 된다.

수능에서 사용하는 등급은 스테나인 방식으로 산출되므로 9등급으로 표시한다. 영역/과목별로 전체 수험생의 상위 4%까지를 1등급으로, 7%까지를 2등급으로 순차적으로 등급을 부여한다. 본래 스테나인에서는 9등급이 가장 높은 수준이지만 수능에서는 1등급이 가장 높은 수준을 의미한다.

| 그림 13-5 | 수학능력시험 등급별 비율 |

등급	1	2	3	4	5	6	7	8	9
비율(%)	4	7	12	17	20	17	12	7	4
누적 비율(%)	4	11	23	40	60	77	89	96	100

04 준거 점수

앞서 설명된 다양한 규준 점수들은 개인의 점수를 다른 사람과 비교하여 상대적인 위치를 알려준다. 하지만 규준 점수는 해당 학생이 교과과정을 통해 학습한 내용을 어느 정도 습득하였는지, 교육목표로 설정한 수준을 달성했는지 등에 대한 정보는 알 수 없다는 단점이 있다. 따라서 서열에 따른 비교가 아닌 교육의 결과로 모든 학생이 획득하기를 기대하는 일정한 지식의 수준, 태도 등을 기준으로 학생들이 해당 기준에 도달하였는지 여부를 평가할 수 있다. 교과목별 성취 기준·성취 수준을 토대로 학생의 학업성취 정도를 평가하고 A−E(또는 A−C, P)로 성취도를 부여하는 성취평가제가 이에 해당한다. 예를 들어, 성취도 A는 한 학기 동안 학생들이 충실한 교수·학습 과정을 통해 성취하기를 기대하는 전체 성취 기준에 대한 이해와 수행이 매우 우수한 수준을 의미하며, 학기 동안 목표로 설정한 교육과정의 90%를 성취하였음을 의미한다. 이때 달성이 기대되는 일정 수준을 준거라고 하며 이를 점수로 표현한 것이 준거 점수이다. 따라서 준거 점수를 얼마나 타당한 과학적 근거를 바탕으로 설정하는지는 준거를 통한 평가에서 가장 중요한 요소 중 하나이다.

일반적으로 준거 점수를 설정하기 위해서는 여러 명의 전문가들이 참여하여 합의된 준거설정 방법에 따라 의견을 조율해 나가는 절차를 통해 최종적으로 준거 점수를 결정하게 된다. 본 장에서는 응답자 집단 특성에 의한 준거설정 방법으로 집단비교방법 및 경계선 방법과, 문항 내용분석에 기반하여 준거를 설정하는 수정된 **앙고프**(Angoff) 방법 및 **북마크**(Bookmark) 방법에 대해 살펴보겠다.

1) 집단비교방법

집단비교방법(contrasting groups method)은 교사 혹은 전문가가 응답자 집단을 숙달(clearly mastered) 그룹과 비숙달(non-mastered) 그룹으로 분류한후, 양쪽 그룹에 검사를 실시한 후 점수의 분포를 그리고 교차되는 점을 준거로 설정하는 방법이다. 두 점수의 분포가 교차하는 지점이 바로 최소능력 수준을 가진 피험자 점수로 볼 수 있다. 집단비교방법은 숙달 그룹과 비숙달 그룹을 어떻게 분류하는지에 따라 준거점수가 변한다는 단점을 가지고 있다.

표 13–3 두 집단에 빈도분포 예시

Score	Frequencies	
	Group A	Group B
25		2
24		3
23		6
22		7
21		10
20		13
19		11
18		8
17		6
16		6
15	1	3
14	2	3
13	2	2
12	3	
11	5	
10	8	
9	9	
8	7	
7	7	
6	4	
5	2	

그림 13–6 집단비교에 의한 준거점수 설정의 예

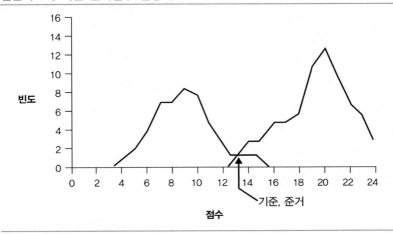

기준, 준거

2) 경계선 방법

집단비교방법의 단점, 즉 숙달과 비숙달의 분류에 따라 준거 점수가 변하는 문제를 해결하기 위해 경계선 방법(borderline group method)이 제안되었다. 그 중 Mills(1983)의 경계선 방법은 다음과 같은 절차를 따른다.

1단계, 숙달 그룹으로 분류할 수 있는 확실한 최저점수를 설정한다.

2단계, 비숙달 그룹으로 분류하기 위한 확실한 최고점수를 설정한다.

3단계, 비숙달 그룹으로 분류되는 최고점수와 숙달 그룹으로 분류되는 최저점수 사이에 있는 응답자들의 검사점수의 중앙값을 준거점수로 정한다.

경계선 방법 또한 비숙달 그룹으로 분류하는 최고점수와 숙달 그룹으로 분류하는 최저점수에 의하 준거점수가 변동될 수 있다는 단점을 가지고 있다.

3) 앙고프 방법

앙고프 방법(Angoff, 1971)은 검사를 바탕으로 준거 점수를 설정하는 대표적인 방법 중 하나이다. 기본적인 절차는 최소한의 능력을 가진 피험자들로 구성된 집단을 설정한 뒤, 각 문항에 대해 해당 집단에서 정답을 맞힐 비율을 추정하고 이 비율의 총합 또는 평균을 통해 준거 점수를 산출하게 된다. 최소 능력이란 준거를 만족시킬 수 있는 능력으로 운전면허를 예로 든다면 교통표지판을 이해하고 운전할 수 있는 최소한의 지식이다. 따라서 본 방법은 준거 설정자들이 검사의 목적, 평가 영역, 평가 기준 등에 대한 정보와 경험에 기반한 협의를 통해 최소능력 집단에 대한 개념을 어떻게 정립하는지가 중요한 요소가 된다.

Berk(1986)가 앙고프 방법의 몇 가지 절차를 수정하여 변형된 앙고프 방법을 제안하였다. 기존의 방법은 최소능력 보유 집단에서 각 문항의 정답을 맞힐 확률의 범위가 0.0~1.0까지로 제한이 없었지만 변형된 방법에서는 확률의 범위는 0.05, 0.20, 0.40, 0.75, 0.90, 0.95와 같이 제한을 둘 수 있으며 앙고프 방법을 통해 설정된 예상 난이도를 준거 설정자들에게 모두 공개한 뒤 논의 과정을 거쳐 여러 번의 평정을 실시, 준거 설정자 간의 합의를 이끌어내는 과정을 통해 설정된 준거의 타당성을 높이고자 하였다.

현재 국가수준학업성취도평가에서 사용되는 성취수준의 분할점수 또한 변형된 앙고프 방법에 의해 설정되었다. 좀 더 구체적인 절차는 다음과 같다(김경희, 2005). 먼저 교과 내용에 대한 전문지식, 평가 대상 학생과 평가의 목적 및 영향력에 대한 이해 등을 고려하여 준거 설정자를 구성하였다. 이때 구성원의 최소 인원은 5~10명 이상으로 한다. 다음으로 앙고프 방법의 핵심인 최소능력에 대한 개념화를 위해 준거 설정자들을 소그룹으로 나눈 뒤, 교과별로 정의된 성취기준을 토대로 각 성취수준(우수, 보통, 기초)에 대한 최소능력에 대한 개념을 숙지하고 토론을 통해 합의를 도출하였다. 최소능력에 대한 개념이 정립되면 문항과 정답 및 채점 기준 등의 문항 특성에 대해 검토한 뒤, 검사에 포함된 모든 문항에 대해 성취수준별로 정답 확률이 얼마나 될지를 판단하게 된다. 수준별 정답 확률이 결정되면 분할점수가 산출되며, 이는 1차 분할점수 값이 된다. 1차 판정이 끝난 뒤 준거 설정자 간의 차이가 20% 이상 나는 문항들을 중점적으로 논의하여 개념적인 합의 도출 과정을 거친다. 이때 학생들의 실제 정답률, 문항 난이도, 답지반응분포 등의 자료를 통해 학생들의 실제 수행수준을 파악할 수 있도록 한다. 이러한 과정을 통해 2차 분할점수가 산출되고 다시 3차 분할점수 산출을 위한 절차가 이루어진다. 3차 분할점수 이후 구성원 간의 합의 수준이 높은 경우 협의 과정은 종료되고 최종적인 수준별 분할점수가 산출되지만, 이견이 많은 경우 문항 판정의 과정은 반복하여 이루어진다.

앙고프 방법은 비교적 절차가 간단하고 선다형이 아닌 다른 유형의 검사에도 적용할 수 있다는 장점이 있지만, 최소능력 집단에서 정답을 맞힐 확률을 준거 설정자들의 주관적인 판단에 의존하기 때문에 정답 비율을 과대 또는 과소 추정할 수 있으며 모든 문항에 대해 정답률을 추정해야 한다는 단점이 있다.

4) 북마크

북마크 방법 또한 앙고프 방법과 마찬가지로 전문가들의 판단을 통해 문항을 검토하여 최소능력을 가진 학생의 수행 정도를 추정하여 준거를 설정하게 된다. 하지만 앙고프가 피험자들을 중심으로 문항정답률을 통해 준거를 설정하는 방법이라면 북마크는 검사 문항에 대한 분석을 바탕으로 준거를 설정하는 방법이다. 북마크 방법에서 두 가지 핵심 요소는 순서화된 문항집(Ordered Item Booklet: OIB)과 제작과 응답 확률(Response Probability: RP)의 선택이다. 북마크 방법에 따라 준거 점수를 설정하는 방법은 다음과 같다. 먼저 검사 문항을 문항반응이론에 기초하여 분석하여 전체 문항 난이도를 파악한 뒤, 문항 내용, 채점 기준, 정답 등 문항에 대한 정보를 포함하여 문항 카드를 제작한다. 문항 카드를 바탕으로 가장 쉬운 문항부터 가장 어려운 문항의 순서로 배열한 문항집을 구성한다. 이후 준거 설정자들은 문항집을 바탕으로 북마크를 어느 문항들 사이에 놓을지 결정하게 된다. 이때 북마크는 최소능력 학생들이 그 문항을 맞힐 확률이 0.67 이하가 되는 지점에 놓게 된다.

예를 들어, 20개의 문항으로 구성된 검사에서 난이도 순으로 배열했을 때 여섯 번째 문항부터 최소능력 학생이 정답을 맞힐 확률이 0.67 이하라면 북마크는 해당 문항에 놓이게 된다. 즉, 평가자들은 성취수준의 기준이 되는 경계에 있는 학생, 즉 최소능력을 가진 학생들이 맞힐 수 있는 문항 중 가장 어려운 수준의 문항과 맞히지 못하는 문항 중 가장 쉬운 수준의 문항의 경계를 북마크로 분류하게 되는 것이다. 이때 정답률의 기준이 67%로 설정된 것은 해당 지점이 피험자가 문항에서 측정하고자 하는 지식, 기술 또는 태도 등을 보유하고 있는지에 대한 정보가 최대치가 되는 지점이라는 기존 선행 연구의 결과(Huynh, 2006)를 바탕으로 한 것으로 정보의 최대치가 되는 지점에 따른 것이다. 준거 점수는 여러 준거 설정자들이 표시한 북마크의 바로 앞에 위치한 문항들의 능력 모수 값들의 중앙값 또는 평균점수로 얻을 수 있게 된다. 준거 설정자들이 제시한 결과를 공개하고 토의함으로써 결과를 수정하는 과정을 반복하면서 최종적인 합의를 도출하게 된다.

북마크 방법은 앙고프 방법과 달리 문항의 난이도라는 정보를 제공하며 최소능력 집단에서 해당 문항의 정답을 맞힐 확률과 같은 수치를 산출하지 않기 때문에 준거 설정자들이 문항 내용에 집중하여 준거를 설정할 수 있다는 장점이 있다. 그러나 문항반응이론에 근거하기 때문에 문항반응이론의 기본 가정인 일차원성과 지역독립성의 가정이 만족되어야 하며, 문항집에 배열된 문항들의 난이도 차이가 큰 경우 준거 설정자들에게 혼란을 줄 수 있다는 단점이 있다.

- 개인의 검사 결과에 대한 판단 및 해석을 위해서는 검사 결과의 활용 목적에 따라 규준 또는 준거를 기준으로 활용하게 된다.
- 규준 점수는 개인이 집단에서 상대적으로 어느 정도에 위치하는지 서열의 정보를 파악할 수 있는 점수이며, 준거 점수는 설정된 교육목표를 달성했는지 여부를 판단할 수 있는 점수이다.
- 규준 점수로는 백분위와 표준점수가 있으며, 대표적인 표준점수로는 Z점수, T점수, 스테나인 등급 등이 있다.
- 준거 점수는 다수의 전문가들이 합의된 절차에 의해 의견을 수렴해 가는 과정을 거쳐 설정하게 되며, 대표적인 방법으로는 앙고프, 북마크 방법 등이 있다.

💬 규준 점수와 준거 점수의 특징을 비교하시오.

💬 규준 점수의 종류와 특징을 설명하시오.

💬 준거 점수를 설정하는 방법과 특징을 설명하시오.

14

수행평가

2015년도 개정 교육과정에는 '과정 중심 평가'의 확대와 토론학습, 협력학습, 탐구학습, 프로젝트 학습 등 다양한 교수·학습 방법을 강화하는 정책이 포함되었다. 과정 중심 평가는 평가를 교수·학습의 결과로 분리하지 않고 교수·학습 중 지속적으로 시행하여 학습에 도움을 주는 한 과정으로 본다. 따라서 교육과정의 성취기준에 기반한 평가계획을 수립하고 교수·학습 과정에서 일어나는 학생의 변화와 성장을 다양한 자료를 통해 수집하여 적절한 피드백을 제공해야 한다. 학생의 역할 또한 수동적인 학습자에서 능동적이고 지식을 창조하는 학습자로 변화하고, 학생이 지식을 알고 있는지에 대한 평가 대신 학생의 해결 과정 자체에 중점을 둔다. 이러한 맥락에서 학생이 가지고 있는 지식, 기능, 태도 등을 학생이 직접 만든 산출물이나 수행 과정 자체를 통해 평가하는 수행평가는 과정 중심 평가가 추구하는 바를 가장 잘 적용할 수 있는 평가방법이라 할 수 있다. 14장에서는 수행평가의 개념과 특징, 개발 절차, 수행평가의 적용 예시 등을 통해 수행평가의 특성과 실시 절차에 대해 살펴보고자 한다.

【학습목표】

⇢ 수행평가의 정의 및 개념 이해하기
⇢ 수행평가 유형별 특징 및 방법 이해하기
⇢ 수행평가 수행 절차 및 검토 사항 이해하기
⇢ 수행평가 예시를 통해 현장에서 사용되는 과제 파악하기

01 수행평가의 정의 및 특성

수행(performance)이란 인위적인 평가 상황이 아닌 구체적인 장면에서 실제로 행해지는 행동, 과정 또는 결과를 의미한다. 따라서 수행평가는 학생들이 실제 상황과 유사한 맥락에서 주어진 과제나 문제를 해결하는 과정과 결과를 함께 다양한 방식으로 평가하는 것이라 정의 내릴 수 있다(한국교육과정평가원, 2017).

수행평가는 내포하고 있는 의미와 평가 목적, 특성으로 인해 대안적 평가, 실제적 평가, 직접 평가, 과정 평가 등과 유사한 의미로 사용되고 있다. 먼저 기존의 주류를 이루는 선택형 문항 중심의 지필 평가 또는 결과 중심의 평가 체제에서 벗어나 목적을 달리하는 평가방법이라는 맥락에서 대안적 평가라 볼 수 있다. 다음으로 평가 상황이 실제 상황과 유사하거나 실제 상황에서 발휘할 수 있는 능력을 평가한다는 의미에서 실제적 평가라고 볼 수 있다. 학생들의 인지적, 정의적 영역을 학생 스스로가 직접적인 답을 서술하거나 구성하는 것을 중시하는 맥락에서는 직접평가의 특성이, 학습의 과정 또는 수행의 과정, 수업이 이루어지는 중에 평가가 되며 평가가 학습의 일환이 되는 것을 목표로 하는 것은 과정 평가의 개념과 유사하다.

수행평가는 기존의 학습결과 중심의 전통적 평가방법과는 여러 측면에서 다른 다양한 특성을 가지고 있다.

(1) 학생 개개인의 변화와 발달과정을 종합적으로 판단하기 위해 일회성이 아닌 교수·학습이 이루어지는 기간 동안 지속적인 평가가 이루어진다.

(2) 실제 발생할 수 있는 문제 상황과 유사한 맥락에서 평가가 이루어지며, 교수·학습의 결과 뿐 아니라 학습이 이루어지는 과정도 중시하여 함께 평가가 이루어진다.

(3) 문제에 대해 스스로 답을 구성하거나 행동으로 나타내면서 능동적인 학습 활동이 이루어진다.

(4) 조별 활동을 통해 의사소통 및 협업 능력 등이 강화되도록 한다. 모둠 활동의 효과성을 높이기 위해 개별 학생의 역할과 기여도, 노력 등을 정확하게 평가할 수 있는 방안이 함께 제시되어야 한다.

(5) 학생의 인지적인 영역뿐만 아니라 정의적인 영역에 대한 종합적인 평가를 추구한다. 이를 위해서는 해당 교과의 성취기준 및 교수·학습 과정과 정의적 영역을 긴밀하게 연계하여 수행평가를 실시해야 한다.

02 수행평가의 유형

수행평가는 논술, 구술, 토의·토론, 과제, 실험·실습, 포트폴리오, 자기평가 및 동료평가 등 다양한 방식으로 학교 현장에서 적용되고 있다. 수행평가 방법은 교과별 특성과 과제별 특성, 창의성이나 문제 해결력과 같은 요소를 평가할 수 있는지 등을 고려하여 선택해야 한다. 각 방법별 특징을 살펴보면 다음과 같다.

1) 논술

논술은 자신의 생각이나 의견을 직접 서술하도록 하는 평가방법으로 학생은 단순한 지식에 대한 기술을 넘어서 자신의 생각이나 주장을 논리적으로 제시해야 한다. 따라서 창의성, 문제해결, 비판력, 판단력, 정보 수집 및 분석력 등을 평가하기에 적합한 방법이다. 이때 제시되는 문제는 구체적이고 현실적인 상황과 관련될 수 있도록 구조화되어야 한다. 이와 관련하여 10장 서답형 문항에서 유형별 특징, 제작 시 주의점 등과 관련하여 구체적인 내용을 소개하고 있다.

2) 구술

구술은 특정 내용이나 주제에 대해 자신의 의견이나 생각을 발표하는 과정을 통해 학생의 준비도, 이해력, 표현력, 판단력, 의사소통 능력 등을 평가하는 방법이다. 평가 영역은 발표하는 내용과 관련된 요소와 전달과 관련된 요소, 두 가지로 나누어질 수 있다. 내용과 관련된 요소로 말하고자 하는 목적에 대한 명료성, 전달하는 내용의 구조의 명료성, 관련 자료의 적절한 사용 여부 등이 있다. 전달과 관련된 요소로는 목소리의 크기, 시선 처리, 어조, 발음 등이 있다. 평가방법은 특정 주제에 대해 학생들에게 발표를 준비하도록 한 뒤 발표에 대해 평가하거나, 평가 범위만 제시한 뒤 교사가 관련된 주제나 질문을 제시하고 학생이 답변하게 하여 평가하는 방법이 있다.

3) 토의 · 토론

토의 · 토론은 특정 주제에 대해 학생들이 서로 토의하고 토론하는 것을 관찰하여 평가하는 방법으로 교육 활동과 평가 활동이 통합된 대표적인 수행평가 방법이다. 일반적으로 서로 다른 의견을 제시할 수 있는 토론 주제에 대해 개인 또는 집단별로 토의 · 토론이 진행되며, 진행 과정에서 준비한 자료의 다양성과 적절성, 토론 내용의 논리성, 상대 의견을 존중하는 태도 등을 종합적으로 평가하게 된다.

4) 과제

프로젝트는 특정한 연구과제나 결과물이 산출되는 개발 과제를 수행하도록 한 뒤, 프로젝트가 진행되는 전 과정과 결과물을 함께 평가하는 방법이다. 프로젝트를 통한 평가는 계획서 작성부터 결과물이 완성되는 전 과정을 중시하므로 학습을 위한 평가, 학습으로서의 평가를 가장 잘 나타내 줄 수 있는 평가 방법 중 하나이다.

5) 실험 · 실습

실험 · 실습은 학생들이 직접 실험 또는 실습을 수행하고 그에 대한 과정과 결과를 보고서로 작성하여 제출하고, 교사가 보고서와 직접 관찰한 실험 · 실습의 과정을 함께 평가하는 방법이다. 따라서 실험 · 실습을 위해 필요한 지식뿐만 아니라 지식을 적용하여 문제를 해결해 가는 과정, 다른 학생들과 협력하여 문제를 해결하는 능력 등에 대해 포괄적으로 평가할 수 있다.

6) 포트폴리오

포트폴리오(portfolio)는 일정 기간 동안 산출된 결과물을 누적하여 평가하는 방법으로, 학생의 변화를 파악할 수 있는 특징이 있다. 포트폴리오에 포함되는 결과물로는 학생이 직접 만든 작품이나 작성한 에세이, 보고서, 학습 과정에 따라 정리된 의견서 등이 다양하게 구성될 수 있다. 따라서 이를 바탕으로 학생의 성장 과정을 한눈에 파악할 수 있으며, 시기별로 적절한 피드백을 제공할 수 있다. 이러한 특징은 학생 개개인의 변화와 발달과정을 종합적이고 지속적으로 평가하는 수행평가의 특징을 가장 잘 나타내주는 평가방법이다.

7) 자기평가 · 동료평가

자기평가와 동료평가는 학습 과정과 결과에 대해 학생이 스스로를 평가하거나 상대방을 서로 평가하는 방법이다. 자기평가를 통해 학생들은 본인이 학습을 어느 정도 준비하였으며 얼마나 성실히 학습했는지, 만족도는 어느 정도이며 최종적으로 얻게 된 성취 수준은 어떠한지에 대해 스스로 생각하고 되돌아보는 반성적 사고를 할 수 있게 된다. 교사 또한 본인이 학생을 관찰하고 평가한 기록과 비교, 분석할 수 있다.

수행평가의 시행은 일반적으로 [그림 14-1]과 같이 교육과정 운영계획, 교수·학습 및 수행평가, 학기말 평정 및 기록의 과정으로 진행된다.

그림 14-1 수행평가 단계 흐름도

출처: 한국교육과정평가원, 2017.

첫째, 교육과정 운영계획 단계에서는 각 교과에서 학생들이 성취해야 할 지식, 기능, 태도 등의 특성인 성취기준을 분석하여 교수·학습 및 평가의 근거를 마련해야 한다. 이때 성취기준은 비슷한 유형끼리 통합하거나 재구성할 수 있다. 성취기준에 도달한 정도를 여러 개의 수준으로 구분하고, 각 수준별 학생들의 지식, 기능, 태도의 특성을 설명한 것을 성취수준이라 한다. 아래 [표 14-1]은 중학교 1학년 영어과의 말하기 영역 교육과정과 핵심성취기준, 성취수준에 대한 예시이다.

표 14-1 중학교 1학년 영어과 말하기 영역 성취기준 및 성취수준

교육과정	핵심성취기준	성취수준		
		상	중	하
①-1. 일상생활이나 친숙한 일반적 주제에 관하여 주요 내용을 묻고 답한다.	영중9211-1. 개인생활이나 가정생활에 관하여 주요 내용을 묻고 답할 수 있다.	안부를 묻고 답하는 대화를 정확한 표현으로 자연스럽게 할 수 있다.	안부를 묻고 답하는 대화를 대체로 할 수 있다.	안부를 묻고 답하는 대화를 부분적으로 할 수 있다.
		자신 또는 제3자를 소개하는 담화나 대화를 정확한 표현으로 자연스럽게 할 수 있다.	자신 또는 제3자를 소개하는 담화나 대화를 대체로 할 수 있다.	자신 또는 제3자를 소개하는 담화나 대화를 부분적으로 할 수 있다.
		안부 묻기 또는 소개하는 내용의 대화가 자연스러운 흐름이 되도록 순서를 정확히 배열할 수 있다.	안부 묻기 또는 소개하는 내용의 대화가 자연스러운 흐름이 되도록 순서를 대체로 배열할 수 있다.	안부 묻기 또는 소개하는 내용의 대화가 자연스러운 흐름이 되도록 순서를 부분적으로 배열할 수 있다.

출처: 교육부, 2013.

성취기준 9211-1은 개인 생활이나 가정생활에 관하여 주요 내용을 묻고 답할 수 있기를 기대하는 것으로, 일상생활에서 발생 가능한 친숙한 상황, 주제에 대한 이해와 상대방에게 질문하고 대답하는 기능이 통합된 성취

기준이다. 따라서 이를 타당하게 측정하기 위해서는 대화 상황을 제시하고 실제 대화가 이루어지도록 하는 수행평가의 방법이 적절하다. 이와 같이 성취기준을 분석할 때에는 선정된 성취기준이 수행평가로 평가하기에 적절한지, 성취기준과 수행과정이 교육과정의 내용과 범위를 벗어나지 않는지 등에 대한 점검이 필요하다.

성취수준은 성취기준별로 구분할 수 있지만 한 학기 단위로 분석할 수도 있다. [표 14-2]는 중학교 1학년 영어과의 한 학기 단위(1학기) 성취 수준에 대한 예시이다. 1학기 전체 영어과 교수·학습이 진행된 이후 학생들이 성취했을 것이라 기대되는 영역별 지식, 기능, 태도의 특성을 설명하고 있다.

성취기준 분석 후에는 지필평가와 수행평가의 반영비율, 수행평가의 영역, 방법, 횟수, 성적반영 비율 등 전반적인 평가계획을 수립한다. 특히 평가 시기와 관련하여 여러 교과의 수행평가가 특정 시기에 집중되지 않도록 교과 간 협의가 필요하다. 이러한 계획은 학기가 시작되기 전 수립하고 학기 초 학부모와 학생에게 평가계획을 고지하게 된다. 평가계획 수립 시 학업성적관리 시행지침에 따라 지필평가와 수행평가의 영역, 방법, 횟수, 기준, 반영비율, 수행평가의 세부 기준(영역별 배점과 채점 기준), 결시자와 학적 변동자 처리 기준 등을 결정해야 한다. 구체적인 예시는 [표 14-3]과 같다.

표 14-2 서울 소재 A중학교 2015학년도 1학년 1학기 영어과 성취 수준 설정 예시

성취수준 (성취도)		성취수준 기술	성취율
A	듣기	일상생활이나 친숙한 일반적 주제에 관한 말이나 대화를 듣고, 사실 정보와 맥락 정보를 종합하여 중심 내용과 주요 세부 내용 등을 정확하게 이해할 수 있다. 들은 내용에 대한 정확한 이해를 바탕으로 화자의 심정이나 태도를 파악할 수 있고 주어진 과업을 정확히 수행할 수 있다.	90% 이상
	말하기	다양한 어휘와 언어 형식을 사용하여 주요 내용과 세부 내용을 묻고 답할 수 있고, 주변의 친숙한 대상을 묘사하거나 좋아하거나 싫어하는 이유 등을 묻고 답할 수 있다.	
	읽기	일상생활이나 친숙한 일반적인 주제에 관한 글을 읽고 중심 내용과 세부 내용을 정확히 파악할 수 있으며, 일이나 사건의 전후 관계를 파악하고 이어질 내용을 바르게 추론할 수 있으며 문맥을 통해 주요 낱말이나 어구의 의미를 파악할 수 있다.	
	쓰기	주변의 실물, 그림, 사진, 도표 등을 보고 인물이나 대상 등을 묘사하는 글을 쓸 수 있으며 개인 생활이나 가정 또는 학교생활을 소재로 하여 짧은 글을 쓸 수 있고, 다양한 어휘를 사용하여 문법적 오류 없이 광고문 또는 초대장을 쓸 수 있다.	
B	듣기	일상생활이나 친숙한 일반적 주제에 관한 말이나 대화를 듣고, 사실 정보를 토대로 중심 내용과 주요 세부 내용 등을 비교적 정확하게 이해할 수 있다. 들은 내용에 대한 전반적인 이해를 바탕으로 화자의 심정이나 태도를 파악할 수 있고 주어진 과업을 비교적 정확히 수행할 수 있다.	80% 이상 ~ 90% 미만
	말하기	적절한 어휘와 언어 형식을 사용하여 주요 내용과 세부 내용을 묻고 답할 수 있고, 주변의 친숙한 대상을 묘사하거나 좋아하거나 싫어하는 이유 등을 비교적 자연스럽게 말할 수 있다.	
	읽기	일상생활이나 친숙한 일반적인 주제에 관한 글을 읽고 중심 내용과 간단한 세부 내용을 비교적 정확히 이해할 수 있으며, 명시된 연결어를 토대로 일이나 사건의 전후 관계를 파악하고 이어질 내용을 추론할 수 있으며 문맥을 통해 주요 낱말이나 어구의 의미를 비교적 정확하게 추측할 수 있다.	
	쓰기	적절한 어휘를 사용하여 친숙한 대상을 묘사하는 문장을 쓸 수 있으며 개인 생활이나 가정 또는 학교생활을 소재로 하여 짧은 글을 쓸 수 있고, 예시문을 참고하여 광고문 또는 초대장을 쓸 수 있다.	

표 14-3	서울 소재 A중학교 2015학년도 영어과 평가계획 예시					

방침	■ 학습 내용을 중심으로 이해 기능과 표현 기능을 고루 평가 ■ 이해 기능: 말과 글에 대한 이해 능력 평가하고, 표현 기능: 말하기와 쓰기 등의 표현 능력 평가 ■ 저학년에서는 이해 기능에 비중을 많이 두고 점진적으로 표현 기능의 비중을 늘려 의사소통 능력을 평가
평가 방법 및 개선방안	■ 지필평가는 1학년의 경우 1학기 1회, 2, 3학년은 1학기·2학기 각 2회씩 실시 ■ 수행평가는 1, 2, 3학년 모두 학기별로 100점 만점으로 평가 ■ 말하기 평가는 의사소통 능력을 강화하여 수업 중 수시로 실시

지필고사와 수행평가 비율	구분 학기	평가구분	점수		적용비율(%)
	1학기	중간고사	선택	70	60
			서술형·논술형	30	
		기말고사	선택	70	
			서술형·논술형	30	
		영어 듣기	영어 듣기 평가	20	40
		영어 말하기	영어 말하기	30	
		수행평가	쓰기	30	
			포트폴리오	20	
	2학기	중간고사	선택	70	60
			서술형·논술형	30	
		기말고사	선택	100	
			서술형·논술형	0	
		영어 듣기	영어 듣기	20	40
		영어 말하기	영어 말하기	30	
		수행평가	쓰기	30	
			포트폴리오	20	

수행평가 기준 및 배점	내용	등급	평가 기준	배점
	쓰기	A	영어 쓰기의 내용, 유창성, 정확도가 매우 우수함.	6
		B	영어 쓰기의 내용, 유창성, 정확도가 우수함.	5
		C	영어 쓰기의 내용, 유창성, 정확도가 보통임.	4
		D	영어 쓰기의 내용, 유창성, 정확도가 부족함.	3
		E	영어 쓰기의 내용, 유창성, 정확도가 매우 부족함.	2
		F	수업에 참여하였으나 결과물을 제출하지 않음.	1
	포트폴리오	A	포트폴리오 작성을 지속적으로 성실히 하였으며 내용이 풍부함	10
		B	포트폴리오 작성을 지속적으로 성실히 하였으나 내용이 평이함	8
		C	포트폴리오 작성을 지속적으로 하였으나 내용이 미흡함	6
		D	포트폴리오 작성이 지속적이지 못하며 내용이 미흡함	4
		E	포트폴리의 구성이나 내용이 모두 매우 미흡함.	2
		F	수업에 참여하였으나 결과물을 제출하지 않음.	1

수행평가 인정점 부여 기준	■ 영어듣기평가 인정점 부여 - 점수가 없는 경우: 영어듣기를 제외한 수행점수를 합산하여 환산점수를 인정 - 무단결의 경우 최하점의 차하점 부여

둘째, 교수·학습 및 수행평가 단계에서는 교수·학습과 연계하여 수행평가 과제와 채점 기준을 개발하고 수업을 통해 수행평가를 실시하고 채점하게 된다. 수행평가 과제 개발을 위해서는 교육과정 내용과 학생들의 특성 및 수준 등을 분석해야 한다. 더불어 과제에 적용되는 문제 상황은 실생활에서 발생 가능하며, 단순한 지식이 아닌 다양한 지식과 기능, 태도를 통합적으로 활용할 수 있도록 해야 한다. 또한 문제해결을 위한 다양한 시도와 노력을 통해 학생의 성장 기회가 될 수 있는지를 고려해야 한다. 결정된 문제 상황을 바탕으로 교과목의 특성과 참여 방법, 과제 수행에 필요한 시간 등을 고려하여 세부 과제를 작성하게 된다. 개발된 과제는 교과협의회를 통해 성취기준의 적합성, 평가방법의 타당성, 시행 가능성뿐만 아니라 성별이나 지역, 문화적 측면에서 특정 집단에 유리하거나 불리하게 제작되지는 않았는지, 학생의 흥미와 참여 동기 등을 고려하였는지를 공통으로 검토하고 수정하여 최종적으로 과제를 확정하게 된다.

학생들의 수행평가 실행 과정이나 결과물들에 대한 평가를 위해서는 일정한 기준이 제시되어야 한다. 이때 채점 기준에는 수행평가 수행의 판단 기준인 평가요소와 평가요소별 배점, 각 평가요소에서 학생들의 성취 수준을 구별할 수 있는 세부적인 내용이 포함되어야 한다([표 14-4] 참고). 더불어 채점 기준이 학생의 결과물이나 응답을 변별할 수 있도록 작성되었는지, 학생의 인지적 또는 정의적 성장과 발달과정을 파악할 수 있도록 제시되었는지 점검이 필요하다. [그림 14-2]는 '조언하기'와 관련된 표현을 학습한 뒤, 친구들의 실제 고민을 조언하는 라디오 프로그램 대본을 영어로 짜고 녹음까지 하는 과정이 포함된 수행평가의 평가지이다.

수행평가를 채점하는 방식은 총체적 채점과 분석적 채점으로 나누어 볼 수 있다. 총체적 채점은 수행과정 또는 결과물에 대한 개별적인 평가요소보다는 전체적인 과정 혹은 결과물에 초점을 맞추어 산출물에 대한 전반적인 인상을 바탕으로 전체 요소에 대한 단일 점수를 산출하는 평가하는 방식이다. 학생의 성취도를 등급이나 순위로 구별할 때 유용한 평가방법이지만 개별 학생들의 수행을 향상시키기 위한 피드백에는 한계가 있다. 반면 분석적 채점은 수행과정이나 결과물에 대한 평가의 범주를 구분하고 범주별 수행 능력을 평가하여 학생의 강점과 약점에 대한 교사의 진단과 형성적 피드백 제공이 가능한 평가방법이다. 채점자 간 일관된 채점이 가능하나 채점에 많은 시간이 소요된다. 두 가지 채점 방식의 특징과 장·단점을 고려하여 과제의 유형과 특성 등을 고려하여 평가방법을 선택 또는 혼합하여 수행평가의 효율성을 높일 수 있도록 한다.

표 14-4 수행평가 채점 기준 예시

수행평가 과제	평가 요소	채점 기준	배점	채점	합계
1. 고민 - 조언 짧은 글쓰기	고민 쓰기	조언을 구하는 표현을 포함하며 자신의 고민을 정확하고 분명하게 표현함.	4점		
		조언을 구하는 표현을 포함하며 자신의 고민을 대체로 정확하게 표현함.	3점		
		조언을 구하는 표현이 어색하며 자신의 고민 표현이 미흡함.	2점		
		조언을 구하는 표현을 사용하지 않고 자신의 고민을 전혀 전달하지 못함.	1점		
	조언 하기	제시된 문제 상황을 이해하고 충고/조언하기 표현을 사용하여 상황을 개선할 수 있는 적절한 조언을 제시함.	4점		
		제시된 문제 상황을 이해하고 충고/조언하기 표현을 제한적으로 사용하여 상황을 개선할 수 있는 단순 조언을 제시함.	3점		
		제시된 문제 상황을 잘 이해하지 못하고 충고/조언하기 표현이 어색하여 상황을 개선할 수 있는 조언 제시가 부족함.	2점		
		제시된 문제 상황에 대한 이해가 정확하지 않아 상황을 개선할 수 있는 제안을 전혀 하지 못함.	1점		
	언어 사용 및 문장의 완성도	어휘와 표현이 다양하고 적절하며 완벽한 문장 구조 및 어법을 사용함.	4점		
		어휘와 표현이 대체로 다양하고 적절하나 문장 구조 및 어법 오류가 가끔 있음.	3점		
		어휘와 표현이 부적절하고 오류가 있으며 완전하지 않은 문장을 많이 사용함.	2점		

수행평가 과제	평가 요소	채점 기준	배점	채 점	합 계
		어휘와 표현이 매우 부적절하고 완전한 문장을 사용하지 못함.	1점		
	과제 완수	STEP1부터 STEP6까지의 학습지를 모두 성실히 완성함.	4점		
		STEP1부터 STEP6까지의 학습지 중 4-5개 완성함.	3점		
		STEP1부터 STEP5까지의 학습지 중 2-3개 완성함.	2점		
		STEP1부터 STEP6까지의 학습지 중 완성한 학습지가 1개 이하임.	1점		
	가 독 성	대·소문자 사용, 마침표 등 구두점 사용이 정확하여 문장의 구분이 쉬우며 알파벳을 읽을 수 있도록 명확하게 썼음.	4점		
		대·소문자 사용, 마침표 등 구두점 사용이 가끔 생략되어 문장의 구분이 힘든 부분이 있으나 알파벳을 읽을 수 있도록 썼음.	3점		
		대·소문자 사용, 마침표 등 구두점 사용이 자주 생략되어 문장의 구분이 힘든 부분이 있으며 자주 읽기 힘든 알파벳이 있음.	2점		
		대·소문자 사용, 마침표가 무시되어 문장의 구분이 힘들고 읽기 힘든 알파벳이 많아 내용을 이해하기 어려움.	1점		
	태도	자신의 고민을 진정성 있게 표현하고 짝의 고민에 대해 진지하게 고민하여 조언함.	4점		
		자신의 고민을 진정성 있게 표현하거나 짝의 고민에 대해 진지하게 고민하여 조언함.	3점		
		고민의 진정성이 보이지 않거나 짝의 고민에 대해 깊이 생각하고 제안한 흔적이 안 보임.	2점		
		고민의 진정성이 보이지 않고 짝의 고민에 대해 깊이 생각하고 제안한 흔적이 안 보임.	1점		
총점			24점		

출처: 한국교육과정 평가원 학생평가지원포털.

그림 14-2 서울 소재 A 중학교 1학년 수행평가 프로젝트 예시

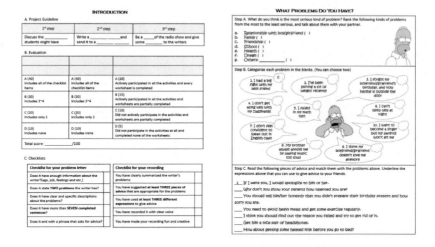

수행평가를 실시하기 전에 교사는 학생들에게 미리 수행평가 과제와 평가 기준, 수업의 방식 등을 안내하여 학생들이 수행평가를 준비할 수 있도록 한다. 또한 학생의 수행과정에 대한 기록이 중요하므로 교사는 다양한 기록 방법과 기록지 등을 통해 학생들의 수행과정을 관찰하고 기록, 평가하

는 것이 필요하다([그림 14-3] 참고). 수행평가 시행 중에는 교사의 평가와 더불어 학생도 자기평가나 동료평가를 실시할 수 있다([그림 14-4], [그림 14-5] 참고). 채점이 완료된 후에는 학생들에게 채점 결과를 공유하고 결과에 이의가 있는 경우 이를 신청, 처리, 확인하는 절차를 거쳐야 한다.

그림 14-3 교사 관찰 기록지 예시

수행평가 과제	1. 고민 - 조언 짧은 글쓰기					
평가 영역	고민 쓰기	조언하기	언어 사용 및 문장의 완성도	과제 완수	가독성	태도
평가 유형	프로젝트 평가			관찰 평가		
평가 기준	고민을 정확하고 분명하게 표현하는가?	문제상황을 이해하고 적절한 조언을 제시하는가?	어휘와 표현이 다양하고 적절하며 완벽한 문장구조 및 어법을 사용하는가?	STEP1부터 STEP6까지의 학습지를 모두 성실히 완성하는가?	대·소문자 사용, 마침표 등 구두점 사용이 정확하여 문장의 구분이 쉬우며 알파벳을 읽을수있도록 명확하게 쓰는가?	자신의 고민을 진정성 있게 표현하고 짝의 고민에 대해 진지하게 고민하여 조언하는가?
이○○	4/ 3/ 2/ 1	4/ 3/ 2/ 1	4/ 3/ 2/ 1	4/ 3/ 2/ 1	4/ 3/ 2/ 1	4/ 3/ 2/ 1
박□□	4/ 3/ 2/ 1	4/ 3/ 2/ 1	4/ 3/ 2/ 1	4/ 3/ 2/ 1	4/ 3/ 2/ 1	4/ 3/ 2/ 1
김□□	4/ 3/ 2/ 1	4/ 3/ 2/ 1	4/ 3/ 2/ 1	4/ 3/ 2/ 1	4/ 3/ 2/ 1	4/ 3/ 2/ 1

출처: 한국교육과정 평가원 학생평가지원포털.

그림 14-4 자기평가표 예시

학년 반 번호		성명		수준		
평가 요소				상	중	하
1. 나는 모둠 활동 시 나의 의견을 적극적으로 제시했다.						
2. 나는 모둠 활동 시 친구의 의견을 존중했다.						
3. 나는 친구들과 협력하여 일하는 것이 즐거웠다.						
4. 나는 쓰기 및 말하기 활동을 통해서 '할 수 있다'는 자신감이 생겼다.						

총평(자신의 활동을 성찰해보세요.)

출처: 서울특별시교육청, 2018.

그림 14-5 동료평가표 예시

학년 반 번호	이름														
	모둠원 1 이름:			모둠원 2 이름:			모둠원 3 이름:			모둠원 4 이름:			모둠원 5 이름:		
자신의 의견을 적극적으로 제시한다.	상	중	하	상	중	하	상	중	하	상	중	하	상	중	하
친구의 의견을 존중한다.	상	중	하	상	중	하	상	중	하	상	중	하	상	중	하
적극적으로 협동하여 모둠 과제 완성에 도움을 준다.	상	중	하	상	중	하	상	중	하	상	중	하	상	중	하

출처: 서울특별시교육청, 2018.

　　수행평가에서 중요한 점은 수행평가를 통해 학생의 발달과 성장을 촉진하기 위해서는 학생들의 수행 과정과 결과에 대한 적절한 피드백이 제공되어야 한다는 것이다. 피드백을 통해 학생은 본인이 학습하는 데 있어 강점과 약점을 파악하여 학습 전략을 수정할 수 있으며 교사는 학생의 요구를 파악하고 교수·학습을 개선할 수 있는 기회를 얻게 된다. 또한 피드백에 대한 내용은 인지적 측면뿐만 아니라 동기나 학습에 대한 태도 등 정의적 측면에 관한 것도 포함되어야 한다.

| 표 14-5 | 수행평가 과정 중 피드백 예시 |

상	'고민 상담 라디오 프로그램 역할극 하기' 수행평가를 위한 역할극 대화문을 어휘 및 표현과 어법에 오류가 거의 없이 대부분 완전한 문장을 사용하여 완성하였습니다. 대화문을 만들 때 학습한 의사소통 표현인 충고/조언하기 표현과 적절한 어휘를 사용하였으며 자신이 고민하고 있는 상황과 이를 개선할 수 있는 적절한 조언을 잘 연결시켰습니다. 이제 완성한 대화문을 짝과 함께 충분히 연습한 다음 실제 역할극으로 자연스럽게 표현해 보기 바랍니다.
중	'고민 상담 라디오 프로그램 역할극 하기' 수행평가를 위한 역할극 대화문을 만들 때 대화문을 만드는 상황을 이해하여 자신의 고민, 성격이나 특성을 대략적으로 드러냈습니다. 어휘 및 표현과 어법에 사소한 오류가 있었으며 충고/조언하기 표현을 제한적으로 사용하여 상황을 개선할 수 있는 단순한 조언을 제시하긴 하였지만, 대체로 적절한 어휘와 표현을 사용하였습니다. 어휘 및 표현과 어법 사용의 측면에 있어서의 오류를 수정하고 보다 유의미한 충고/조언하기 표현을 사용한 다음 짝과 함께 대화문의 문장을 충분히 연습하고 나서 역할극으로 표현해 보길 권합니다.
하	'고민 상담 라디오 프로그램 역할극 하기' 수행평가를 위한 역할극 대화문을 만들 때 어휘 및 표현과 어법에 오류가 여러 개 있었으며 자주 불완전한 문장을 사용하였습니다. 제시된 문제 상황을 잘 이해하지 못하여 조언을 구하는 표현과 충고/조언하기 표현을 어색하게 사용하였으나 학습한 표현을 의도적으로 역할극 속에 포함시키고자 노력하였습니다. 대화문에서 발견되는 언어 사용 상의 오류를 충분히 수정하고 보다 자연스럽게 대화문의 문장을 다듬은 다음 짝과 함께 역할극을 충분히 연습하기 바랍니다.

출처: 한국교육과정 평가원 학생평가지원포털.

셋째, 학기말 평정 및 기록 단계에서는 수행평가의 결과를 기록하게 된다. 평가 결과의 기록은 학생의 학습과 성장을 돕고 학습 동기를 향상시킬 수 있는 방향으로 제시되어야 한다. 또한 결과뿐 아니라 수행평가 과정 중에 관찰한 기록과 평가 등을 종합하여 학생의 성취수준의 특성 및 학습활동 참여도 등의 특기 사항을 학교생활기록부 교과학습발달상황의 과목별 세부 능력 및 특기 사항에 구체적으로 기록하도록 한다.

그림 14-6 개별 수행평가기록 예시

산출물 과정평가 성취수준 상 + 발표 성취수준 상

〈산출물 과정평가 성취수준 상〉
- 친구의 문제 상황을 충분히 이해하고 창의적인 아이디어로 의견을 제시함.
- 또래동아리에 참여하면서 다양하게 경험한 십대청소년의 고민과 상담을 글로 잘 표현함.
- 글의 도입, 전개, 마무리 구성이 잘 이루어짐.
- 제시된 조건에 맞게 적절한 어휘, 표현을 사용하여 글을 논리적으로 전개함.
- 대소문자, 문장부호, 어법을 오류 없이 사용하여 글의 내용이 명료하게 전달되고 글의 흐름이 자연스러움.
- 영어신문이나 잡지의 문제해결 제안에 대한 글을 자주 읽고 글쓰기에 적절하게 인용함.
- 스마트폰 사용 중독에 대한 문제점을 열거하고 이를 극복한 성공적인 사례를 제시함(문제상황 1).
- Paragraph를 사용하여 글을 작성하고 글의 연결이 자연스럽게 이루어짐.

〈발표 성취수준 상〉
- 정확한 발음, 억양, 속도로 발표를 하여 의사전달이 잘 이루어짐.
- 자신감 있는 자세와 큰 목소리로 청중의 관심과 집중력을 높임.
- Mr. Solutions의 목소리와 표정으로 발표를 하여 청중의 높은 호응을 받음.
- 간결하고 자연스러운 표현을 사용하여 청중들이 발표의 요점을 잘 파악할 수 있도록 함.
- 발표내용에 대한 동료들의 질문에 적절하고 설득력 있게 답변함.
- 동료의 발표 내용을 충분히 이해하고 적절한 단어를 사용하여 발표내용에 대해 질문함.
- 생각이 다른 동료의 의견을 수렴하고 존중하여 해결방안을 제시함.
- 문제 상황에 대해 청중의 큰 공감을 받을 수 있는 제안을 함.

출처: 한국교육과정 평가원 학생평가지원포털.

그림 14-7 수행평가 단계별 흐름도 및 점검 사항

단계	활동	점검 사항
1. 교육과정 운영계획	성취기준 분석	· 선정된 성취기준이 수행평가로 평가하기에 적합한가? · 성취기준과 수행 과정이 교육과정의 내용과 범위를 넘어서지 않았는가? · 통합, 재구성된 성취기준들이 수행평가로 평가하기에 적합한가?
	평가 계획 수립	· 교과협의회(학년협의회)를 통해 평가 계획을 수립하였는가? · 학업성적관리규정에서 제시한 영역, 방법, 횟수, 기준, 반영 비율 등을 포함하여 평가 계획을 작성하였는가? · 교수·학습과 연계하여 평가 계획을 수립하였는가? · 평가 계획을 학생 및 학부모에게 안내하였는가?
2. 교수·학습 및 수행평가	수행평가 과제 개발	· 수행평가 과제가 실제적인 상황에서의 수행 능력을 평가할 수 있는가? · 수행평가 과제가 종합적인 고등 사고 능력을 평가하는 데 적절한가? · 수행평가 과제가 긍정적이고 가치 있는 경험을 할 수 있도록 개발되었는가? · 수행평가 과제가 다양한 시도와 노력을 기울일 수 있는 형태인가? · 수행평가 과제가 성별, 지역, 문화적인 측면에서 특정 학생에게 유리하거나 불리하지 않은가? · 수행평가 과제가 공간, 장비, 시간, 비용 등의 요소를 고려할 때 충분히 실행 가능한가?
	수행평가 채점 기준 개발	· 채점 기준이 성취기준에서 요구하는 도달 목표에 맞게 제시되었는가? · 채점 기준에는 수행평가 과제 유형에 적절한 평가 요소, 배점, 세부 내용 등이 제시되었는가? · 채점 기준이 학생의 인지적·정의적 성장과 발달 과정을 파악할 수 있도록 개발되었는가? · 채점 기준은 학생의 결과 산출 혹은 응답 수준을 변별할 수 있도록 작성되었는가? · 채점 기준을 미리 학생 및 학부모에게 안내하였는가?
	수행평가 실시 및 채점	· 학생에게 수행평가에 대한 사전 안내를 하였는가? · 교수·학습과 연계하여 수행평가를 실시하였는가? · 학생의 인지적·정의적 성장과 발달 과정을 관찰하고 누가 기록하였는가? · 채점 기준표에 근거하여 공정하고 신뢰롭게 채점하였는가? · 평가 결과를 공개하고 이의 신청 기간을 안내하였는가?
	수행평가에 대한 피드백	· 학생의 부족한 점을 채워주고 우수한 점을 심화·발전시키는 피드백을 제공하였는가? · 수행평가 결과와 과정에 대한 피드백을 적절히 제공하였는가? · 인지적 측면뿐 아니라 정의적 측면에서도 피드백을 제공하였는가?
3. 학기말 평정 및 기록	수행평가 결과 기록	· 평가 결과 기록 내용은 학생의 학습 동기를 긍정적으로 신장시킬 수 있는 내용인가? · 학생의 성취수준의 특성 및 학습활동 참여도 등 특기할 만한 사항을 학교생활기록부 교과학습발달상황의 '과목별 세부능력 및 특기사항'란에 기록하였는가?

출처: 한국교육과정평가원, 2017.

앞서 설명한 전반적인 수행평가의 단계별 흐름과 각 단계에서의 점검 사항은 [그림 14-7]로 요약할 수 있다.

04

수행평가의 적합성 평가 기준

수행평가는 학생들이 실제 상황과 유사한 맥락에서 주어진 과제나 문제를 해결하는 과정과 결과를 함께 다양한 방식으로 평가한다는 특징이 있다. Linn, Baker와 Dunbar(1991)는 제작된 과제가 이러한 특징을 잘 반영하고 있는지 평가하기 위해 살펴봐야 하는 기준들을 다음과 같이 제시하고 있다.

① 공정성: 수행평가가 시험을 보는 학생들의 사회·문화적 배경을 공정하게 고려했는지, 특정 학생들에게 유리하거나 불리한 방식으로 과제가 구성되지 않았는지 고려해야 한다.

② 전이성과 일반화 가능성: 수행평가에서 다루었던 내용과 유사한 실제 상황에서 학습한 결과를 적용할 수 있는지, 내용이 다른 내용 영역으로 전이 또는 일반화될 수 있는지를 고려해야 한다.

③ 인지적 복합성: 수행평가 과제가 학생들에게 복잡한 사고 기능과 복합적인 문제해결 능력을 사용하도록 요구하고 있는지 고려해야 한다.

④ 유의미성: 수행평가를 통해 학생들이 가치 있는 교육적 경험을 하고, 높은 동기를 갖고 의미 있는 문제에 참여하도록 할 수 있는지를 고려해야 한다.

⑤ 내용의 질: 수행평가에서 다루어지는 내용이 학생이나 교사가 시간과 노력을 기울여도 좋을 만큼 가치 있고 중요한 것인지를 고려해야 한다.

⑥ 내용의 범위: 수행평가 과제는 교육과정과 연계되어야 하며 교육과정의 핵심적인 요소들이 모두 포괄될 수 있도록 구성되어 있는지를 고려해야 한다.

- 수행평가는 실제 상황과 유사한 맥락에서 주어진 과제나 문제를 해결하는 다양한 방식으로 평가가 이루어진다.
- 평가자는 교사뿐 아니라 개인, 동료 등의 다양한 주체에 의해 이루어질 수 있다.
- 학습의 결과뿐 아니라 학습 과정도 함께 평가되며 학생의 발달과 성장을 촉진시킬 수 있는 적절한 피드백이 함께 이루어져야 한다.
- 수행평가의 유형은 교과와 과제의 특성, 평가요소 등을 고려하여 선택해야 한다.

학·습·문·제

⚙ 수행평가의 정의와 특징에 대해 설명하시오.

⚙ 수행평가의 유형별 특징을 비교하시오.

⚙ 수행평가 수행 절차와 각 단계별 점검 사항을 설명하시오.

⚙ 수행평가 절차에 따라 수행평가 과제를 구성하시오.

표준정규분포표

0과 z사이의 면적

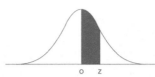

Z	0.00	0.01	0.02	0.03	0.04	0.05	0.06	0.07	0.08	0.09
0.0	0.0000	0.0040	0.0080	0.0120	0.0160	0.0199	0.0239	0.0279	0.0319	0.0359
0.1	0.0398	0.0438	0.0478	0.0517	0.0557	0.0596	0.0636	0.0675	0.0714	0.0753
0.2	0.0793	0.0832	0.0871	0.0910	0.0948	0.0987	0.1026	0.1064	0.1103	0.1141
0.3	0.1179	0.1217	0.1255	0.1293	0.1331	0.1368	0.1406	0.1443	0.1480	0.1517
0.4	0.1554	0.1591	0.1628	0.1664	0.1700	0.1736	0.1772	0.1808	0.1844	0.1879
0.5	0.1915	0.1950	0.1985	0.2019	0.2054	0.2088	0.2123	0.2157	0.2190	0.2224
0.6	0.2257	0.2291	0.2324	0.2357	0.2389	0.2422	0.2454	0.2486	0.2517	0.2549
0.7	0.2580	0.2611	0.2642	0.2673	0.2704	0.2734	0.2764	0.2794	0.2823	0.2852
0.8	0.2881	0.2910	0.2939	0.2967	0.2995	0.3023	0.3051	0.3078	0.3106	0.3133
0.9	0.3159	0.3186	0.3212	0.3238	0.3264	0.3289	0.3315	0.3340	0.3365	0.3389
1.0	0.3413	0.3438	0.3461	0.3485	0.3508	0.3531	0.3554	0.3577	0.3599	0.3621
1.1	0.3643	0.3665	0.3686	0.3708	0.3729	0.3749	0.3770	0.3790	0.3810	0.3830
1.2	0.3849	0.3869	0.3888	0.3907	0.3925	0.3944	0.3962	0.3980	0.3997	0.4015
1.3	0.4032	0.4049	0.4066	0.4082	0.4099	0.4115	0.4131	0.4147	0.4162	0.4177
1.4	0.4192	0.4207	0.4222	0.4236	0.4251	0.4265	0.4279	0.4292	0.4306	0.4319
1.5	0.4332	0.4345	0.4357	0.4370	0.4382	0.4394	0.4406	0.4418	0.4429	0.4441
1.6	0.4452	0.4463	0.4474	0.4484	0.4495	0.4505	0.4515	0.4525	0.4535	0.4545
1.7	0.4554	0.4564	0.4573	0.4582	0.4591	0.4599	0.4608	0.4616	0.4625	0.4633
1.8	0.4641	0.4649	0.4656	0.4664	0.4671	0.4678	0.4686	0.4693	0.4699	0.4706
1.9	0.4713	0.4719	0.4726	0.4732	0.4738	0.4744	0.4750	0.4756	0.4761	0.4767
2.0	0.4772	0.4778	0.4783	0.4788	0.4793	0.4798	0.4803	0.4808	0.4812	0.4817
2.1	0.4821	0.4826	0.4830	0.4834	0.4838	0.4842	0.4846	0.4850	0.4854	0.4857
2.2	0.4861	0.4864	0.4868	0.4871	0.4875	0.4878	0.4881	0.4884	0.4887	0.4890
2.3	0.4893	0.4896	0.4898	0.4901	0.4904	0.4906	0.4909	0.4911	0.4913	0.4916
2.4	0.4918	0.4920	0.4922	0.4925	0.4927	0.4929	0.4931	0.4932	0.4934	0.4936
2.5	0.4938	0.4940	0.4941	0.4943	0.4945	0.4946	0.4948	0.4949	0.4951	0.4952
2.6	0.4953	0.4955	0.4956	0.4957	0.4959	0.4960	0.4961	0.4962	0.4963	0.4974
2.7	0.4965	0.4966	0.4967	0.4968	0.4969	0.4970	0.4971	0.4972	0.4973	0.4974
2.8	0.4974	0.4975	0.4976	0.4977	0.4977	0.4978	0.4979	0.4979	0.4980	0.4981
2.9	0.4981	0.4982	0.4982	0.4983	0.4984	0.4984	0.4985	0.4985	0.4986	0.4986
3.0	0.4987	0.4987	0.4987	0.4988	0.4988	0.4989	0.4989	0.4989	0.4990	0.4990
3.1	0.4990	0.4991	0.4991	0.4991	0.4992	0.4992	0.4992	0.4992	0.4993	0.4993
3.2	0.4993	0.4993	0.4994	0.4994	0.4994	0.4994	0.4994	0.4995	0.4995	0.4995
3.3	0.4995	0.4995	0.4995	0.4996	0.4996	0.4996	0.4996	0.4996	0.4996	0.4997
3.4	0.4997	0.4997	0.4997	0.4997	0.4997	0.4997	0.4997	0.4997	0.4997	0.4998

참고문헌

Alkin, M. C. (1990). Curriculum evaluation models. In H J. Walberg & G. G. haertel (Eds.), The International Encyclopedia of Educational Evaluation, New York: Pergamon Press.

Allen, M. & Yen W. (1979). Introduction to Measurement Theory. Monterey, CA: Brooks/Cole.

American Psychological Association(1985). Standards for Educational and psychological testing.

Anderson, L. W., Krathwohl, D. R., Airasian, P. W., Cruikshank, K. A., Mayer, R. E., Pintrich, P. R., & Wittrock, M. C. (2001). A taxonomy for learning, teaching, and assessing: A revision of Bloom's taxonomy of educational objectives, abridged edition. White Plains, NY: Longman.

Angoff, W. H. (1971). Scale, Norm, and Equivalent Score. In R. L. Thorndike (Ed.), Educational measurement (2nd ed.) (pp. 508−600). Washington, DC: American Council on Education.

Berk, R. A. (1986). A consumer's guide to setting performance standards on criterion−referenced test. Review of Educational Research, 56, 137−172.

Brown, W. (1910). Some experimental results in the correlation of mental abilities. British Journal of Psychology, 3, 296−322.

Budescu, D. V., & Nevo, B. (1985). Optimal number of options: An investigation of the assumption of proportionality. Journal of Educational Measurement, 22(3), 183−196.

Buss, A. H. (1989). Personality as traits. American Psychologist, 44, 1378−1388.

Costa Jr, P. T., & McCrae, R. R. (1992). Four ways five factors are basic. Personality and individual differences, 13(6), 653−665.

Cronbach, L. J. (1951). Coefficient alpha and the internal structure of tests. psychometrika, 16(3), 297−334.

Cronbach, L. J. (1963). Evaluation for course improvement. Teachers college Record, 64, 672−684.

Ebel, R. L. (1965). Confidence weighting and test reliability. Journal of Educational Measurement, 2(1), 49−57.

Ebel, R. L. (1969). Expected reliability as a function of choices per item. Educational and Psychological Measurement, 29(3), 565−570.

Edwards, A. L. (1957). The social desirability variable in personality assessment and research. New York: Dryden.

Eisner, E. W. (1985). The Art of Educational Evaluation: A Personal View. London: Falmer Press.

Frisbie, D. A., & Becker, D. F. (1991). An analysis of textbook advice about true−false tests. Applied Measurement in Education, 4(1), 67−83.

Gardner, H.(1983). Frames of mind: The theory of multiple intelligence. New York: Basic Books.

Glaser, R. (1963). Instructional technology and measurement of learning outcome: some questions. American Psychologist, 18, 519−621.

Gohmann, S. F., & Spector, L. C. (1989). Test scrambling and student performance. The Journal of Economic Education, 20(3), 235−238.

Graham, J. M. (2006). Congeneric and (Essentially) tau−equivalent estimates of score reliability. Educational and Psychological Measurement, 66(6), 930−944.

Gronlund, N.E. (1989). How to construct achievement tests, NJ: Prentice−Hall, Inc.

Haladyna, T. M. (2004). Developing and validating multiple−choice test items (3rd ed). Mahwah, NJ: Lawrence

Haladyna, T. M., & Downing, S. M. (Eds.). (2011). Handbook of test development. Routledge.

Hambleton, R. K., & Jones, R. W. (1993). Comparison of Classical Test Theory and Item Response Theory and their applications to test development ITEMS. Madison, WI: National Council on Measurement in Education.

Harmon, L. W., Hansen, J. C., Borgen, F. H., & Hammer, A. L. (1994). Strong Interest Inventory applications and technical guide. Palo Alto, CA: Consulting Psychologists Press.

Huhta, A. (2008). 33 Diagnostic and Formative Assessment. The handbook of educational linguistics, 469.

Huynh, H. (2006). A clarification on the response probability criterion RP67 for standard settings based on bookmark and item mapping. Educational Measurement: Issues and Practice, 25(2), 19−20.

Joan, L. H., Pamela R. A., & Lynn, W. (2000). 수행평가 과제 제작의 원리와 실제. 서울: 이화여자대학교출판부.

Kelley, T. L. (1939). The selection of upper and lower groups for the validation of test items. Journal of Educational Psychology, Vol 30(1), 17−24.

Koo, T. K., & Li, M. Y. (2016). A guideline of selecting and reporting intraclass correlation coefficients for reliability research. Journal of chiropractic medicine, 15(2), 155−163.

Linn, R., E., Baker, E. L. & Dunbar, S. B. (1991). Complex, performance−based assessment: Expectations and validation criteria. Educational Researcher, 20(8), 15−21.

Mills, C. N. (1983). A comparison of three methods of establishing cut−off scores on criterion−referenced test. J ournal of Educational Measurement, 20, 283−292.

Morgan, C. D. & Murray, H. A. (1935). A method for investigating fantasies: The Thematic Apperception Test. Archives of Neurology and Psychiatry, 34(2), 289−306.

Murray, H. A. (1938). Explorations in personality. New York: Oxford University Press.

Myers, I. B., McCaulley, M. H., Quenk, N. L., & Hammer, A. L. (1998). MBTI manual: A guide to the development and use of the Myers−Briggs Type Indicator (Vol. 3). Palo Alto, CA: Consulting Psychologists Press.

Nevo, D. (1983). The conceptualization of educational evaluation: an analytical review of the literature. Review of Educational Research, 53(1), 117−128.

Nitko, A. J. (1980). Distinguishing the many varieties of criterion−referenced test. Review of Educational Reaserach, 50(3), 461−485.

Oosterhof, A. (1994). Classroom applications of educational measurement. New York: Merrill.

Oosterhof, A. (2001). Classroom application of educational measurement. Upper Saddle River, NJ: Prentice Hall.

Oosterhof, A., Conrad, R., & Ely, D. P., 1930−2014. (2008). Assessing learners online. Upper Saddle River, N.J: Pearson/Merrill Prentice Hall.

Osgood, C. E., & Suci, G. J. & Tannenbaum, P. H. (1957). The measurement of meaning. Urbana: University of Illinois Press.

Ricker, K. L. (2006). Setting cut−scores: A critical review of the Angoff and modified Angoff methods. Alberta journal of educational research, 52(1), 53.

Salkind, N. J. (2007). Encyclopedia of measurement and statistics Thousand Oaks, CA: SAGE Publications Ltd doi: 10.4135/9781412952644

Schriesheim, C. A., & Hill, K. D. (1981). Controlling acquiescence response bias by item reversals: The effect on questionnaire validity. Educational and psychological measurement, 41(4), 1101−1114.

Scriven, M. (1967). The methodology of evaluation. In Tyler, R. W., Gagne, R. M., & Scriven, M., Perspectives of curriculum evaluation. AERA monograph series on curriculum evaluation(pp. 39−83). Chicago: Rand Monally & Company.

Simpson, R. D., Rentz, R. R., & Shrum, J. W. (1976). Influence of instrument characteristics on student responses in attitude assessment. Journal of Research in Science Teaching, 13(3), 275−281.

Spearman, C. (1910). Correlation calculated from faulty data. British Journal of Psychology, 3, 271−295.

Sternberg, R. J. (1985). Beyond IQ: A triarchic theory of human intelligence. Cambridge, MA: Cambridge University Press.

Stevens, S. S. (1946). On the theory of scales of measurement. Science, 193(2684), 677−680.

Strong, E. K. (1927). Vocational Interest Test. Educational Record, 8, 107−121.

Stufflebeam, D. L. (1971). Educational Evaluation and Decision Making. Ithaca, Illinois: Peacock.

Tyler, R. W. (1942). General statement on evaluation. Journal of Educational Research, 35, 492−501.

Wiersma, W., & Jurs, S. G. (1985). Educational measurement and testing. Allyn & Bacon.

교육부(2013). 2009 개정 교육과정에 따른 중학교 핵심 성취기준의 이해 – 중학교 영어.

교육부(2015). 2015 교육과정 총론.

권대훈(2016). 교육평가. 서울: 학지사.

권순달, 오성삼(2016). 교육평가. 경기: 양서원.

김경희(2005). 국가수준 학업성취도 평가에서의 성취수준 설정과 수준 분류의 일관성. 교육평가연구, 18(3), 1–17.

김석우(2015). 교육평가의 이해(2판). 서울: 학지사.

김성훈(2008). 교육평가는 교육을 교육답게 하는가?, 교육원리연구, 3(1), 73–91.

동효관, 김경주, 강민경, 홍경화(2018). 2017년 국가수준 학업성취도 평가 결과 분석 : 국어. 한국교육과정평가원.

박도순 외(2007). 교육평가: 이해와 적용. 서울: 교육과학사.

박도순·홍후조(1998). 교육과정과 교육평가. 서울: 문음사.

박인용 외(2017). 2016년 국가수준 학업성취도 평가 결과: 중학교 학업성취도 결과.

서울대학교 교육연구소(1995). 교육학 용어사전(개정증보판). 서울: 하우동설.

서울특별시교육청(2018). 수행평가 예시자료.

성태제(2014). 교육평가의 기초(2판). 서울: 학지사.

신세호 외(1990). 교육의 본질추구를 위한 학교 교육평가 체제연구(Ⅰ). 한국교육개발원 RR90–21.

이미경 외(2016). 2015 개정교육과정에 따른 초·중학교 교과 평가기준 개발 연구(총론). 연구보고 CRC 2016–2–1.

이태구, 양희원(2016). 문항반응이론과 고전검사이론을 적용한 단위학교 체육 지필평가 양호도 검증. 교육방법연구, 28(1), 1–27.

한국교육과정평가원 학생평가지원포털.

한국교육과정평가원(2017). 2018학년도 대학수학능력시험 Q&A 자료집.

한국교육과정평가원(2017). 2018학년도 대학수학능력시험 실시요강. 서울: 한국교육과 정평가원.

한국교육과정평가원(2017). 과정을 중시하는 수행평가 어떻게 할까요? 중등. ORM 2017–19–2.

한국교육과정평가원(2017). 과정을 중시하는 수행평가 어떻게 할까요? 초등. ORM 2017–19–1.

한국교육과정평가원(2017). 과정을 중시하는 수행평가, 이렇게 해요. KICE 연구·정책브 리프, 5.

홍소영(2011). 초등학교 학업성취도평가의 기준설정을 위한 Angoff와 Bookmark 방법의 비교. 학습자중심교과교육연구, 11(4), 495-523.

황정규 외(2016). 교육평가의 이해. 서울: 학지사.

황정규(1984; 1998; 2002). 학교학습과 교육평가. 서울: 교육과학사.

찾아보기

저자 약력

고려대학교 홍세희 교수

학력
- 서울대학교 심리학과 학사
- 오하이오 주립대학교 심리학과 박사 (계량 심리학(Quantitative Psychology) 전공)

교수경력
- 고려대학교 교육학과(교육측정 및 통계) 교수
- 연세대학교 사회복지학과 부교수-교수 역임
- 이화여자대학교 심리학과 부교수 역임
- 캘리포니아대학교 교육학과 및 심리학과 조교수-부교수(종신교수) 역임
- 고려대학교 교육문제연구소 소장 역임

학회활동
- 한국심리측정평가학회 고문
- 한국심리측정평가학회 회장 역임
- 한국심리학회 심리검사심의위원회 위원장 역임
- 한국교육평가학회 학술위원회 위원장 역임

수상
- 미국 다변량 실험심리학회 최우수 연구상
- 고려대학교 석탑연구상
- 고려대학교 명강의상

노언경

학력
- 이화여자대학교 심리학과(심리측정 및 통계) 석사
- 고려대학교 교육학과(교육측정 및 통계) 박사

수상
- 한국직업능력개발원 한국교육고용패널 학술대회 최우수상
- 통계청 논문공모 우수논문상 외 다수

정송

학력
- 성균관대학교 심리학과(심리측정 및 통계) 석사
- 고려대학교 교육학과(교육측정 및 통계) 박사

수상
- 한국교육과정평가원 국가단위 평가자료 분석 심포지엄 논문공모전 최우수상
- 통계청 논문공모 장려상 외 다수

조기현

학력
- 고려대학교 교육학과(교육측정 및 통계) 석사
- 고려대학교 교육학과(교육측정 및 통계) 박사수료

수상
- 한국고용정보원 고용패널 학술대회 우수상
- 한국노동연구원 노동패널 학술대회 장려상 외 다수

이현정

학력
- 한양대학교 교육대학원(교육심리) 석사
- 고려대학교 교육학과(교육측정 및 통계) 박사

수상
- 한국청소년정책연구원 한국아동청소년패널 논문경진대회 최우수상 외 다수

이영리

학력
- 고려대학교 교육학과(교육측정 및 통계) 석사
- The University of Texas at Austin, Educational Psychology 박사과정

수상
- 한국교육과정평가원 국가단위 평가자료 분석 심포지엄 논문공모전 최우수상
- 한국심리측정평가학회 논문 발표 최우수상 외 다수

∴ 홍세희 교수 홈페이지: http://www.seheehong.com

교육평가의 기초와 이해

초판발행   2020년 2월 28일
중판발행   2024년 1월 31일

지은이   홍세희·노언경·정 송·조기현·이현정·이영리
펴낸이   노   현

편 집   배근하
기획/마케팅   이선경
표지디자인   조아라
제 작   고철민·조영환

펴낸곳   ㈜ 피와이메이트
             서울특별시 금천구 가산디지털2로 53 한라시그마밸리 210호(가산동)
             등록 2014. 2. 12. 제2018-000080호
전 화   02)733-6771
f a x   02)736-4818
e-mail   pys@pybook.co.kr
homepage   www.pybook.co.kr
ISBN   979-11-65190-16-3   93370

정 가   17,000원

박영스토리는 박영사와 함께하는 브랜드입니다.